国家出版基金项目
NATIONAL PUBLICATION FOUNDATION

新中国经济发展70年丛书

70 Years of Social Security and People's Livelihood
in the People's Republic of China

新中国社会保障和民生发展70年

宋晓梧 ◎ 主　编

邢　伟 ◎ 副主编

人民出版社

序　言

70 年前,在中国共产党的坚强领导下,经过艰苦卓绝的斗争,中华民族一扫百年频遭外敌入侵、多发内部战乱之苦,终于"站起来了"。1949年,面对旧中国积贫积弱、满目疮痍的遗产,毛泽东同志以中华五千年文明积淀为底蕴,向全世界宣布,中华民族必将自立于世界民族之林,为人类文明作出自己应有的贡献。70 年来,我们从"站起来""富起来"到"强起来",筚路蓝缕,砥砺奋进,尽管跌宕起伏,仍不断走向辉煌,上演了世界史上沧海桑田的伟大复兴之路。

70 年来,中国创造了举世瞩目的经济增长奇迹,一跃而成为世界第二大经济体。在经济增长的同时,民生改善、社会保障等社会事业也取得了长足的进步,体现了中国共产党立党为公、执政为民的一贯宗旨。事实胜于雄辩,以下几组数据简要描述了70 年来民生和社会保障方面翻天覆地的巨大变化。

一是教育事业蓬勃发展,教育质量不断提高。新中国成立前,文盲占全国人口的 80% 以上,学龄儿童的入学率为 20%,初中入学率仅为 6%,接受高等教育的更是凤毛麟角。新中国成立不久就基本扫除了文盲,现在全国普及九年制义务教育,近年每年高等院校毕业生达七八百万。国家高度重视教育事业,对教育的投入大幅度增加,自 2012 年后连续 7 年实现了财政性教育经费投入占 GDP 4% 的目标,同时积极鼓励、大力支持、正确引导、依法管理民办教育,2017 年全国各级各类民办学校占比达 34.57%。我们已建立起世界上覆盖人口数量最多的基础教育体系和规模最大的高等教育体系,实现了从一个文盲大国到教育大国、人力资源大国的转变。

二是就业规模持续扩大,就业结构逐步优化。新中国成立初期,以社会主义建设为契机,很快解决了旧中国遗留的近500万失业人员。改革开放以来,适应社会主义市场经济的要求,建立起市场导向、城乡统筹的劳动契约就业体制,焕发了企业和职工两方面的积极性。2017年年底,全国就业人员达到77640万人,其中城镇就业人员达到42462万人。就业的产业结构升级,第一产业占比从新中国成立初期的约90%下降到2017年的27%,就业的技术结构随着人口受教育程度的提高也得到极大优化。就业是民生之本,就业规模的持续扩大和就业质量的不断提高,为民生改善打下稳固的基石。

三是居民收入大幅度提高,收入分配制度逐步完善。我国城乡人均收入1949年分别为95元和44元,近乎赤贫状态,到1977年,分别提高到390元和132元,28年间城乡居民名义收入年均增长率分别为5.1%和4.0%。改革开放以来,收入分配制度改革不断深化,打破了"企业吃国家大锅饭、职工吃企业大锅饭"的平均主义分配模式,同时鼓励各生产要素参与分配,调动了企业和职工的积极性,激发了各种生产要素的活力,创造了持久强劲的经济增长期和收入增长期。2018年我国城乡人均收入分别达到39251元和14617元,40年间,城乡居民名义收入年均增长速度分别达到12.6%和12.5%。总计新中国成立70年,我国城乡居民收入的增长趋势也很显著,年均增长率分别达到9.1%和8.8%,这在人类历史上是十分罕见的。

四是多层次保障体系逐步建立,编织了世界上最大的社会保障网络。新中国成立初期在财政很困难的情况下,国家就出台了《劳动保险条例》,为我国社会保障制度建设开启先河。改革开放以来,适应社会主义市场经济要求的社会保障体系框架逐步建立,形成了以国家立法实施的社会保险、社会救助、社会福利、优抚安置为基础,以城乡基本养老、基本医疗、最低生活保障制度为重点,以慈善事业、商业保险为补充的多层次社会保障体系。2018年年底,我国基本养老保险、基本医疗保险、失业保险、工伤保险、生育保险参保人数分别达到9.43亿人、13.44亿人、1.96亿人、2.39亿人、2.04亿人,城乡居民最低生活保障享有人数为5306万人。在制度大幅转轨、经济高速增长、结构急剧调整的过程中,社会保障制度为维护我国社会稳定发挥了无可替代的作用。

五是建立完备的医疗服务体系,公共卫生服务水平不断提高。新中国成立前,普通民众缺医少药,"万户萧疏鬼唱歌",人均预期寿命不到40岁。经过70年的努力,我国已经建立起完备的医疗卫生服务体系,基本医疗保险覆盖全民,公共卫生服务水平不断提高,公立医院改革走向深入,为提高全民健康水平,增进全民健康打下坚实基础。主要恶性传染性疾病得到全面控制,各类重大疫情基本消灭或全面消灭。2017年,全国医疗卫生机构床位达到794.0万张,其中医院床位数612.0万张。目前我国医疗服务和公共服务体系已经总体上优于中高收入国家平均水平,部分指标达到高收入国家水平。以健康绩效产出国际比较为例,2016年我国人均居民健康预期寿命指标达到68.7岁,高于欧洲国家平均水平0.3岁,高于美国0.2岁,高于全球平均水平5.4岁。"人生七十古来稀",在今日之华夏这句名言已经过时。

六是应对银发浪潮,加快构建老年康养服务体系。新中国成立70年,随着人民生活水平提高和医疗卫生条件的改善,人均寿命大幅度提高,银发浪潮扑面而来,已成为城乡居民家家户户面临的紧迫问题。为此国家近年来出台多个文件,加快建立老年康养服务体系,并取得了显著进展。截至2017年,城乡养老服务机构一共24624个,城乡养老服务床位数320.6万张,年末在院人数173万人,每千人拥有床位数30.9张。在国家加大对康养服务投入力度的同时,鼓励引导社会资本投入。目前,以居家、社区以及机构三种养老模式合理配置,医养结合加互联网远程服务的老年康养服务体系正在加快构建之中。

七是以基本公共服务均等化为目标,推进更加平衡、更加充分的民生和社会保障体系建设。新中国成立70年来,我们实现了从短缺到充裕、从温饱不足到总体小康的历史性跨越,我国社会主要矛盾已经转化为人民日益增长的美好生活需要和不平衡不充分的发展之间的矛盾。为此,国家从"十二五"时期就开始推进基本公共服务均等化,提出了基本公共服务均等化的目标、明确了基本公共服务均等化的服务对象、制定了基本公共服务均等化的指导标准、厘清了基本公共服务均等化的支出责任,经过"十三五"时期的完善,我国基本公共服务均等化工作取得了突破性进展。2018年各级财政对基本公共服务的投入达到78528亿元,比2013年的47317亿元增长了66%。这类投入多侧重于农村、欠发达地区和困难群体,增强了广大群众的获得感、幸福感和安全感。

新中国成立70年来,党和政府始终将民生摆在经济社会发展的突出位置,坚持在发展中保障和改善民生,我们从解决温饱到实现总体小康,正在迈向全面小康,创造了民生改善的伟大奇迹。70年来,民生和社会保障制度建设的成功经验有很多,我们认为,最重要的有三条。

第一,坚持立党为公、执政为民的宗旨。为人民服务,是我们立党的初衷,是高扬在中华人民共和国旗帜上的标语口号,是动员群众、依靠群众的原动力,也是我们一切工作的出发点和落脚点。在不同的经济社会发展阶段,我们的工作侧重点会有所不同,但任何时候、任何地方都绝不能因短期的或局部的政绩而偏离以至背离立党为公、执政为民的宗旨。事实证明,一旦偏离了这一宗旨,就会自觉或不自觉地陷入见木不见林甚至南辕北辙的境地。

第二,坚持发挥市场配置资源的决定性作用,同时更好地发挥政府的作用。新中国成立70年的历史经验证明,选择社会主义市场经济的道路是完全正确的。发挥市场配置资源的决定性作用,可以充分调动各生产要素的积极性,让一切创造财富的源泉充分涌流,为改善民生提供丰厚的物质基础。同时政府要为市场的公开、公正、公平竞争提供制度框架、法律保证和宏观调控,弥补"市场失灵"。在民生和社会保障领域,政府应责无旁贷地肩负起公共服务职责,发挥更有效的作用,多谋民生之利、多解民生之忧,在发展中补齐民生短板、促进社会公平正义。在民生和公共服务的许多项目,政府还应当引导社会资本投入,鼓励社会组织参与,实现共建共享。

第三,坚持扩大开放,借鉴国际经验,立足本国实际,创新民生与社会保障服务体系。总结各社会主义国家正反两方面的实践经验,我们确定了构建社会主义市场经济体制的目标。社会主义和市场经济有机结合,没有成熟模式可模仿，是世界文明史上前无古人的伟大探索。在这一探索过程中，我们必须立足中国实际，学习借鉴一切人类文明的优秀成果，其中就包括发达国家和发展中国家在民生和社会保障领域的成就。回顾改革开放以来我国民生和社会保障事业取得的巨大进展，许多重大制度突破是在国际组织专家和外国专家学者的帮助下取得的。今天我们在民生和社会保障领域的辉煌成就也吸引其他国家学习借鉴，例如，2016年国际社会保障协会第 32 届全球大会授予中国政府"社会保障杰出成就奖"，瑞士洛桑国际管理学院发布的《2017 年世界竞争力报告》把中国"就业"的表现排在全球 63 个主要经济体中的首位。这正体现了全球化过程中各国相互学习，求同存异的开放包容新格局。

党的十九大报告指出，必须清醒看到，我们的工作还存在许多不足，也面临不少困难和挑战。例如，民生领域还有不少短板，脱贫攻坚任务艰巨，城乡区域发展和收入分配差距依然较大，群众在就业、教育、医疗、居住、养老等方面面临不少难题。行百里者半九十，民生和社会保障制度建设仍然任重道远。在社会保障方面，应按照兜底线、织密网、建机制的要求，全面建成覆盖全民、城乡统筹、权责清晰、保障适度、可持续的多层次社会保障体系。在民生建设方面，应着力在"幼有所育、学有所教、劳有所得、病有所医、老有所养、住有所居、弱有所扶"上不断取得新进展。

我们坚信，在以习近平同志为核心的党中央坚强领导下，以创新、协调、绿色、开放、共享新发展理念为指导，在民生和社会保障领域继往开来，我们将开启更为光辉的历程、创造更为伟大的奇迹。两千多年来国人所向往的共同富裕、共享发展的大同世界，将随着中华民族的伟大复兴而展现在全世界人民面前。

宋晓梧

2019 年 7 月 25 日

目　　录

第一章　春风桃李 70 载

从国家的角度来看,百年大计,教育为本;从百姓的角度而言,"再穷不能穷教育"。教育可谓是一项利国利民的重大民生工程。新中国成立70年来,为了改变中国一穷二白的落后面貌,让中国屹立于世界民族之林,我们党和国家一直致力于发展教育事业。经过70年的努力,我国教育事业不断发展,不仅使广大国民的科学文化水平得到极大的提升,也为国家的建设和发展提供了大批的建设者、管理者和技术人才。在70年的发展历程中,我们党和国家适时地根据国家发展的需要、人民对教育的需求,推动着教育事业不断革故鼎新,逐步开辟出一条中国特色社会主义教育事业的发展之路。

我国教育经过70年的励精图治,从两个大的历史时期来看,新中国成立后,党和国家在教育事业的发展方面,主要是在继承和改造原有教育遗产的基础上,根据我国社会主义建设和发展的需要,初步建立了社会主义教育制度和教育体系的基本格局。改革开放之后,随着党的工作重心的转移和经济社会发展的需要,我国的教育事业也在不断调整与完善,整个教育制度和教育体系的发展沿着中国特色社会主义的道路前行。随着我党在教育方面的方针、路线不断更新和发展,我国的教育事业必将推动我国由人口大国向人力资源大国、人力资源强国迈进,从而更好地助力我国经济社会的发展,为我国的建设提供更多的人才。

春风桃李70载,本章将从回顾我国教育发展70年的历程开始,从历史的发展中归纳我国教育发展的主要成就、面临的挑战,并在此基础上对我国教育未来的发展进行展望。

第一节　我国教育70年发展历程

　　教育在我国有着悠久的历史,自1949年新中国成立以来,教育事业一直被我们党和国家放在重要的位置。教育的发展与我国政治、经济、文化和社会发展有着密切的联系,相互影响、相互促进。

　　综合70年的历史资料,我国的教育发展可分为五个阶段,包括:除旧立新,我国教育制度的初步建立与发展(1949—1966年);由乱到治,我国教育发展受挫及其恢复(1966—1978年);回归正轨,我国教育建设全面展开(1978—1992年);锐意进取,我国教育实现跨越式发展(1992—2010年);不忘初心,我国教育向着现代化迈进(2010年至今)。

一、除旧立新,我国教育制度的初步建立与发展(1949—1966年)

　　1949年10月1日,中华人民共和国成立,标志着中国结束了近代以来的战乱与动荡,进入和平建设时期。我们党和国家勾画了建设社会主义新中国的宏伟蓝图,在这一蓝图的指引下,教育方面也开始了新的探索。

　　1949年至1966年,是新中国教育的开创时期,在这17年里,我国在教育思想、教育实践等方面都作出了全面的探索。

(一)党的教育方针的确立与调整

　　新中国成立之初,百废待兴,教育事业的恢复与发展也刻不容缓。1949年9月29日通过的《中国人民政治协商会议共同纲领》第五章"文化教育政策"中提到:"中华人民共和国的文化教育为新民主主义的,即民族的、科学的、大众的文化教育。人民政府的文化教育工作,应以提高人民文化水平,培养国家建设人才,肃清封建的、买办的、法西斯主义的思想,发展为人民服务的思想为主要任务。""提倡爱祖国、爱人民、爱劳动、爱科学、爱护公共财物为中华人民共和国全体国民的公德。""有计划有步骤地实行普及教育,加强中等教育和高等教育,注重技术教育,加强劳动者的业余教育和在职干部教育,给青年知识分子和旧知识分子以革命的政治教育,以应革命工作和国家建设工作的广泛需要。"①

围绕《中国人民政治协商会议共同纲领》中的文化教育政策,1949年12月,教育部在北京召开了新中国第一次全国教育工作会议,确定教育发展的总方针、历史定位和政策措施。会议提出:新教育是民族的、科学的、大众的文化教育,目的是为人民服务;建设新教育要吸收旧教育某些有用的经验,特别要借助苏联教育建设的先进经验;教育必须为国家建设服务,学校必须为工农开门;教育工作的发展方针是普及与提高相结合。②

随着经济建设的推进以及国际国内形势的变化,我们党在教育方针上进行了一些调整。1957年2月,毛泽东同志在最高国务会议上做了《关于正确处理人民内部矛盾的问题》的讲话,其中提到"我们的教育方针,应该使受教育者在德育、智育、体育几方面都得到发展,成为有社会主义觉悟有文化的劳动者"。③ 这一教育方针的指导意义在于不仅提出了教育工作的目的,也为青年一代的发展指明了方向,即:成为德智体全面发展的有社会主义觉悟有文化的劳动者。

此后随着对新中国成立以来我国教育工作的成绩、存在的问题进行总结,1958年9月,中共中央、国务院对教育工作方针加以明确。在《中共中央、国务院关于教育工作的指示》中,明确提出:"党的教育工作方针,是教育为无产阶级的政治服务,教育与生产劳动相结合。为了实现这个方针,教育工作必须由党来领导……教育是改造旧社会和建设新社会的强有力的工具之一。"④教育工作方针的提出主要强调了社会主义教育的性质、教育在政治经济文化生活中的地位和作用,从而解决了教育为谁

---

① 何东昌:《中华人民共和国重要教育文献(1949—1997)》,海南出版社1998年版,第1页。

② 顾明远、刘复兴主编:《从新民主主义教育到社会主义教育(1921—2012)》,教育科学出版社2015年版,第174页。

③ 何东昌:《中华人民共和国重要教育文献(1949—1997)》,海南出版社1998年版,第725页。

④ 何东昌:《中华人民共和国重要教育文献(1949—1997)》,海南出版社1998年版,第859页。

服务和如何服务的问题。

社会主义教育方针的确立，是马克思列宁主义与毛泽东教育思想相结合的产物，也是与我国当时政治经济文化发展相适应的产物，这为我国探索建设适合中国国情的教育事业提供了理论指导。

（二）改造与发展并举建立新的学校体系

根据1949年12月第一次全国教育工作会议提出的"坚决改造"旧教育和"逐步实现"新教育的精神，我国开始着手建设新的学校体系。

针对接受外国津贴的学校，采取了循序渐进的改造策略。1950年10月12日，中央政府收回辅仁大学自办，这标志着全面收回教育主权开始。[①] 到1951年年底，已经完成全国范围内21所接受外国津贴高校的接收工作，将其转为公办和中国人自办。1953年后，在接办私立学校过程中，完成了对接受外国津贴中小学的接管工作。[②]

对于私立学校，则是按照第一次全国教育工作会议提出的"积极维持、逐步改造、重点补助"的方针来进行改造。自1952年下半年起，全国私立中小学全部由政府接办，改为公立。到1956年，全国1412所私立中等学校和8925所私立小学接管完成。[③] 私立高等学校也在全国高校院系调整中，全部并入公立高等学校。

新学校体系的建设首先与面向工农的教育实践相关。《中国人民政治协商会议共同纲领》和第一次全国教育工作会议都提到教育为工农兵服务，学校必须为工农开门。同时，为从制度上保障工农干部群众受教育的权利，1951年10月，政务院发布了《关于改革学制的决定》。故而新学校体系包括：各级教育行政部门、工会、厂矿单位举办的识字班、业余补习学校，以及农村地区的工农业余教育；创办的新型大学，例如新中国成立后创办的第一所新型高等学校中国人民大学，主要招收工农干部和有3年以上工龄的产业工人；在城市的劳动人民聚集区和工矿区、农村地区新

---

① 张晨：《改造旧教育　吐故纳新育英才》，《中国教育报》2011年6月17日。
② 顾明远总主编：《中国教育大系·马克思主义与中国教育》（下），湖北教育出版社1994年版，第1714页。
③ 顾明远主编：《世界教育大事典》，江苏教育出版社2000年版，第763页。

图 1-1 1951 年 2 月 12 日,中央人民政府接收燕京大学,受到师生们的热烈欢迎

图片来源:张晨:《改造旧教育 吐故纳新育英才》,《中国教育报》2011 年 6 月 17 日。

建了大量的中小学,以便利工农子女就近入学。[①] 另外,新学校体系的建设也与国家的民族政策相关。我国是多民族国家,民族平等、团结和共同繁荣是我国基本的民族政策。为促进少数民族地区的教育发展,党和国家对少数民族地区从人财物方面采取了倾斜政策。因此新学校体系还包含了国家兴建的少数民族学校成人业余教育,以及为培养少数民族干部而陆续兴建的西北民族学院、中央民族学院等八所民族高等院校。

在建立和培养新型教师队伍的过程中,党和国家结合对原有教师队伍的改造,建立起了从初级师范到师范大学,涵盖高、中等师范学校,简易师范学校,速成师范班,短期训练班等一整套的师范教育系统。

在上述各种努力下,我国的教育体系初步建立起来。

（三）社会主义教育在探索中前行

为了落实党的教育方针,提高广大劳动人民文化水平,推进工农干部

---

① 方晓东主编:《中华人民共和国教育 60 年》,湖北教育出版社 2009 年版,第 6—7 页。

的深造,改善中国教育的不均衡现象,1951年8月,政务院通过《关于改革学制的决定》,并于当年10月1日公布施行,这是新中国成立以来的第一个学制。新学制不仅保障了广大劳动人民和工农干部受教育的权利,同时也给予业余初、高中和工农速成学校等明确的地位,并能与高等学校相衔接;新学制也明确了中等教育中的技术学校、师范学校、医药以及其他技术学校的学制安排,以适应国家建设对相关专业技术人才的需求。①随着经济建设的不断深入,关于学制改革的思想和工作都在不断地探讨,也进行过一些调整,但1951年学制奠定了我国新学制的基础。

为适应国家建设和社会发展需要,对教育结构也进行了调整,主要体现在两方面。一方面是在中等教育阶段增设技术学校(工业、农业、交通、运输等)和医药及其他中等专业学校(贸易、银行、合作、艺术等);另一方面就是对高等教育进行院系调整。早在1949年11月17日,教育部召开华北区及京津19所高等院校负责人会议,讨论高等教育改造方针时,教育部副部长钱俊瑞指出高等教育改革的方向是一切服务于国家建设,特别是经济建设。而在原有的高等教育体系中,以文、理专业居多,工科专业不足,这与我国"优先发展重工业"政策存在一定的需求缺口,为此在1951年部分高校院系调整的基础上,1952—1956年启动了全国范围内的高等学校院系调整。第一阶段的调整从1952年开始,根据《教育部关于全国高等学校院系1952年的调整设置方案》,本阶段的任务主要是:整顿和加强综合性大学,发展专门学院,首先是工业学院。② 同时,为加强师资的培养也对师范院校建设提出了相应的规定。第二阶段的调整从1955年开始,旨在逐步调整高等学校的地区布局,除在中西部地区新建工业学院外,沿海地区部分高校、部分专业相继向内地迁移。

1958年,随着"大跃进"运动的展开,教育事业也不可避免地开展了一场持续3年时间的教育革命。在这一阶段教育革命的两大主题是:教

---

① 何东昌:《中华人民共和国重要教育文献(1949—1997)》,海南出版社1998年版,第105—107页。

② 何东昌:《中华人民共和国重要教育文献(1949—1997)》,海南出版社1998年版,第150—153页。

育与生产劳动相结合,促进知识分子与工农群众相结合;多快好省,大量培养知识分子,实现教育事业的"大跃进"。与当时的经济形势类似,到1960 年,这种既不符合教育发展规律,又超出当时经济发展的教育革命给教育工作带来了混乱。教育部在 1961 年到 1962 年间召开了三次工作会议,根据"调整、巩固、充实、提高"八字方针提出了对教育事业工作的一系列调整措施,在适当缩小教育事业发展的规模,优化教师队伍结构,改善办学条件等方面取得一定成效,从而使教育事业重新步入有计划的稳定发展轨道。

二、由乱到治,我国教育发展受挫及其恢复(1966—1978 年)

我国教育发展的第二个阶段是从 1966 年"文化大革命"开始到 1978年党的十一届三中全会召开前夕。"文化大革命"期间,我国教育事业受到了极大的挫折,但随着"文化大革命"结束,教育领域拨乱反正,我国教育事业在这一阶段的后期得到初步恢复。

(一)从对教育工作的误判到"两个估计"

从 1966 年 5 月北京大学校内贴出所谓的"第一张大字报",到党的八届十一中全会上毛泽东同志发表《炮打司令部——我的第一张大字报》,"文化大革命"拉开序幕。"文化大革命"首先从教育领域开始,并且教育领域成为"文化大革命"的"重灾区",1966 年 5 月 7 日在给林彪的信中(后被简称"五七指示"),毛泽东同志写道"学制要缩短,教育要革命,资产阶级知识分子统治我们学校的现象,再也不能继续下去了"[①]。到了1966 年秋季学期,全国大中小学开始"停课闹革命"。自此,学校中的打、砸、抢、武斗不断发生,学校的行政机关、党团组织陷入瘫痪,教学设施大量被砸被烧,仪器设备、图书资料损毁严重。1967 年 1 月教育部被造反派夺权,教育部的工作也陷入停顿状态。

为了稳定学校的基本秩序,1968 年 7 月起,各级学校先后进驻了"军

---

① 何东昌:《中华人民共和国重要教育文献(1949—1997)》,海南出版社 1998 年版,第1396 页。

宣队""工宣队"或"贫宣队"。① 这些宣传队和代表进驻学校后,基本上结束了学校内武斗不断的局面,并结合"北京六厂二校"经验,对各级各类学校"斗、批、改"进行指导。但这些活动根本无法让失去教学秩序的学校恢复正常。

1971 年 4 月,全国教育工作会议在北京召开,会议通过了《全国教育工作会议纪要》(中共中央于 1979 年 3 月 19 日决定撤销这个错误文件)。《全国教育工作会议纪要》否定了 1949 年至 1966 年的教育工作和知识分子的作用,错误地提出了"两个估计":一是新中国成立后 17 年,"毛主席的无产阶级教育路线基本上没有得到贯彻执行","资产阶级专了无产阶级的政";二是原有教师队伍中,大多数"世界观基本上是资产阶级的"。② 在"四人帮"的极力推动下,各级各类学校继续开展"教育革命"。这些举措进一步对教育系统产生负面效应,正常的教学工作无法开展,人才的培养也陷入停顿。

(二)"文化大革命"中的艰难调整

在"文化大革命"期间,尽管教育发展受到了空前绝后的打击,教育领域的广大干部、教师受到了种种打击和迫害,但他们依然用自己的良知、使命感和强烈的事业心来与林彪和"四人帮"进行抗争。

在中央,以周恩来同志为代表的一批干部与林彪和"四人帮"展开了坚决而机智的斗争。在此期间,周恩来同志多次就教育问题,发表了一系列的意见③。对于人才培养的问题,周恩来同志在 1970 年 11 月接见北京大学、北京外语学院等高校师生代表时强调"不仅要有政治水平,同时要有较高的文化水平。没有基本功和丰富的知识不行"。1972 年 7 月,在给张文裕、朱光亚同志的信中,周恩来同志指出,要把综合大学的理科办好,提高基础理论水平,并强调有什么障碍就要拔除。④ 同时,在周恩来

---

① 陆有铨:《躁动的百年 20 世纪的教育历程》,北京大学出版社 2012 年版,第 479 页。
② 何东昌:《中华人民共和国重要教育文献(1949—1997)》,海南出版社 1998 年版,第 1478—1482 页。
③ 《周恩来选集》下卷,人民出版社 1984 年版,第 467—474 页。
④ 《周恩来选集》下卷,人民出版社 1984 年版,第 467—474 页。

同志的直接过问下,一些学校的党政领导干部和一批专家、学者、教师被解放并重新安排了工作。1973 年 5 月,中共中央决定恢复邓小平同志的职务,复出后的邓小平同志协助周恩来同志做了大量的工作。1975 年 1 月,全国人大四届一次会议召开,周恩来同志在《政府工作报告》中重申了发展国民经济的主要任务:"在本世纪内,全面实现农业、工业、国防和科学技术的现代化,使我国国民经济走在世界的前列。"①在此次大会上,邓小平同志开始担任国务院第一副总理,围绕着"四个现代化"的宏伟目标,他开始着手解决各条战线的混乱状况,而重中之重就是对教育进行整顿。对于教育的整顿,邓小平同志将其重要性提高到了事关现代化建设的高度,他提到"我们有个危机,可能发生在教育部门,把整个现代化水平拖住了"②。邓小平同志还对"四人帮"的一些做法进行了批评。比如,在读书的问题上,邓小平同志指出"现在相当多的学校学生不读书,这也不符合毛泽东思想。毛泽东同志反对的是教育脱离实际、脱离群众、脱离劳动,并不是不要读书,而是要读得更好","毛泽东同志讲了四个现代化,还讲过阶级斗争、生产斗争、科学实验是三项基本社会实践,现在却把科学实验割裂出来了,而且讲都怕讲,讲了就是罪,这怎么行呢? 恐怕在相当多的领域里,都存在怎样全面学习、宣传、贯彻毛泽东思想的问题。毛泽东思想紧密联系着各个领域的实践,紧密联系着各个方面工作的方针、政策和方法,我们一定要全面地学习、宣传和实行,不能听到风就是雨"。③

与此同时,全国人大四届一次会议决定恢复教育部,周荣鑫任部长。周荣鑫组织教育部广泛召开座谈会,积极贯彻邓小平同志的"各方面都要整顿"的精神,研究教育整顿问题,经过几个月的整顿,显现了初步的效果。

当然,这些工作的推进是在艰难的环境中展开的,也受到了一些反击。但从中央到地方,大部分干部群众开始逐渐觉醒,整体的发展趋势是向着好的方向发展的。

---

① 《周恩来选集》下卷,人民出版社 1984 年版,第 479 页。
② 《邓小平文选》第二卷,人民出版社 1994 年版,第 34 页。
③ 《邓小平文选》第二卷,人民出版社 1994 年版,第 37 页。

（三）教育秩序的逐步恢复

1976年10月，中共中央一举粉碎了"四人帮"，将发展的轨迹转回到正确的道路上来。在邓小平同志的亲自领导和推动下，教育领域开始拨乱反正。

邓小平同志首先推翻了"文化大革命"期间对教育"两个估计"的错误思想。1977年8月8日，邓小平同志在科学和教育工作座谈会上做了《关于科学和教育工作的几点意见》的讲话，他肯定了1949年到1966年17年教育发展的成果，以及绝大多数知识分子的工作和成绩。邓小平同志指出"对全国教育战线十七年的工作怎样估计？我看，主导方面是红线。应当肯定，十七年中，绝大多数知识分子，不管是科学工作者还是教育工作者，在毛泽东思想的光辉照耀下，在党的正确领导下，辛勤劳动，努力工作，取得了很大成绩。特别是教育工作者，他们的劳动更辛苦。现在差不多各条战线的骨干力量，大都是新中国成立以后我们自己培养的，特别是前十几年培养出来的。如果对十七年不作这样的估计，就无法解释我们所取得的一切成就了"。① 同年9月19日，在与教育部主要负责同志的谈话中，邓小平同志指出："'两个估计'是不符合实际的，怎么能把几百万、上千万知识分子一棍子打死呢？"②彻底推翻"两个估计"，对于教育领域的拨乱反正起到了决定性的指导作用。

随着全国范围内平反冤假错案的工作逐步展开，教育系统也着手平反工作，通过由地方和部门党委发放正式文件、召开平反昭雪大会和追悼大会、举行骨灰安放仪式等形式，为受迫害的知识分子恢复名誉，为被污为"反动权威"的优秀教师平反等。③ 这些举措令广大教育工作者得以在政治生活领域重获新生。

为了弥补人才的缺口及呼应人民对高等教育变革的呼声，改革高校招生制度的工作提上了议事日程。1977年8月13日至9月25日，教育

---

① 《邓小平文选》第二卷，人民出版社1994年版，第49页。
② 何东昌：《中华人民共和国重要教育文献（1949—1997）》，海南出版社1998年版，第1577页。
③ 方晓东主编：《中华人民共和国教育60年》，湖北教育出版社2009年版，第22页。

部在北京召开全国高等学校招生工作会议,会议决定以"统一考试、择优录取"的招生方式来取代"文化大革命"时期"自愿报名、群众推荐、领导批准、学校复审"的招生方式。对教育部起草的招生工作文件,邓小平同志亲自进行了修改和审定。10 月 5 日,中共中央政治局讨论通过了招生工作文件。10 月 12 日,国务院批转教育部《关于 1977 年高等学校招生工作的意见》以及《关于高等学校招收研究生的意见》,宣布于 1977 年恢复高考。10 月 21 日,《人民日报》发表社论《搞好大学招生是全国人民的希望》,正式宣布恢复高校招生统一考试制度。1977 年冬天全国 570 万考生参加了当年的高考。高考制度的恢复,重新激发了青年学子学习科学文化知识报效祖国的热情,也再次振奋了广大教育工作者的精神,同时对中国教育制度的重建与创新、社会公平与公正的重建、现代化建设事业的发展,都具有深远而积极的意义。

　与此同时,为了加快人才培养的进程,派遣留学生去国外学习的工作也重新启动。1978 年 3 月,邓小平同志审阅了教育部、国家科委、外交部《关于一九七八——一九七九年向国外派遣科技生问题的请示》。6 月 23 日,邓小平同志听取刘达关于清华大学情况的汇报,并与在座的方毅、蒋南翔、刘西尧等谈话说:"我赞成增大派遣留学生的数量,派出去主要学习自然科学。要成千上万地派,不是只派十个八个。请教育部研究一下,在这方面多花些钱是值得的。这是五年内快见成效、提高我国科教水平的重要方法之一。现在我们迈的步子太小,要千方百计加快步伐,路子要越走越宽,我们一方面努力提高自己的大学水平,一方面派人出去学习,这样可以有一个比较,看看我们自己的大学究竟办得如何。"①7 月 11 日教育部向中央提出了《关于加大选派留学生数量的报告》,1978 年年底首批 52 名留学生赴美留学。

三、回归正轨,我国教育建设全面展开(1978—1992 年)

　1978 年 12 月 18 日至 22 日,党的十一届三中全会在北京召开,会议

---

　① 中华人民共和国教育部、中共中央文献研究室编:《毛泽东 邓小平 江泽民论教育》,中央文献出版社、人民教育出版社、北京师范大学出版社 2002 年版,第 148 页。

决定“全党工作的着重点应该从一九七九年转移到社会主义现代化建设上来”，这是我国发展史上一个伟大的战略转变。与此同时，我国的教育开始沿着中国特色社会主义的道路前进。

（一）从真理标准大讨论到教育本质大讨论

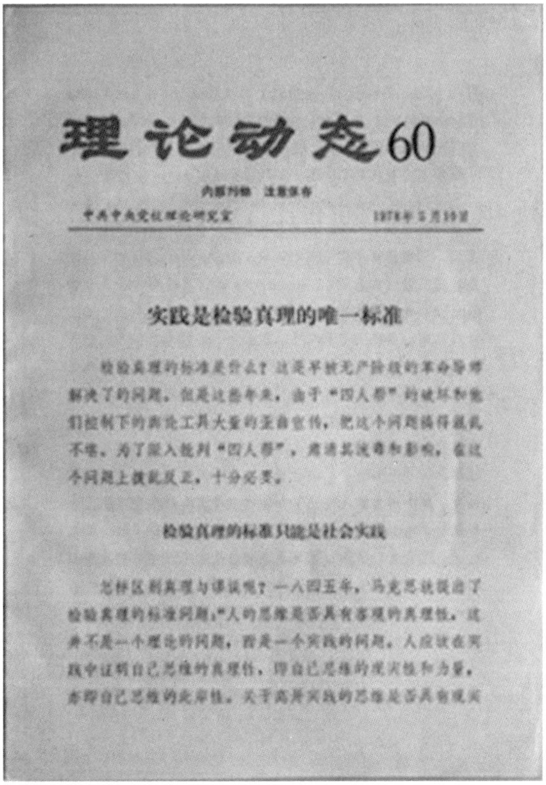

理论动态60

实践是检验真理的唯一标准

检验真理的标准只能是社会实践

图 1-2　中共中央党校内部刊物《理论动态》第 60 期发表了《实践是检验真理的唯一标准》

图片来源：人民网。

1978 年 5 月 10 日，中共中央党校内部刊物《理论动态》第 60 期刊登了经胡耀邦审定的《实践是检验真理的唯一标准》，次日，《光明日报》公开发表此文。文章旗帜鲜明地指出：“一个理论，是否正确反映了客观实际，是不是真理，只能靠社会实践来检验。这是马克思主义认识论的一个基本原理。”“实践不仅是检验真理的标准，而且是唯一的标准。……正是实践,也只有实践,才能够完成检验真理的任务。"①由此,引发了一场全党、全民共同参与的真理标准大讨论。真理标准大讨论揭开了新时期思想解放的序幕,它冲破了长期"左"的错误,打碎了"两个凡是"的枷锁,把人们从盛行多年的教条主义和个人崇拜的束缚中解放出来,为大规模拨乱反正和解决历史遗留问题创造了条件。

真理标准大讨论也为教育战线的拨乱反正做好了思想上的准备,在此背景下,教育理论界展开了对教育本质的大讨论。

20 世纪 50 年代,苏联教育界就教育的特点展开讨论。1952 年,苏联教育界的这场讨论被介绍到我国,而其中"把教育归于上层建筑"的思想为我国教育界所接受。尽管也有不同的声音,但并未受到重视。1957 年以后,教育与生产力的关系被忽视,而教育与政治的关系更多地被提及。在"文化大革命"中,对教育本质的认识越讲越"左"甚至走向极端,教育被视为无产阶级专政的工具,学校成为阶级斗争的主要阵地。这些错误的认识给我国教育造成了巨大的损失。故而在真理标准大讨论的推动下,关于教育本质的大讨论也在教育界热烈展开。关于教育本质的争鸣有上层建筑说、生产力说、双重属性说、多重属性说、社会实践说、特殊范畴说以及培养人说等观点,这些学说分别从教育的外部属性和教育内部的本质联系展开。直至今日,关于教育本质的问题仍未达成共识,但这场教育本质大讨论既促进了教育界的思想解放,同时也丰富和开拓了教育界的理论视野。②

(二)"三个面向"指导方针和教育地位不断提升

邓小平同志一直非常关心教育事业,并从 1977 年开始亲自抓科教工作,他从社会主义现代化建设全局的高度出发,强调"我们国家要赶上世界先进水平,从何着手呢? 我想,要从科学和教育着手"③。1983 年 9 月 9 日,邓小平同志为北京景山学校题词:"教育要面向现代化,面向世界,

---

① 本报特约评论员:《实践是检验真理的唯一标准》,《光明日报》1978 年 5 月 11 日。
② 顾明远、刘复兴主编:《从新民主主义教育到社会主义教育(1921—2012)》,教育科学出版社 2015 年版,第 214—221 页。
③ 《邓小平文选》第二卷,人民出版社 1994 年版,第 121 页。

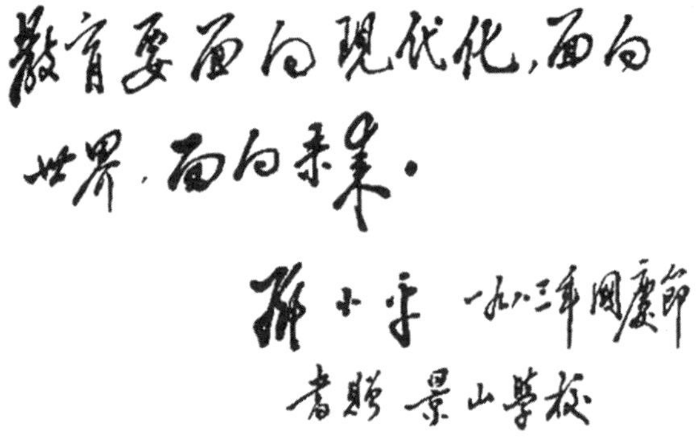

图 1-3　邓小平同志为景山学校题词

图片来源:刘亦凡、苏令:《"三个面向"指引教育发展方向》,《中国教育报》2018 年 12 月 17 日。

面向未来"①(以下简称"三个面向")。

　　"三个面向"是邓小平同志基于对中国国情的准确分析和对未来世界发展趋势的科学估计,是邓小平同志教育思想的精髓所在。"三个面向"是新时期教育改革和发展的方向:教育要面向现代化,即教育既要为社会主义现代化培养建设人才,又要实现教育自身的现代化;教育要面向世界,即在以和平和发展为主要特征的时代,教育要为综合国力的提升培养高层次建设人才和高素质的劳动者;教育要面向未来,即教育必须高瞻远瞩,既要着眼于当前更要对未来发展趋势有充分的认识,避免教育改革中急功近利的短期行为。此后,"三个面向"成为我国教育改革和发展的指导方针。1985 年 5 月 27 日,在《中共中央关于教育体制改革的决定》中提到"教育必须为社会主义建设服务,社会主义建设必须依靠教育"这一指导思想,同时决定还明确了"社会主义现代化建设的宏伟任务,要求我们不但必须放手使用和努力提高现有的人才,而且必须极大地提高全党对教育工作的认识,面向现代化、面向世界、面向未来,为九十年代以至下世纪初叶我国经济和社会的发展,大规模地准备新的能够坚持社会主

---

　　① 《邓小平文选》第三卷,人民出版社 1993 年版,第 35 页。

义方向的各级各类合格人才"。① 1989 年 11 月 30 日,李鹏同志会见出席联合国教科文组织"面向 21 世纪教育国际研讨会"与会中外代表时,李鹏同志指出中国教育方针概括起来有三条,其中第一条就是"教育要面向现代化、面向世界、面向未来"。

正是在邓小平理论的指导下,全党对教育的认识不断提高。1982 年 9 月,党的十二大召开,胡耀邦同志做了《全面开创社会主义现代化建设的新局面》的报告。报告指出:"四个现代化的关键是科学技术的现代化。目前我国许多企业生产技术和经营管理落后,大批职工缺乏必要的科学文化知识和操作技能,熟练工人和科学技术人员严重不足。……总之,在今后二十年内,一定要牢牢抓住农业、能源和交通、教育和科学这几个根本环节,把它们作为经济发展的战略重点。"② 继党的十二大将教育提升至国家经济发展的战略重点的位置,党的十三大则进一步将教育提升至首要位置和突出的战略位置。党的十三大报告提出"把发展科学技术和教育事业放在首要位置,使经济建设转到依靠科技进步和提高劳动者素质的轨道上来。……从根本上说,科技的发展、经济的振兴,乃至整个社会的进步,都取决于劳动者素质的提高和大量合格人才的培养。百年大计,教育为本。必须坚持把发展教育事业放在突出的战略位置,加强智力开发"。③

教育地位不断提升,推动着教育建设和教育改革稳步推进。

(三)教育建设全面展开,教育改革逐步推进

党的十一届三中全会后,党和国家将工作重心转移到社会主义现代化建设上来,邓小平同志也多次提到教育要更好地为社会主义建设服务,故随着改革开放的推进,教育领域的建设和改革也在逐步推进。

---

① 何东昌:《中华人民共和国重要教育文献(1949—1997)》,海南出版社 1998 年版,第 2285—2289 页。

② 何东昌:《中华人民共和国重要教育文献(1949—1997)》,海南出版社 1998 年版,第 2037 页。

③ 何东昌:《中华人民共和国重要教育文献(1949—1997)》,海南出版社 1998 年版,第 2678—2679 页。

1980年5月，中共中央书记处听取并讨论教育部党组关于《教育工作汇报提纲》和教育部部长蒋南翔的说明。在讨论中，胡耀邦指出："现在的教育状况很不适应四个现代化的要求。"与会领导同志，分别就教育制度的改革、进一步落实知识分子政策、改善教师待遇、改革教育的领导管理体制等问题进行了讨论。教育部贯彻中央"调整、改革、整顿、提高"八字方针，确定了教育调整和改革的工作思路：全面恢复教育教学秩序，恢复与完善基本教育制度，着手建立与经济建设相适应的教育体系框架，使教育事业回归正轨。①

1980年10月，国务院批转了教育部和国家劳动总局《关于中等教育结构改革的报告》，12月中共中央、国务院作出《关于普及小学教育若干问题的决定》。在这两份文件中，提到工作的重点是：普及小学教育，有条件的地方要普及初中教育；国家财政支持和多渠道自主办学相结合发展教育；加强中小学师资的培养；加强少数民族地区的教育；提高教师社会地位；发展中等职业技术学校，恢复工农教育和业余教育，兴办广播电视大学；等等。在一系列的调整、整顿和改革中，我国教育体系的建设工作全面展开，并回归到服务经济社会建设的轨道上。

1984年10月，党的十二届三中全会作出了《中共中央关于经济体制改革的决定》，在经济体制改革的过程中，教育体制改革的呼声也不断增强。1985年5月15日至20日，中共中央、国务院在北京召开改革开放以来第一次全国教育工作会议。会议讨论了《中共中央关于教育体制改革的决定（草案）》，研究了实行教育体制改革的步骤和措施。5月27日，《中共中央关于教育体制改革的决定》正式颁布实施。《中共中央关于教育体制改革的决定》指出未来教育改革的方向是：改革管理体制，在加强宏观管理的同时，坚决实行简政放权，扩大学校的办学自主权；调整教育结构，相应地改革劳动人事制度；改革同社会主义现代化不相适应的教育思想、教育内容、教育方法。②

---

① 方晓东主编：《中华人民共和国教育60年》，湖北教育出版社2009年版，第25页。
② 何东昌：《中华人民共和国重要教育文献（1949—1997）》，海南出版社1998年版，第2285—2289页。

　　在义务教育发展方面,发展的责任和管理权限下放到地方,形成了"地方负责,分级管理"的体制。1986 年颁布的《中华人民共和国义务教育法》不仅为九年义务教育提供了法律保障,同时也对九年义务教育的体制改革做了更详尽的部署。在分级管理的体制下,地方政府和人民群众的办学积极性得到激发,这令我国的基础教育在短期内得到飞速发展,从而一举改变了我国基础教育阶段尤其是农村基础教育阶段的落后面貌,这为九年义务教育的普及打下了良好的基础。

　　在职业教育发展方面,1980 年 10 月 7 日发布的《关于中等教育结构改革的报告》中提出"中等教育结构改革,主要是改革高中阶段的教育。要使高中阶段的教育适应社会主义现代化建设的需要,应当实行普通教育与职业、技术教育并举,全日制学校与半工半读学校、业余学校并举,国家办学与业务部门、厂矿企业、人民公社办学并举的方针。县以下教育事业应当主要面向农村,为农村的各项建设事业服务。在城乡要提倡各行各业广泛办职业(技术)学校。可适当将一部分普通高中改办为职业(技术)学校、职业中学、农业中学。经过调整改革,要使各类职业(技术)学校的在校学生数在整个高级中等教育中的比重大大增长"。① 此后,我国中等教育结构不合理的状况得到改善,中等职业教育进入了快速发展的轨道。1986 年 7 月,为贯彻落实《中共中央关于教育体制改革的决定》中关于"调整中等教育结构,大力发展职业技术教育"的精神,国家教委、国家计委、国家经委、劳动人事部四部门共同召开全国职工技术教育工作会议。会议提出:农村职业技术教育必须坚定不移地确定为振兴农村经济、发展农业生产和为农民劳动致富服务的办学思想,采取更加灵活的形式,以初级、中级职业教育为主,大力开展周期短、见效快的培训。1987 年,第一个农村教育改革实验区在河北建立,1989 年又在全国建立了"百县农村教育改革试验区",农村教育综合改革实验全面展开。在此次的改革中,主要通过推行"三教统筹""农科教结合""燎原计划",取得明显成

---

　　① 何东昌:《中华人民共和国重要教育文献(1949—1997)》,海南出版社 1998 年版,第 1855—1856 页。

效。① 在一系列举措的推动下,我国形成了中等专业学校、技工学校、职业学校并存、结构相对合理的职业教育体系。

高等教育的改革也取得了一些突破。在办学体制方面,高校拥有了更多的办学自主权。在管理体制上,部分高校开始试行"校长负责制",学校可以自主统筹预算内事业经费和预算外经费,同时亦开始拥有一定的用人自主权。在招生制度方面,高校开始接受一些国有企业或国家机关的"委托培养",出现了高考招生的"双轨制",一方面是国家计划的"统招生",另一方面则是"委培生""自费生"。与此相应的毕业分配制度也开始转变,除了国家统一分配外,对于"委培生"和"自费生"则采取的是自主分配的形式。在教学管理制度方面,高等教育也采取了多方面的改革措施,包括调整高等教育专科和本科的比例;加强经管类学科的建设,扶持新兴学科的发展;高校具有调整专业方向、制订教学计划、教学大纲及编写和选用教材的自主权;开始建立高校教育评估制度和试点。经过改革,我国高等教育的建设也得到长足发展,并为下一步深化改革打下了坚实的基础。

四、锐意进取,我国教育实现跨越式发展(1992—2010年)

1992年1月18日至2月21日,邓小平同志先后到武昌、深圳、珠海、上海等地视察,并发表了一系列重要谈话。在谈话中,邓小平同志强调:经济发展得快一点,必须依靠科技和教育,科学技术是第一生产力。邓小平同志南方谈话不仅指明了中国发展的方向是坚定不移地沿着中国特色社会主义道路前行,也为教育的进一步改革开放、实现跨越式发展奠定了理论基础。

(一)教育发展上升到国家战略

20世纪80年代末90年代初期,"苏东剧变",我国的经济体制改革与对外开放也面临种种困境,改革与发展在理论上遭遇诸多难题的困扰。1992年年初,邓小平同志南方谈话深刻回答长期束缚人们思想的许多重大认识问题,为推进改革开放步入新阶段、跨上新台阶提供了强大思想动力。在邓小平教育理论的指引下,党和国家不断深化对教育的认识,进一

① 方晓东主编:《中华人民共和国教育60年》,湖北教育出版社2009年版,第29页。

步提升教育在国计民生中的重要地位。

1992年10月,江泽民同志在党的十四大报告中指出:"科学技术是第一生产力。振兴经济首先要振兴科技。……科技进步、经济繁荣和社会发展,从根本上说取决于提高劳动者的素质,培养大批人才。我们必须把教育摆在优先发展的战略地位,努力提高全民族的思想道德和科学文化水平,这是实现我国现代化的根本大计。"①这是我党历史上第一次明确提出把教育摆在优先发展的战略地位。教育优先发展战略的确立,既是我国改革开放14年来经济建设取得成绩的经验总结,也是我党顺应时代发展趋势的体现。

在确立教育优先发展战略的同时,中共中央全面落实邓小平同志关于"科学技术是第一生产力"的思想,提出了科教兴国的战略。1995年5月,《中共中央、国务院关于加速科学技术进步的决定》发布,首次以中央文件的形式提出并阐述了科教兴国战略。5月26日,江泽民同志出席全国科学技术大会并发表讲话,再次强调"实施科教兴国战略"的重要意义。"科教兴国,是指全面落实科学技术是第一生产力的思想,坚持教育为本,把科技和教育摆在经济、社会发展的重要位置,增强国家的科技实力及向现实生产力转化的能力,提高全民族的科技文化素质,把经济建设转移到依靠科技进步和提高劳动者素质的轨道上来,加速实现国家的繁荣强盛。"②1996年3月,全国人大八届四次会议正式批准《中华人民共和国国民经济和社会发展"九五"计划和2010年远景目标纲要》,将"科教兴国战略"作为我国经济社会发展的指导方针和发展战略。1997年9月,党的十五大进一步强调贯彻实施科教兴国战略,并指出"发展教育和科学是文化建设的基础工程",以及"要切实把教育摆在优先发展的战略地位"。③ 为了进一步推动科教兴国战略的实施,1998年,国家

---

① 何东昌:《中华人民共和国重要教育文献(1949—1997)》,海南出版社1998年版,第3393—3398页。

② 《江泽民同志在全国科学技术大会上的讲话》,《人民日报》1995年6月5日。

③ 改革开放30年中国教育改革与发展课题组:《教育大国的崛起1978—2008》,教育科学出版社2008年版,第28页。

科技教育领导小组成立,该部门服务于推进科技、教育体制改革,提高我国科技、教育水平,促进经济与社会事业的发展。

随着改革开放事业的推进,为应对 21 世纪初知识经济带来的机遇和挑战,同时鉴于国际间的竞争日益转化为人才的竞争、劳动力素质的竞争,党中央作出了"人才资源是第一资源"的科学判断,适时提出了人才强国战略。人才强国战略是在科学发展观思想的引领下,对教育优先发展战略和科教兴国战略的进一步提升,也标志着我国在教育发展战略上进入一个新的发展阶段。2002 年 6 月,中共中央、国务院印发了我国第一个综合性人才队伍建设规划《2002—2005 年全国人才队伍建设规划纲要》,通过对经济社会发展和国际竞争的分析,对新时期我国人才队伍建设进行了战略布局。2006 年 8 月 29 日,胡锦涛同志在中共中央政治局第三十四次集体学习时强调:"必须坚定不移地实施科教兴国战略和人才强国战略,切实把教育摆在优先发展的战略地位,推动我国教育事业全面协调可持续发展,努力把我国建设成为人力资源强国,为全面建设小康社会、实现中华民族的伟大复兴提供强有力的人才和人力资源保证。"[1]2007 年 10 月,胡锦涛同志在党的十七大报告中明确提出要更好地实施科教兴国战略、人才强国战略,作出了"优先发展教育,建设人力资源强国"的战略决策。与此同时,胡锦涛同志还在报告中把优先发展教育列在改善民生六大任务的首位。

实施教育优先战略、科教兴国战略和人才强国战略,既是我国教育发展的目标,同时也为我国教育的发展提供了强大的动力。

(二)绘制教育改革与发展的宏伟蓝图

为了确保将教育放在突出的战略位置,并将其落到实处,从 1988 年 5 月开始,中共中央决定起草一份有关教育改革和发展的纲领性文件。经过五年多的研究,广泛听取了社会各界专家学者意见,并经中共中央政治局、国务院多次讨论,1993 年 2 月,中共中央、国务院正式印发了《中国

---

① 《坚持把教育摆在优先发展战略地位　努力办好让人民群众满意的教育》,《人民日报》2006 年 8 月 31 日。

教育改革和发展纲要》。①《中国教育改革和发展纲要》在对新中国成立四十多年来教育发展的成就和存在的问题进行总结的基础上,结合我国从计划经济向市场经济转轨的背景,以及着眼于日益激烈的国际竞争、科学技术迅猛发展及迎接21世纪的挑战,提出了我国教育发展的任务、目标、战略和指导方针。《中国教育改革和发展纲要》指出教育工作的任务是"加快教育的改革和发展,进一步提高劳动者素质,培养大批人才,建立适应社会主义市场经济体制和政治、科技体制改革需要的教育体制,更好地为社会主义现代化建设服务"②。围绕这些任务,《中国教育改革和发展纲要》还明确"到本世纪末,我国教育发展的总目标是:全民受教育水平有明显提高;城乡劳动者的职前、职后教育有较大发展;各类专门人才的拥有量基本满足现代化建设的需要;形成具有中国特色的、面向21世纪的社会主义教育体系的基本框架。再经过几十年的努力,建立起比较成熟和完善的社会主义教育体系,实现教育的现代化"。③ 为了落实这些目标,《中国教育改革和发展纲要》提出了教育体制改革要采取综合配套、分步推进的方针。《中国教育改革和发展纲要》发扬并深化了邓小平同志"三个面向"思想,也是对教育优先发展战略的落实,同时为我国20世纪末21世纪初的教育改革和发展绘制了一幅宏伟的蓝图,并为蓝图的实现提供了完整的实施路线图。

为了实现党的十五大提出的跨世纪社会主义现代化建设的宏伟目标和任务,落实科教兴国战略,全面推进教育的改革和发展,提高全民族的科学文化素质和创新能力,1999年1月13日,国务院正式批转了教育部《面向21世纪教育振兴行动计划》,这可谓是跨世纪教育改革和发展的施工蓝图。《面向21世纪教育振兴行动计划》的主要目标围绕着义务教

---

① 改革开放30年中国教育改革与发展课题组:《教育大国的崛起1978—2008》,教育科学出版社2008年版,第29—31页。

② 何东昌:《中华人民共和国重要教育文献(1949—1997)》,海南出版社1998年版,第3467—3472页。

③ 何东昌:《中华人民共和国重要教育文献(1949—1997)》,海南出版社1998年版,第3467—3472页。

育、职业与技术教育、高等教育、高素质人才培养、科学研究及终身教育等方面展开,为保证上述目标的实现提出了以下的行动计划:"跨世纪素质教育工程""跨世纪园丁工程""高层次创造性人才工程"、继续并加快进行"211工程"建设、创建若干所具有世界先进水平的一流大学和一批一流学科、实施"现代远程教育工程"、实施"高校高新技术产业化工程"、积极稳步发展高等教育、积极发展职业教育和成人教育、深化办学体制改革、依法保证教育经费投入、加强高等学校党建和思政工作等。①《面向21世纪教育振兴行动计划》促进了世纪之交我国教育的改革和发展,在此基础上,教育部还制订了《2003—2007年教育振兴行动计划》。

从《中国教育改革和发展纲要》到《面向21世纪教育振兴行动计划》《2003—2007年教育振兴行动计划》,既有教育改革和发展的蓝图,又有详细目标指引和清晰的行动计划,在他们的引领下,我国各项教育事业都得到稳步推进,也为我国教育实现跨越式发展奠定了良好的基础。

(三)实行依法治教、推进素质教育及教育的跨越式发展

在我国向市场经济转轨过程中,各项法律法规逐步健全,与此同时,依法治教也成为教育领域中的工作重点。我国教育立法起始于20世纪80年代,颁布的教育法律主要是《中华人民共和国学位条例》(1980年)和《中华人民共和国义务教育法》(1986年)。20世纪90年代后,为了适应教育的改革和发展,教育立法的进程开始加速,先后出台了《中华人民共和国教师法》(1993年)、《中华人民共和国教育法》(1995年、2009年第一次修正、2015年第二次修正)、《中华人民共和国职业教育法》(1996年)、《中华人民共和国高等教育法》(1998年、2015年第一次修正、2018年第二次修正)、《中华人民共和国国家通用语言文字法》(2000年)、《中华人民共和国民办教育促进法》(2002年、2013年第一次修正、2016年第二次修正、2018年第三次修正),并分别于2006年、2015年和2018年对《中华人民共和国义务教育法》进行了修订和两次

---

① 何东昌:《中华人民共和国重要教育文献(1998—2002)》,海南出版社2003年版,第217—222页。

修正。此外还有一些其他法律中的教育条款、教育行政法规等与教育法律一起构建了我国教育法律法规的整体框架,使我国教育得以沿着法制化轨道健康有序发展。

在教育质量逐步提升的过程中,对素质教育的要求也越来越强烈。1999 年 6 月,中共中央、国务院颁布了《中共中央国务院关于深化教育改革,全面推进素质教育的决定》,围绕着为了青少年的全面发展,为了培养适应 21 世纪现代化建设需要的社会主义新人,赋予素质教育以时代特征和全新内涵。推进素质教育,是现代化建设和时代进步对教育提出的新要求,也是我国教育理论与实践的新发展。《中共中央国务院关于深化教育改革,全面推进素质教育的决定》对深化教育改革、促进各级各类教育发展、实施科教兴国战略,构建一个充满生机的中国特色社会主义教育体系进行了全面部署,使素质教育上升为国家意志,并成为社会各界的广泛共识,从而推动我国教育事业的发展。

在义务教育发展方面。2001 年 1 月 1 日,江泽民同志宣布:中国如期实现了基本普及九年义务教育和基本扫除青壮年文盲(简称"两基")的战略目标。中国义务教育发展取得了历史性突破。① 在基本解决了义务教育的普及问题后,均衡发展的要求被提上议事日程。2002 年 2 月,在《教育部关于加强基础教育办学管理若干问题的通知》中明确提出了"积极推进义务教育阶段学校均衡发展"。2005 年,又发布了《教育部关于进一步推进义务教育均衡发展的若干意见》,从财政和制度层面,明确了各级政府在促进教育均衡发展中的责任。与此同时,农村的义务教育建设也在同步推进。2003 年,为解决农村教育体制中存在的问题,国务院印发了《国务院关于进一步加强农村教育工作的决定》,明确了农村教育在全面建设小康社会中的重要地位和农村教育作为教育工作的重中之重的地位,并要求财政加大投入,完善农村义务教育的经费保障机制。2005 年年底,国务院以建立中央和地方分项目、按比例分担的形式为农

---

① 梁杰、王友文:《令世界瞩目的伟大成就——中国推进全民教育综述》,《中国教育报》2005 年 11 月 28 日。

村义务教育经费提供保障。2006年春,西部农村的学龄儿童不再交学费、杂费和书本费。2007年春,免除全国农村义务教育阶段学杂费。2008年秋,全国城市义务教育阶段实行免除学杂费。至此,中国义务教育实现了由"人民教育人民办"到"义务教育政府办"的重大历史性转变。① 这一系列的举措强化了义务教育的公益性,推进了义务教育阶段的均衡发展,极大地促进了教育公平。

在职业教育发展方面。《中国教育改革和发展纲要》明确指出"职业技术教育是现代教育的重要组成部分,是工业化和生产社会化、现代化的重要支柱"。1994年6月,在第二次全国教育工作会议上江泽民同志指出:"要大力发展各种层次的职业教育和成人教育","调整教育结构的关键环节是要多办一些各类职业学校,培养大量的初级、中级人才"。② 而1996年5月颁布的《中华人民共和国职业教育法》则成为职业教育发展史上的里程碑,为职业教育的发展提供了法律保障。1999年6月,江泽民同志出席第三次全国教育工作会议,在讲话中他再次强调:"努力办好各级各类职业技术教育,是一篇大文章。现在,中等职业技术教育虽然已经有了发展,但总体来说,还刚刚开始做。各地各部门要狠狠抓它十年、二十年,必会大见成效。"③2003年,胡锦涛同志在中共中央政治局第三次集体学习时指出,要"大力推进人力资源能力建设","积极开展以提高就业和创业能力为目标的教育和培训"。④ 2005年,《国务院关于大力发展职业教育的决定》发布,提出将职业教育作为经济社会发展的重要基础和教育工作的战略重点。2006年8月,胡锦涛同志在中共中央政治局第三十四次集体学习时指出:"普及和巩固义务教育,大力发展职业教育,提高高等教育质量,是'十一五'规划纲要对教育事业发展提出的三项主

---

① 万玉凤、董鲁皖龙:《中国教育的发展动力——庆祝改革开放40年系列述评·深化改革篇》,《中国教育报》2018年12月10日。
② 何东昌:《中华人民共和国重要教育文献(1949—1997)》,海南出版社1998年版,第3649页。
③ 何东昌:《中华人民共和国重要教育文献(1998—2002)》,海南出版社2003年版,第293页。
④ 黄尧:《回顾与展望:中国职业教育30年》,《中国教育报》2008年12月12日。

要任务,必须切实抓紧抓实抓好。"①为了提升高等职业院校的办学水平,
"十一五"期间教育部启动了"百所示范性高等职业院校建设工程",以带
动全国高等职业院校深化改革,提升中国高等职业教育的整体水平。这
一系列的重大决策和战略部署为我国职业教育发展注入了强大的动力,
有力地推动了职业教育体系的建设,促进了职业教育规模的扩张、结构的
调整和服务经济社会的能力。

高等教育在这一阶段也取得了突破性进展。为了迎接世界新技术革
命的挑战,提高高等学校的教育和科研水平,《中国教育改革和发展纲
要》提出:"要集中中央和地方等各方面的力量办好 100 所左右重点大学
和一批重点学科、专业,力争在下世纪初,有一批高等学校和学科、专业,
在教育质量、科学研究和管理方面,达到世界较高水平。"②1995 年 11 月,
国务院正式批准了《"211 工程"总体建设规划》,正式开始实施"211 工
程"。1998 年 5 月,江泽民同志在庆祝北京大学建校一百周年大会上的
讲话中提到"为了实现现代化,中国要有若干所具有世界先进水平的一
流大学",从而开启了中国建设世界一流大学的"985 工程"。在建设高水
平世界一流大学的同时,受经济发展水平的限制,高等教育大众化的发展
目标显得遥不可及。为了破解资源有限和对高等教育的旺盛需求之间的
矛盾,中国政府通过观念转变、思路创新,采取了高校扩招的方式突破性
地解决了高等教育发展的瓶颈。1999 年 6 月,我国确定当年的招生规模
为 159.68 万人,比上一年增加 51.32 万人,到 2002 年实现了高等教育
15%的毛入学率,提前 8 年进入高等教育大众化阶段。与此同时,教育部
提出高校扩招进入调整期。2005 年,党中央、国务院明确提出:"十一五"
期间,要把高等教育发展的重点放在提高质量上,适当控制招生增长幅
度,相对稳定招生规模,着力培养学生的社会责任感、实践能力和创造精
神。2007 年,经国务院批准,教育部、财政部联合下发了《教育部、财政部

---

① 《坚持把教育摆在优先发展战略地位　努力办好让人民群众满意的教育》,《人民日
报》2006 年 8 月 31 日。
② 何东昌:《中华人民共和国重要教育文献(1949—1997)》,海南出版社 1998 年版,第
3467—3472 页。

关于实施高等学校本科教学质量与教学改革工程的意见》,决定实施"质量工程",目的是进一步推动本科教学工作,切实提高本科教育质量。"质量工程"是在高校扩招实施规模扩张的同时,促进高等教育教学质量提升的重大举措。在高校规模扩张和实施质量工程的双重努力下,高等教育服务现代化建设的能力不断加强。

五、不忘初心,我国教育向着现代化迈进(**2010 年至今**)

2010 年 7 月,《国家中长期教育改革和发展规划纲要(2010—2020 年)》颁布实施,这是进入 21 世纪,我国颁布的第一个教育规划纲要,这标志着我国教育改革和发展进入一个新的发展时期。

(一)教育是国之大计、党之大计

随着经济全球化深入发展,国际经济格局发生新变化,综合国力竞争愈加激烈,而综合国力竞争说到底是人才竞争。强国必要强教育,因而坚持"教育优先发展战略""科教兴国战略""人才强国战略",把我国从人口大国建设成为人力资源强国依然是我国教育发展的重要战略目标。在 2010 年 7 月颁布的《国家中长期教育改革和发展规划纲要(2010—2020 年)》中"教育优先发展"仍位居工作方针之首。2013 年 9 月 25 日,在联合国"教育第一"全球倡议行动一周年纪念活动上,习近平主席发表视频贺词,他向国际社会庄严承诺"中国将坚定实施科教兴国战略,始终把教育摆在优先发展的战略位置,不断扩大投入,努力发展全民教育、终身教育,建设学习型社会,努力让每个孩子享有受教育的机会,努力让 13 亿人民享有更好更公平的教育,获得发展自身、奉献社会、造福人民的能力"[①]。习近平总书记在党的十九大报告中强调:"建设教育强国是中华民族伟大复兴的基础工程,必须把教育事业放在优先位置,深化教育改革,加快教育现代化,办好人民满意的教育。"2018 年 9 月 10 日,习近平总书记在全国教育大会上发表讲话,指出:"教育是民族振

---

① 《习近平主席在联合国"教育第一"全球倡议行动一周年纪念活动上发表视频贺词》,《人民日报》2013 年 9 月 27 日。

兴、社会进步的重要基石，是功在当代、利在千秋的德政工程，对提高人民综合素质、促进人的全面发展、增强中华民族创新创造活力、实现中华民族伟大复兴具有决定性意义"，并首次将教育定位为"国之大计、党之大计"①。

　　围绕着"国之大计、党之大计"，培养什么人成为教育的根本问题。国无德不兴，人无德不立。一个国家要培养人才，既要育智，更要育人。党的十八大报告中首次提到"把立德树人作为教育的根本任务"。在培养社会主义事业建设者和接班人的过程中，应坚持把立德树人作为中心环节，把思想政治工作贯穿教育教学全过程，实现全程育人、全方位育人。在义务教育阶段，通过建立完善的德育体系，各学科有机渗透社会主义核心价值观，并打造多方位内容丰富的育人载体，帮孩子们"扣好人生第一粒扣子"②。通过一系列贯彻立德树人的举措，从青少年抓起，"用新时代中国特色社会主义思想铸魂育人，引导学生增强中国特色社会主义道路自信、理论自信、制度自信、文化自信，厚植爱国主义情怀，把爱国情、强国志、报国行自觉融入坚持和发展中国特色社会主义事业、建设社会主义现代化强国、实现中华民族伟大复兴的奋斗之中"③。在全国教育大会的发言中，习近平总书记对"培养什么人"的问题作出明确回答，"我国是中国共产党领导的社会主义国家，这就决定了我们的教育必须把培养社会主义建设者和接班人作为根本任务，培养一代又一代拥护中国共产党领导和我国社会主义制度、立志为中国特色社会主义奋斗终身的有用人才"④。把培养社会主义建设者和接班人作为教育工作的根本任务，同时这也是我国教育现代化奋斗的目标。

---

　　① 吴晶、胡浩：《习近平在全国教育大会上强调　坚持中国特色社会主义教育发展道路　培养德智体美劳全面发展的社会主义建设者和接班人》，《光明日报》2018 年 9 月 11 日。
　　② 吴晶、胡浩：《习近平在全国教育大会上强调　坚持中国特色社会主义教育发展道路　培养德智体美劳全面发展的社会主义建设者和接班人》，《光明日报》2018 年 9 月 11 日。
　　③ 《习近平主持召开学校思想政治理论课教师座谈会强调　用新时代中国特色社会主义思想铸魂育人　贯彻党的教育方针落实立德树人根本任务》，《人民日报》2019 年 3 月 19 日。
　　④ 吴晶、胡浩：《习近平在全国教育大会上强调　坚持中国特色社会主义教育发展道路　培养德智体美劳全面发展的社会主义建设者和接班人》，《光明日报》2018 年 9 月 11 日。

在习近平新时代中国特色社会主义思想的指引下,我国教育事业开启了新的发展之路。

(二)为教育现代化规划蓝图

2010年7月,《国家中长期教育改革和发展规划纲要(2010—2020年)》正式发布,从起草到最后颁布历时一年零九个月,其间两次向社会公开征求意见。《国家中长期教育改革和发展规划纲要(2010—2020年)》围绕着"优先发展教育,建设人力资源强国"的主旨,明确了"优先发展,育人为本,改革创新,促进公平,提高质量"的工作方针,并对人才培养体制改革、考试招生制度改革、建设现代学校制度办学体制改革、管理体制改革、扩大教育开放等方面进行了全面部署。①

《国家中长期教育改革和发展规划纲要(2010—2020年)》不仅指明了未来十年中国教育的发展方向,并再次以国家意志明确了教育优先发展的战略地位,也激发了教育界改革和发展的新动力。《国家中长期教育改革和发展规划纲要(2010—2020年)》颁布不到3个月,国务院将纲要中的任务逐项分解,分别由教育部、财政部、国家发展改革委、人力资源和社会保障部、科技部等11部委牵头,49个部门参与,逐项予以落实。为了确保各项任务完成,2015年教育部还组织了北京师范大学、厦门大学、上海教育科学研究院、国家教育发展研究中心、华东师范大学、湖北教科院、西南大学及中国残疾人联合会等单位组成专题评估组,从第三方的视角对《国家中长期教育改革和发展规划纲要(2010—2020年)》的实施进行了中期评估。中期评估的内容涵盖了:贯彻落实整体情况、学前教育、义务教育、职业教育、高等教育、学生资助、教师队伍以及特殊教育等,所有的评估报告都在教育部官方网站进行公开,供公众查询和监督。中期评估既是对《国家中长期教育改革和发展规划纲要(2010—2020年)》推进过程中的成果总结,更是在指出存在问题的基础上对进一步落实各项任务提供意见和建议。

---

① 《国家中长期教育改革和发展规划纲要(2010—2020年)》,中国法制出版社2010年版。

随着《国家中长期教育改革和发展规划纲要（2010—2020 年）》的推进即将到期，结合经济社会发展的现状及未来发展对教育的要求，党中央和国务院对我国教育未来的发展进行下一步的发展规划。2019 年 2 月中共中央、国务院印发了《中国教育现代化 2035》和《加快推进教育现代化实施方案（2018—2022 年）》。

在《中国教育现代化 2035》中明确提出推进教育现代化的总体目标是："到 2020 年，全面实现'十三五'发展目标，教育总体实力和国际影响力显著增强，劳动年龄人口平均受教育年限明显增加，教育现代化取得重要进展，为全面建成小康社会作出重要贡献。""到 2035 年，总体实现教育现代化，迈入教育强国行列，推动我国成为学习大国、人力资源强国和人才强国，为到本世纪中叶建成富强民主文明和谐美丽的社会主义现代化强国奠定坚实基础。"①围绕总体目标，《中国教育现代化 2035》指出到 2035 年我国教育发展目标是：建成服务全民终身学习的现代教育体系、普及有质量的学前教育、实现优质均衡的义务教育、全面普及高中阶段教育、职业教育服务能力显著提升、高等教育竞争力明显提升、残疾儿童少年享有适合的教育、形成全社会共同参与的教育治理新格局。②《加快推进教育现代化实施方案（2018—2022 年）》则结合《中国教育现代化 2035》中所提到的各项具体目标，提出了未来几年工作的十项重点任务，从而为 2035 年主要发展目标的实现夯实基础。

从《国家中长期教育改革和发展规划纲要（2010—2020 年）》到《中国教育现代化 2035》，这些文件为我国教育迈向现代化规划了一幅幅蓝图，也为我国教育事业持续发展不断注入新的动力、目标和方向指引。

（三）教育事业朝现代化目标迈进

教育发展，经费先行。在这一阶段，我国教育经费保障方面有了重大突破。2012 年，我国财政性教育经费支出 22236.23 亿元，国内生

---

① 《中共中央国务院印发〈中国教育现代化 2035〉》，《中国教育报》2019 年 2 月 24 日。
② 《中共中央国务院印发〈中国教育现代化 2035〉》，《中国教育报》2019 年 2 月 24 日。

产总值(GDP)为 518942.11 亿元,国家财政性教育经费占 GDP 的比例为 4.28%[1],首次实现国家财政性教育经费占 GDP 的 4%的发展目标,并连续七年超过 4%[2]。教育经费的持续增长为各项教育事业的稳步推进提供了极大的物质保障。

在义务教育发展方面。2011 年 11 月,我国所有县(市、区)和其他县级行政区划单位、所有省级行政区划全部通过普及九年义务教育和扫除青壮年文盲的国家验收,全国人口覆盖率达到 100%,全面完成了普及九年义务教育和扫除青壮年文盲战略任务。[3] 随着"两基"战略任务的完成,"均衡发展是义务教育的战略性任务"被写入《国家中长期教育改革和发展规划纲要(2010—2020 年)》,指向教育过程公平及资源配置均等的"均衡发展"成为义务教育发展的战略性任务。为统筹推进县域内城乡义务教育一体化改革发展,2016 年 7 月 11 日发布并实施《国务院关于统筹推进县域内城乡义务教育一体化改革发展的若干意见》,围绕统筹城乡义务教育资源均衡配置,提出了科学推进学校标准化建设、统筹城乡师资配置、加强留守儿童关爱保护等十大举措。[4] 为全面改善贫困地区义务教育薄弱学校基本办学条件,启动实施了"我国义务教育学校建设史上中央财政投资最大的单项工程",全面改善覆盖全国 2600 多个县近22 万所农村学校。[5] 为巩固义务教育基本均衡发展成果,引导各地将义务教育均衡发展向着更高水平推进,全面提高义务教育质量,2017 年 5月 23 日,教育部印发了《县域义务教育优质均衡发展督导评估办法》。县域义务教育优质均衡发展督导评估认定涵盖资源配置、政府保障程度、

---

① 资料来源:教育部、国家统计局、财政部:《关于 2012 年全国教育经费执行情况统计公告》,http://www.moe.gov.cn/srcsite/A05/s3040/201312/t20131227_161346.html。

② 《国家财政性教育经费占 GDP 比例连续 6 年超 4%》,《人民日报》2018 年 10 月 17 日。根据相关数据初步核算 2018 年国家财政性教育经费占 GDP 也超过了 4%,具体核算见表 1-2。

③ 翟博、刘华蓉、李曜明、张滢:《人类教育史上的奇迹——来自中国普及九年义务教育和扫除青壮年文盲的报告》,《中国教育报》2012 年 9 月 9 日。

④ 余闯:《国务院印发〈关于统筹推进县域内城乡义务教育一体化改革发展的若干意见〉——2020 年实现城乡基本公共教育服务均等化》,《中国教育报》2016 年 7 月 12 日。

⑤ 赵婀娜:《努力让十三亿人民享有更好更公平的教育——党的十八大以来中国教育改革发展取得显著成就》,《人民日报》2017 年 10 月 17 日。

教育质量、社会认可度四个方面内容,并提供了具体参考标准。① 2018 年 8 月 28 日,教育部部长陈宝生向全国人大常委会做了《国务院关于推动城乡义务教育一体化发展提高农村义务教育水平工作情况的报告》,报告显示通过加强统筹协调和宏观管理,采取强有力的工作措施,大力推动城乡义务教育一体化发展,取得了显著成效。②

在职业教育发展方面。在新的时代背景下,如何培养高技能人才,成为职业教育发展转型的新挑战。2010 年 11 月 23 日,教育部和财政部联合下发了《教育部、财政部关于进一步推进"国家示范性高等职业院校建设计划"实施工作的通知》,在原有已建设 100 所国家示范性高等职业院校的基础上,新增 100 所左右国家骨干高职院校,以此继续推进"国家示范性高等职业院校建设计划"。2011 年 5 月,175 所国家级重点中等职业学校名单公布,进一步引领我国职业院校提升办学水平、深化改革。党的十八大提出"加快发展现代职业教育""加强职业技能培训,提升劳动者就业创业能力,增强就业稳定性"。2014 年,国务院印发《国务院关于加快发展现代职业教育的决定》,提出"到 2020 年,形成适应发展需求、产教深度融合、中职高职衔接、职业教育与普通教育相互沟通,体现终身教育理念,具有中国特色、世界水平的现代职业教育体系"。围绕现代职业教育体系的打造,决定中提出了巩固提高中等职业教育发展水平;创新发展高等职业教育;引导普通本科高等学校转型发展;完善职业教育人才多样化成长渠道;积极发展多种形式的继续教育等五方面建设任务。③ 为贯彻落实党和国家关于加快现代职业教育体系建设的精神,教育部先后颁布《中等职业学校新型职业农民培养方案试行》《中等职业学校专业教学标准(试行)》《教育部关于开展现代学徒制试点工作的意见》等一系列政策文件和

---

① 焦以璇:《我国义务教育将从基本均衡走向优质均衡——教育部发布〈县域义务教育优质均衡发展督导评估办法〉》,《中国教育报》2017 年 5 月 24 日。

② 柴葳:《陈宝生受国务院委托向全国人大常委会报告城乡义务教育一体化发展情况 推进公平而有质量的义务教育》,《中国教育报》2018 年 8 月 29 日。

③ 宗河:《国务院印发〈关于加快发展现代职业教育的决定〉到 2020 年形成现代职教体系》,《中国教育报》2014 年 6 月 23 日。

行动方案。2019年1月24日,国务院印发了《国家职业教育改革实施方案》,在实施方案中提到"把职业教育摆在教育改革创新和经济社会发展中更加突出的位置",并为今后一段时间职业教育的发展提供了路线图。

在高等教育发展方面。随着我国高等教育完成了向大众化的规模扩张,优化高等教育布局与结构、提升高等教育质量及实现内涵式发展成为新时期高等教育改革和发展的方向。2015年11月5日,国务院印发《统筹推进世界一流大学和一流学科建设总体方案》,提出国家将鼓励和支持不同类型的高水平大学和学科差别化发展,总体规划,分级支持,每五年一个周期,2016年开始新一轮建设。建设的总体目标是:到2020年,若干所大学和一批学科进入世界一流行列,若干学科进入世界一流学科前列;到2030年,更多的大学和学科进入世界一流行列,若干所大学进入世界一流大学前列,一批学科进入世界一流学科前列,高等教育整体实力显著提升;到21世纪中叶,一流大学和一流学科的数量和实力进入世界前列,基本建成高等教育强国。[①] 2017年9月,教育部、财政部、国家发展改革委公布了"双一流"建设高校及建设学科名单,自此,"双一流"建设成为继"211工程""985工程"后我国高等教育内涵式发展的新起点。与此同时,针对高等教育中存在的结构性矛盾和同质化倾向严重的问题,教育部、国家发展改革委、财政部共同印发了《关于引导部分地方普通本科高校向应用型转变的指导意见》,对普通高校向应用型转变提出了明确类型定位和转型路径、加快融入区域经济社会发展、建立紧密对接产业链、创新链的专业体系及创新应用型技术技能型人才培养模式等主要任务。[②] 上述两份重要文件的出台,促使我国2600多所高校对于今后的发展进行重新定位与发展路径规划,激发出了新的活力和生机。以改革为动力,一方面重点高校在迈向世界一流大学的路上奋进;另一方面以需求为导向,地方普通本科高等院校向应用型高校转型。随着我国高等教育

---

① 《国务院印发〈统筹推进世界一流大学和一流学科建设总体方案〉 本世纪中叶基本建成高等教育强国》,《中国教育报》2015年11月6日。
② 赵秀红:《教育部发改委财政部发布指导意见 引导部分地方高校转向"应用型"》,《中国教育报》2015年11月17日。

改革和发展的不断深入,必将为新时代中国特色社会主义建设事业提供更多发展所需的人才。

第二节 我国教育发展的主要成就与面临的挑战

新中国成立 70 年来,我国教育事业在党和国家的正确领导下,在马列主义、毛泽东思想、邓小平理论、"三个代表"重要思想、科学发展观及习近平新时代中国特色社会主义思想的指引下不断开拓进取,为社会主义建设事业培养了一代又一代的建设者和接班人。我国的教育事业也在 70 年的改革和发展中,不断从规模扩张到内涵建设,取得了丰硕的成果。

一、教育事业成就辉煌,为社会主义事业提供了强大的人才储备和智力支持

在新中国成立前,教育事业非常落后,全国人口中 80%以上是文盲,学龄儿童的入学率仅为 20%,初中入学率为 6%,劳动人民很少能入校学习。据国民党政府教育部的统计,1946 年中等学校 5892 所,在校学生 187.85 万人;小学 28.9 万所,在校学生 2368.35 万人;幼儿园在园人数 13 万人,盲聋哑学校在校人数仅为 2322 人;1947 年全国高等专科以上学校 207 所,在校学生 15.5 万人,国民党统治 36 年高等学校毕业生仅为 21.08 万人。① 同时,各类学校的分布非常不合理,主要集中在大中城市、城镇及沿海地区,农村、边远地区及少数民族地区教育事业更加落后。

新中国成立后,普及义务教育和扫盲成为中国政府的一项重要工作。在新中国成立初期,中国政府大力贯彻教育向工农服务的方针,一方面推进义务教育的普及(实际上此时的义务教育主要是指小学教育),同时利用各种业余学校、工农速成中学来进行扫盲。党的十一届三中全会后,中国政府对义务教育更加重视,并切实地推进普及九年制义务教育和扫除青壮

---

① 中华人民共和国教育部计划财务司编:《中国教育成就统计资料:1949—1983》,人民教育出版社 1984 年版,第 1 页。

年文盲。1986 年颁布的《中华人民共和国义务教育法》,明确了义务教育的性质、义务教育入学年龄及实施义务教育的步骤。1993 年颁布的《中国教育改革和发展纲要》提出到 20 世纪末基本普及九年义务教育和基本扫除青壮年文盲(以下简称"两基")成为全国教育工作的重点工作。截至 2000 年年底,中国通过"两基"验收标准的县(市、区)和其他县级行政区划总数达 2541 个,通过教育部"两基"评估验收的省(自治区、直辖市)11 个,地区人口覆盖率达 85%,青壮年文盲率下降到 5% 以下①;2011 年 11 月,中国全面完成"两基"战略任务。随着"两基"战略目标的完成,中国政府还进一步推进城乡义务教育的均衡发展,并朝着优质均衡的目标发展。在义务教育取得了突破性进展的同时,高中阶段教育发展迅速,北京、上海等一些经济发达城市高中阶段教育已经达到普及水平。幼儿教育和特殊教育亦取得长足发展。

表 1-1　2018 年各类学校情况表

教育阶段	学校数量 (万所)	在校生数量 (万人)	专任教师数量 (万人)	校舍面积 (万平方米)
小学阶段	16.18	10339.25	609.19	78619.53
初中阶段	5.20	4652.59	363.90	64368.13
高中阶段	2.43	3934.67	264.82	54206.05
幼儿教育	26.67	4656.42	258.14	—
特殊教育	0.2152	66.59	5.87	—

注:高中阶段数据除校舍面积外,其他数据均为普通高中、成人高中、中等职业教育三项之和;校舍面积仅报告了普通高中数据。

资料来源:教育部:《2018 年全国教育事业发展统计公报》,见 http://www.moe.gov.cn/jyb_sjzl/sjzl_fztjgb/201907/t20190724_392041.html。

高等教育实现跨越式发展,实现了由精英教育向大众化教育的转变,高等教育总规模居世界第一。新中国成立后,中国政府在对原有的高等学校进行改造的基础上,兴建了大批高等学校,还根据社会主义建设的需要对全国高等学校进行院系调整,对高校的结构、布局和专业等进行了一系列调整。在"文化大革命"期间,我国高等教育受到了严重打击。在

---

① 改革开放 30 年中国教育改革与发展课题组:《教育大国的崛起 1978—2008》,教育科学出版社 2008 年版,第 164 页。

"文化大革命"结束后，从恢复高考制度开始，我国开启了高等教育改革和发展的新历程。经历了四十多年的发展，特别是 1999 年高校扩招以来，我国高等教育进入快速发展轨道，高等教育的毛入学率从 1998 年的9.8%提高到 2002 年的 15%，到 2018 年这一数字已经提高到了 48.1%①，实现了高等教育发展的历史性跨越。随着高等教育总体规模迅速扩张，我国也启动了高等教育的内涵式发展，通过"211 工程""985 工程""双一流"等建设项目，以推进我国高水平大学建设的步伐。同时以《关于引导部分地方普通本科高校向应用型转变的指导意见》为基础，对普通高校向应用型转变提供了发展路径。新中国成立 70 年来，我国已经建立起了适应社会主义现代化建设需要的多层次、多形式、学科门类基本齐全的高等教育体系，高等教育服务经济社会的能力不断提升。

我国还逐步建立起了多层次、多渠道的职业教育、成人岗位培训和继续教育，为现代化建设培养了大批熟练劳动者和实用技术人才。对外教育交流与合作不断扩大，近年来派出留学人员的规模不断扩大，同时归国人员数量也不断增加，为我国经济建设带来了大量具有国际视野的人才。

新中国成立 70 年来，我国各项教育事业蓬勃发展，已经建立起世界上覆盖人口数量最多的基础教育体系和规模最大的高等教育体系，为我国社会主义事业培养了大批的建设者和接班人。同时，教育事业的发展不仅极大地提高了我国国民的思想道德素质和科学文化素质，也使我国实现了从一个教育极度落后的国家向教育大国、人力资源大国的转变。

二、教师队伍建设素质不断提升，为教育的改革和发展提供有力支撑

新中国成立 70 年来，党和国家十分关心和重视教师队伍建设。

在新中国成立初期，我国政府分别采取了多种方式来建设适应社会主义教育事业的教师队伍。一方面，在接管和改造旧学校之时，除个别反

---

① 董鲁皖龙：《教育部发布 2018 年全国教育事业发展基本情况——教育改革发展取得新的突破性进展》，《中国教育报》2019 年 2 月 27 日。

革命分子外,原有教师全部留用,并通过政治学习、社会实践等提高他们的政治觉悟;① 另一方面,我国迅速地建立起了从师范学校到师范大学的一套师范教育系统,同时还通过发展简易师范学校、速成师范班、短期训练班等形式,培养了大量的教师。在"文化大革命"期间,教师队伍建设受到严重冲击,尊师重道的传统被打破,教师社会地位低下,受到严重的迫害和摧残。"文化大革命"结束后,随着教育工作的恢复,师范教育也开始回归到改革、发展与提高的道路上来。

为了解决由"十年动乱"而造成的师资紧缺问题和进一步加强和发展师范教育,1978 年 10 月 12 日,教育部下发了《关于加强和发展师范教育的意见》,提出"必须用很大的力量建设中小学教师队伍。为此,除了切实抓好在职教师进修这种形式的大规模培训工作之外,必须大力加强和发展师范教育"。② 此后,党中央、国务院、教育部出台了一系列的意见和办法,来促进教师队伍的建设。1985 年 1 月 21 日,第六届全国人大常委会第九次会议同意国务院关于建立教师节的议案,并确定每年的 9 月 10 日为教师节。1993 年 10 月 31 日,我国颁布了《中华人民共和国教师法》,以国家法律的形式对教师的权利和义务、教师队伍的培养与培训、教师待遇等进行规范。随着教育事业的不断推进,对教师的素质要求不断提升。在2002 年 3 月颁布的《教育部关于"十五"期间教师教育改革与发展的意见》中对教师教育进行了界定,"教师教育是在终身教育思想指导下,按照教师专业发展的不同阶段,对教师的职前培养、入职教育和在职培训的统称",同时提出"形成以现有师范院校为主体,其他高等学校共同参与,培养培训相衔接,体现终身教育思想的开放的教师教育体系"。③ 2018 年 3 月 28 日,教育部、国家发展改革委、财政部、人力资源和社会保障部、中央编办等五部委联合发布了《教师教育振兴行动计划(2018—2022 年)》,提出教师教

---

① 张晨:《改造旧教育 吐故纳新育英才》,《中国教育报》2011 年 6 月 17 日。
② 何东昌:《中华人民共和国重要教育文献(1949—1997)》,海南出版社 1998 年版,第 1648—1650 页。
③ 何东昌:《中华人民共和国重要教育文献(1998—2002)》,海南出版社 2003 年版,第 1146—1148 页。

育振兴十大行动(见图 1-4)。

图 1-4　教师教育振兴十大行动

图片来源:柯进、王家源:《教育部等五部门印发〈教师教育振兴行动计划(2018—2022 年)〉实施十大行动建强做优教师教育》,《中国教育报》2018 年 3 月 29 日。

　　通过设立教师节、表彰优秀教师、提高教师待遇等方式,在全社会已经重新树立起尊师重教的社会新风尚;通过实施教师职务制度、加强教师队伍的培训和推进教师队伍建设法制化等方式,对稳定教师队伍和提升教师素质起了极大的推动作用。据教育部发布的统计数据表明:小学阶段专任教师学历合格率①为 99.97%,初中阶段专任教师学历合格率为 99.86%,普通高中专任教师学历合格率为 98.41%。② 教师队伍素质的不断提升,对于我国教育事业的快速发展提供了有力的支撑。

三、教育投入大幅增长,办学条件显著改善

　　发展教育是政府最重要的公共职责,政府对教育的投入是保障教育

---

　　① 专任教师学历合格率,是指某一级教育具有国家规定的最低学历要求的专任教师数占该级教育专任教师总数的百分比。各级教育教师的最低学历要求,参照《中华人民共和国教师法》中的相关规定:取得小学教师资格,应当具备中等师范学校毕业及其以上学历;取得初级中学教师、初级职业学校文化、专业课教师资格,应当具备高等师范专科学校或者其他大学专科毕业及其以上学历;取得高级中学教师资格和中等专业学校、技工学校、职业高中文化课、专业课教师资格,应当具备高等师范院校本科或者其他大学本科毕业及其以上学历。

　　② 资料来源:教育部:《2018 年全国教育事业发展统计公报》,http://www.moe.gov.cn/jyb_sjzl/sjzl_fztjgb/201907/t20190724_392041.html。

发展、改善办学条件的重要资金来源。

新中国成立初期,百废待兴,如何尽快改变文盲大国的状况,让广大的适龄儿童能够有学上,能够尽快地为社会主义事业建设培养更多合格的劳动者是新中国教育面临的重要问题。为了解决这一难题,新中国成立初期,除政府出资举办的公立学校外,还有大量由人民自己出钱出力,政府不予资助或仅提供少量资助的民办学校。

改革开放后,随着经济的不断发展,我国在教育投入机制上的改革也随之开启。在1985年颁布的《中共中央关于教育体制改革的决定》中提出了以政府为主体,社会、企业和个人等多渠道筹措教育经费的措施和方法。而在政府投入的这一部分,1986年颁布的《中华人民共和国义务教育法》中规定:"实施义务教育所需事业费和基本建设投资,由国务院和地方各级人民政府负责筹措,予以保证。""国家用于义务教育的财政拨款的增长比例,应当高于财政经常性收入的增长,并使按在校学生人数平均的教育经费逐步增长。"①经过反复的研究和论证,在1993年颁布的《中国教育改革和发展纲要》中明确了政府教育经费占GDP 4%的目标。此后我国教育投入不断加大,在2012年首次实现了国家财政性教育经费占GDP 4%的目标,到2016年国家财政性教育经费超过3万亿元,2017年全国教育经费总投入超过4万亿元。在国家财政性教育经费不断增长的同时,企业、社会和个人也对教育投入了大量的人力、物力和财力,这些都是教育经费总量逐年增加的保障。

表1-2　2012—2018年教育经费情况表　　　（单位:亿元）

年度	全国教育总经费	国家财政性教育经费	GDP	国家财政性教育经费占GDP比重
2012	27695.97	22236.23	518942.11	4.28%
2013	30364.72	24488.22	568845.2	4.30%
2014	32806.46	26420.58	636139	4.15%
2015	36129.19	29221.45	685505.8	4.26%

① 顾明远主编:《世界教育大事典》,江苏教育出版社2000年版,第1283页。

续表

年度	全国教育总经费	国家财政性教育经费	GDP	国家财政性教育经费占 GDP 比重
2016	38888.39	31396.25	744127.2	4.22%
2017	42562.01	34207.75	827122	4.14%
2018	46135	36990	900309	4.11%

资料来源:教育部、国家统计局、财政部:《全国教育经费执行情况统计公报》(2012—2017)。2018 年全国教育总经费、国家财政性教育经费数据来自欧媚:《2018 年全国教育经费总投入 46135 亿》,《中国教育报》2019 年 5 月 1 日;2018 年 GDP 数据来自陆娅楠:《中国经济 中流击楫向前行》,《人民日报》2019 年 1 月 22 日。

教育投入的增加,使各级各类学校的校舍、教学仪器设备、图书及体育设施等办学条件有极大的改善。

表 1-3　2018 年我国各教育阶段办学条件情况表

(单位:万平方米)

教育阶段	校舍建筑面积	比上年增加	设施设备配备达标的学校比例①				
			体育运动场(馆)面积	体育器械配备	音乐器材配备	美术器材配备	数学自然/理科实验仪器②
普通小学(含教学点)	78619.53	3531.07	88.47%	94.23%	93.89%	93.70%	93.72%
初中	64368.13	3361.39	92.58%	95.91%	95.45%	95.21%	95.64%
普通高中	54206.05	2694.31	91.77%	93.84%	92.71%	92.91%	93.70%
普通高等学校	97713.56	2313.23	—	—	—	—	—

资料来源:教育部:《2018 年全国教育事业发展统计公报》,见 http://www.moe.gov.cn/jyb_sjzl/sjzl_fztjgb/201907/t20190724_392041.html。

---

①　设施设备配备达标的学校,是指体育运动场(馆)面积、体育器械配备达到《教育部 卫生部 财政部关于印发国家学校体育卫生条件试行基本标准的通知》的相关标准;音乐器材配备、美术器材配备、数学自然实验仪器、理科实验仪器等达到各省、自治区、直辖市规定的仪器配备相关标准。含普通小学、初中和普通高中。

②　数学自然实验仪器主要是指普通小学阶段,理科实验仪器主要是指初中和普通高中阶段;普通高等学校采用的指标是教学科研仪器设备总值。2018 年普通高等学校教学科研仪器设备总值 5533.06 亿元,比 2017 年增加 537.77 亿元。

四、教育公平不断凸显,教育差距逐步缩小

正如习近平总书记在党的十九大报告中所说的那样"努力让每个孩子都能享有公平而有质量的教育"。新中国成立70年来,党和国家不仅致力于教育的普及同时也非常关注教育公平。

新中国成立之前,我国教育布局极度不均衡,大部分的教育资源集中分布在大中城市、城镇和沿海地区。新中国成立后,为尽快让广大工农子弟能够入学接受教育,我国在教育投入方面采取了农村义务教育主要由农民投入,城市教育主要由政府投入的教育二元体制。"农村教育农民办"的方式在前期确实极大地调动了农村居民办学的热情和积极性,也为农村地区的教育发展作出了重要贡献,但是缺乏政府的投入,始终无法支撑农村义务教育的普及和大规模扫盲运动的开展。教育的二元体制导致了农村教育长期落后于城市教育,使农村教育成为我国教育发展过程中的最薄弱环节。

改革开放以来,我国教育事业不断发展,党和国家始终坚持教育公益性,并将促进教育公平作为国家基本教育政策。1985年《中共中央关于教育体制改革的决定》强调"把实行九年制义务教育当作关系民族素质提高和国家兴旺发达的一件大事,突出地提出来,动员全党、全社会和全国各族人民,用最大的努力,积极地、有步骤地予以实施"。[1] 普及义务教育是推进教育公平的一个重要体现,正如《中华人民共和国义务教育法》指出义务教育"是国家必须予以保障的公益性事业","不分性别、民族、种族、家庭财产状况、宗教信仰等,依法享有平等接受义务教育的权利"。

在基本解决了义务教育的普及问题,我国又将均衡发展作为义务教育工作的重点。为更好地推进义务教育均衡发展,教育部陆续发布《教育部关于加强基础教育办学管理若干问题的通知》和《教育部关于进一步推进义务教育均衡发展的若干意见》,明确提出了"积极推进义务教育阶段学校均衡发展"以及各级政府在促进教育均衡发展中的责任。在

---

① 何东昌:《中华人民共和国重要教育文献(1949—1997)》,海南出版社1998年版,第2285—2290页。

2010 年出台的《国家中长期教育改革和发展规划纲要（2010—2020 年）》中将"均衡发展是义务教育的战略性任务"上升为国家意志,指向教育过程公平及资源配置均等的"均衡发展"成为义务教育发展的战略性任务。此后为统筹推进城乡义务教育一体化改革发展,国务院、教育部印发和出台了一系列的相关文件,并采取了切实可行的配套措施来推动城乡义务教育一体化进程。2018 年,教育部部长陈宝生向全国人大常委会提交的报告表明:在加快推进"四个统一、一个全覆盖"、补齐乡村教育短板、扩大城镇教育资源、加强乡村教师队伍以及关爱特殊群体等方面取得了显著的成效。与此同时,随着教育投入的持续增长,"三通两平台"建设越来越普及。"校校通""班班通""人人通"的信息化"学习场"促进了优质教育资源的共享,推动了教育的均衡优质发展。①

新中国成立 70 年来尤其是改革开放以来,从"普九"到人的全面发展,教育公平一直是教育改革与发展中的重要课题。我们党和国家坚持用发展促进教育公平,从制度保障到物质保障,通过多方面的努力来保障公民享有公平受教育的权利和机会;坚持以教育改革促进教育公平,通过调整教育资源的配置,向中西部、边远地区、贫困地区、少数民族地区倾斜,来统筹城乡、区域间的均衡;坚持用多种形式的惠民政策保障教育公平,包括补贴政策、助学金政策及困难学生资助政策等;坚持用规范管理维护教育公平,主要措施包括:努力解决好教育热点难点问题、规范教育收费、加强规范办学、完善了促进高校毕业生充分就业的制度和政策体系、积极推进教育政务公开、校务公开等。

五、教育改革不断深化,促进教育质量和办学效益逐步提升

教育行政管理体制改革取得决定性进展。在义务教育层面,教育管理体制经历了三次调整。在 1986 年版《中华人民共和国义务教育法》中

---

① 柴葳:《陈宝生受国务院委托向全国人大常委会报告城乡义务教育一体化发展情况 推进公平而有质量的义务教育》,《中国教育报》2018 年 8 月 29 日。

提到"义务教育事业,在国务院领导下,实行地方负责,分级管理"。在 2001 年发布的《国务院关于基础教育改革与发展的决定》中提到"进一步完善农村义务教育管理体制。实行在国务院领导下,由地方政府负责、分级管理、以县为主的体制"。到 2006 年修订后的《中华人民共和国义务教育法》对管理体制有了更为准确的表述:"义务教育实行国务院领导,省、自治区、直辖市人民政府统筹规划实施,县级人民政府为主管理的体制。"在新的教育行政管理体制中,明确了在省级统筹的基础上以县级管理为主,很好地调动了地方办学的积极性。在高等教育层面,高等学校管理体制改革任务基本完成。原有的部门办学、条块分割的高等学校管理体制经过布局结构的调整,已基本形成了由中央和省两级管理,以省级政府管理为主的高等教育管理体制。与此同时,以招生、收费、考试、毕业生就业制度为引导,高等学校内部的管理体制改革不断推进。这些措施促进了高等学校与经济社会发展的融合,优化了教育资源配置效率,提升了高等学校教育质量和办学效益。持续改进职业教育管理方式,分级管理、地方为主、政府统筹、社会参与的管理体制不断完善。

办学体制改革不断深化,社会力量办学近年来得到飞速发展。在《中华人民共和国民办教育促进法》中,明确指出"民办教育事业属于公益性事业,是社会主义教育事业的组成部分。国家对民办教育实行积极鼓励、大力支持、正确引导、依法管理的方针"[1]。在国家的大力支持和正确引导下,我国民办教育呈现出良好的发展态势。据教育部统计数据显示:2018 年全国共有各级各类民办学校 18.35 万所,比上年增加 5815 所,占全国比重的 35.36%;招生 1779.75 万人,比上年增加 57.89 万人,增长 3.36%;各类教育在校生达 5378.21 万人,比上年增加 257.74 万人,增长 5.03%。(见图 1-5)

以素质教育为抓手,促进教育质量和学生整体素质的提高。1985 年 5 月,邓小平同志在第一次全国教育工作会议上发表讲话,指出:"我们国

---

① 何东昌:《中华人民共和国重要教育文献(1998—2002)》,海南出版社 2003 年版,第 1455 页。

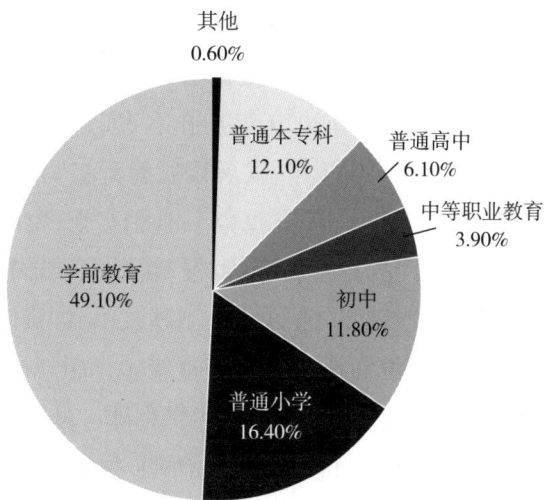

图 1-5　2018 年民办教育在校生规模结构

资料来源:教育部:《2018 年全国教育事业发展统计公报》,见 http://www.moe.gov.cn/jyb_sjzl/sjzl_fztjgb/201907/t20190724_392041.html。

家,国力的强弱,经济发展后劲的大小,越来越取决于劳动者的素质,取决于知识分子的数量和质量。"①此后关于素质教育的思想开始见诸于中央的文件。在 1994 年召开的第二次全国教育工作会议上,李岚清同志指出:"基础教育必须从'应试教育'转到素质教育的轨道上来,全面贯彻教育方针,全面提高教育质量。"②1994 年 8 月,《中共中央关于进一步加强和改进学校德育工作的若干意见》明确指出:"增强适应时代发展、社会进步,以及建立社会主义市场经济体制的新要求和迫切需要的素质教育。"这是在中央文件首次正式使用"素质教育"。随后素质教育的试点工作展开。1999 年 6 月 13 日,中共中央、国务院发布了《中共中央、国务院关于深化教育改革全面推进素质教育的决定》,明确了素质教育的目标、内容以及保障措施,这标志着素质教育进入全面实施阶段。1999 年 6 月 15 日,第三次全国教育工作会议召开,会议以"深化教育体制和结构改革,全面推进素质教育,振兴教育事业,实施科教兴国战略"为主题,把素

①　《邓小平文选》第三卷,人民出版社 1993 年版,第 120 页。
②　《李岚清在全国教育工作会议上的总结讲话(摘要)》,《中国教育报》1994 年 6 月 22 日。

质教育提高到事关国家发展大局的重要位置。① 2006 年,素质教育被写入重新修订的《中华人民共和国义务教育法》。2010 年,《国家中长期教育改革和发展规划纲要(2010—2020 年)》出台,实施素质教育成为我国教育改革和发展战略主题。2017 年,发展素质教育被写入党的十九大报告:"作为党和国家的大政方针,素质教育不但要实施,要坚持,而且要发展。"②通过开展和实施跨世纪素质教育工程、新世纪素质教育工程等,通过加强德育教育、课程教学改革、考试评价制度改革、师资队伍建设等,素质教育的开展为提高教育教学质量发挥了重要的作用,并取得实效。

教育法制建设稳步推进,为依法治教提供保障。新中国成立后,我国开始了教育法制建设的探索。新中国成立初期,为推动教育体制的建立与完善,中央人民政府政务院制定了《关于改革学制的决定》《中央人民政府高等教育部关于一九五三年全国高等学校院系调整的计划》《高等学校暂行规程》《关于扫除文盲的决定》等一系列法规。为贯彻"调整、巩固、充实、提高"的方针和推动教育事业转向稳定发展的轨道,教育部先后颁布了《教育部直属高等学校暂行工作条例(草案)》(1961 年)、《全日制中学暂行工作条例(草案)》(1963 年)和《全日制小学暂行工作条例(草案)》(1963 年)三个重要法规。这些法规在对新中国成立以来的经验与教训进行总结的基础上,提出了各项教育事业的工作方针,为教育工作的发展提供了法规依据。改革开放后,我国开启了教育法律法规建设的新时期。1986 年颁布的《中华人民共和国义务教育法》是我国第一部教育法律,1995 年颁布的《中华人民共和国教育法》是我国教育的根本大法,为进一步制定各种教育法规提供了法律依据与准绳。目前我国的教育法律包括:《中华人民共和国教育法》《中华人民共和国学位条例》《中华人民共和国教师法》《中华人民共和国义务教育法》《中华人民共和国职业教育法》《中华人民共和国高等教育法》《中华人民共和国国家通用语言文字法》《中华人民共和国民办教育促进法》。此外,我国还有大量

---

① 顾明远、刘复兴主编:《从新民主主义教育到社会主义教育(1921—2012)》,教育科学出版社 2015 年版,第 292 页。

② 赵彩侠、汪瑞林:《探寻素质教育的真谛》,《中国教育报》2018 年 11 月 21 日。

由国家教育行政部门制定的教育部门规章和地方性教育法规。目前,我国建立了以教育专门法、行政法规为核心,还有大量教育规章和地方性法规与之相配套的中国特色社会主义教育法律体系,极大地推动了各项教育工作的制度化、规范化、法制化进程。

六、我国教育事业发展面临的挑战

经过 70 年的发展,我国教育事业取得了巨大的历史成就。但是我们必须清醒地意识到,我国是一个拥有 14 亿人口的大国,一方面是人民对高质量教育的需求不断提升,另一方面是教育供给能力仍有许多需要改善之处,因此我们要正视教育事业发展面临的诸多挑战。

(一)教育经费投入不足,影响了教育的进一步发展

新中国成立 70 年来,我国教育经费大大增加,自 2012 年实现了财政性教育经费投入占 GDP 4% 的目标以来,已连续 7 年实现了 4% 的目标,但这一数字与我国庞大的教育规模和教育现代化的要求相比仍显不足。

随着经济增长由高速增长向中高速增长转变,我国经济进入"新常态",同时税收改革、减税等财政政策的实施,政府财政收入将较之前有所减少,教育经费投入也可能受到一定的影响。财政性教育投入能保持 4% 的占比已属不易,但这一比例仍然低于全球范围的中位数,据联合国教科文组织统计 2015 年全球范围的中位数是 4.7。与此同时,人民群众对优质教育资源的需求不断上升、经济社会发展对人才素质要求的不断提升都对教育的发展提出了新的要求,教育投入仍需要不断地保持增长。

如何保障教育投入的持续稳定增长是教育进一步发展的重要物质保障。2019 年发布的《中国教育现代化 2035》提出,要完善教育现代化投入支撑体制。"健全保证财政教育投入持续稳定增长的长效机制,确保财政一般公共预算教育支出逐年只增不减,确保按在校学生人数平均的一般公共预算教育支出逐年只增不减,保证国家财政性教育经费支出占国内生产总值的比例一般不低于 4%。"①

---

① 《中共中央国务院印发〈中国教育现代化 2035〉》,《中国教育报》2019 年 2 月 24 日。

只有从制度上确保教育经费总投入不断增长,把教育投入作为支撑国家长远发展的基础性、战略性投资,继续深化教育经费投入机制改革,通过绩效管理、监管体系建设等多项措施,提高教育投入水平、优化教育经费使用结构、提高经费使用效益,才能支撑各级各类教育事业更快更好地发展,为实现教育现代化提供有力的物质保障。

(二)人才培养模式仍存在问题,阻碍了素质教育的开展

新中国成立70年来,我国教育事业的不断发展,极大地提升了国民的教育水平,为国家经济社会发展提供了大量的优秀人才。但是,我们在人才培养模式方面仍存在教育观念相对落后、教学内容和方法陈旧等问题,这些都阻碍了素质教育的开展。

尽管从20世纪90年代以来我们开始着手全面推进素质教育,并采取了很多相应的配套措施也取得了一定的效果,但是素质教育是一项长期工程,而在短期中素质教育的推进受到多重因素的制约。当前,应试教育仍然在很大程度上发挥着影响,仍存在着因片面追求升学率,而给中小学生造成沉重的课业压力和心理负担的现象;在追求升学率的同时,仍存在教育部门只重视考试成绩,而抑制学生的学习兴趣,忽视对学生社会责任感、创新能力、创造精神、实践能力培养的情况。

因而我们需要从根本上转变人才培养模式,要将人才的培养当成一项长期性、终身性的成长过程,将每一个发展阶段需要培养的能力、素质进行明确,并将考核的方式转变到对能力和素质等的考量上来,以此推动素质教育的开展和人才培养模式的改革。同时,我们还需要在全社会树立终身学习的思想,打破一次考试定终身的传统思路,从而为人才培养模式的转变提供支持。

(三)在教育发展中,公平与效率的问题依然突出

经过70年的发展,尤其是21世纪以来,随着"两基"战略目标的完成,我国在教育公平方面做了很多努力,在教育公平方面迈出很大步伐,也推动了教育质量不断提升。但是不论是城乡之间、区域之间还是学校之间,教育发展的差距依然明显,优质教育资源相对短缺使教育公平问题仍然突出。

例如当前群众普遍关注的基础教育阶段的"择校热"和"民校"高收费问题,使优质教育资源的获得主要靠金钱和家庭社会背景,这不仅催生了新的"上学难、上学贵"问题,同时加重了教育资源配置的不公平。①

因而,在教育发展中,以促进公平和提高质量为重点的内涵式发展越来越成为各方的共识。正如《中国教育现代化2035》提到,"提升义务教育均等化水平,建立学校标准化建设长效机制,推进城乡义务教育均衡发展。在实现县域内义务教育基本均衡基础上,进一步推进优质均衡"。在实现基本公共教育服务均等化的同时,通过将基本均衡推进至优质均衡,从而促进公平和提升效率统一起来,推动教育的发展。

(四)传统思维、逐利思想等因素,对教育发展仍存在不利影响

重视教育在中国有着悠久的传统,新中国成立70年来,更是将教育放在最重要的位置。但是有一些传统思维、逐利思想等教育之外的因素,对教育的发展仍存在不利影响。

例如"学而优则仕"曾对提倡教育、任用贤才起到进步作用;科举制度摒弃了世袭制和用人唯亲的弊端。这些都曾对鼓励教育和社会进步起到积极推动作用,但其不利之处在于造成了"万般皆下品,唯有读书高"的单一思维,学历主义的价值观,以及唯分数唯升学率的教学思维。例如传统文化中培养"君子"的思想,认为君子具有高深学问,而视技术为雕虫小技,是劳力者为之的。这种重学术轻技术的思想不利于在新时代推动职业技术教育,培养职业技能人才。②

逐利思想本身无可厚非,但在教育领域,一些人过度逐利导致了教育过度竞争。例如有些商家标榜"不要让孩子输在起跑线上",但儿童成长具有自身的规律,每个儿童发展也各有差异,过分强调"起跑线"容易造成违背儿童成长规律的拔苗助长,甚至扼杀孩子的创造性思维。而针对家长们对教育的重视,有不少校外教育培训机构举办各种培训班、辅导

---

① 朱永新:《关于"名校办民校"的思考》,《求是》2007年第9期。
② 顾明远:《中国教育路在何方——教育漫谈》,《课程·教材·教法》2015年第3期。

班,各种商家出版发行教育辅导材料、学习辅导材料。这些行为在教育部门提倡给学生减负,以推进素质教育的同时,进一步地加大了学生的课业负担和学习压力,也都对教育发展产生了不利影响。

我们在继承我国丰富文化遗产的同时,要对一些不利于现代教育发展的思维进行批判吸收;而在发展市场经济的同时,既要允许企业合理地逐利,亦要求企业承担相应的社会责任。只有把这些教育之外的不利因素进行辨析,并加以改进,才能更好地推动我国教育事业迈向现代化。

第三节　我国教育事业发展展望

通过对新中国成立 70 来年我国教育事业发展历程的回顾,我们欣喜地看到,经过 70 年的励精图治,经过 70 年的开拓创新,我国教育事业取得了巨大的历史成就,但同时我们的教育事业发展亦面临着诸多挑战。站在新的历史起点上,为了实现"两个一百年"奋斗目标,为了决胜全面建成小康社会、实现新时代中国特色社会主义发展的战略安排,同时为了更好地应对挑战,服务于经济社会的发展和人民对教育的期待,在此也对教育事业的发展进行了展望。

一、以加强党对教育事业的全面领导为根本保证推动我国教育事业发展

教育是"国之大计、党之大计",教育不仅关乎一国经济社会的建设与发展,也是重要的国计民生问题。加强党对教育事业的全面领导,是办好教育的根本保证。从教育实践来看,坚持党对教育事业的全面领导是做好教育工作最宝贵、最重要的经验,关乎教育事业举什么旗、走什么路的大问题。只有加强党对教育事业的全面领导,才能把握好我国教育的正确发展方向,这也是我们办好中国特色、世界水平的现代教育的最大政治优势。

在社会主义现代化建设的新时期,加强党对教育事业的全面领导,首先要把培养社会主义建设者和接班人作为根本任务,培养拥护中国共产

党领导和社会主义制度、立志为中国特色社会主义奋斗终生的有用人才。这是我国社会主义教育事业的根本任务和教育现代化的方向和目标。

加强党对教育事业的全面领导，在教育事业的发展中，要从以下方面入手。教育部门和各级各类学校的党组织要增强"四个意识"、坚定"四个自信"，认真贯彻和执行党的教育方针路线。各级党委要切实做到把教育事业当作头等大事来抓，全面贯彻好党中央关于"优先发展教育事业、加快教育现代化、建设教育强国"等各项方针政策，要确保教育投入机制顺畅，促进和加强教师队伍建设以及多管齐下促进教育均衡发展，从而提高人民群众的教育满意度。各级各类学校党组织要抓好学校党建工作和思想政治工作，引导学生树立共产主义远大理想和中国特色社会主义共同理想，厚植爱国主义情怀，加强品德修养。①

二、以基本公共教育服务均等化为着力点推动各级教育高水平高质量普及

学前教育。2018 年中共中央、国务院颁布了《中共中央国务院关于学前教育深化改革规范发展的若干意见》，这是党对新时期学前教育的顶层设计和重大部署。学前教育是终身学习的开端，是国民教育体系的重要组成部分；学前教育不仅在人的一生中极为重要，而且关乎一个民族的未来。党的十九大提出的办好学前教育、实现幼有所育，学前教育是关系亿万儿童健康成长，关系社会和谐稳定，关系党和国家事业未来的重大民生工程。党的十八大以来，我国学前教育事业快速发展，但由于底子薄、欠账多，目前学前教育仍是整个教育体系的短板，发展不平衡不充分问题十分突出。② 展望未来，首先，要进一步完善学前教育公共服务体系，切实办好新时代学前教育，更好实现幼有所育；其次，要以农村为重点提升学前教育普及水平；最后，要不断扩大学前教育的供给能力，通过建

---

① 吴晶、胡浩：《习近平在全国教育大会上强调　坚持中国特色社会主义教育发展道路培养德智体美劳全面发展的社会主义建设者和接班人》，《光明日报》2018 年 9 月 11 日。

② 《中共中央国务院关于学前教育深化改革规范发展的若干意见》，《中国教育报》2018 年 11 月 16 日。

立更为完善的学前教育管理体制、办园体制和投入体制,大力发展公办园的同时,加快发展普惠性民办幼儿园。

义务教育。经过多年发展,我国基本普及了义务教育,但是义务教育均衡发展的基础依然薄弱,城乡、区域、校际、群体差距还较大。未来在义务教育方面,仍需要从以下方面展开工作:首先,提升义务教育巩固水平,健全控辍保学工作责任体系;其次,在保障义务教育巩固水平的基础上,提升义务教育均等化水平,建立学校标准化建设长效机制,推进城乡义务教育均衡发展;最后,在实现县域内义务教育基本均衡基础上,进一步推进优质均衡。与此同时,针对我国劳动力流动的现状,通过有序扩大城镇学位供给,推动随迁子女入学待遇同城化,并进一步完善流动人口子女异地升学考试制度。

高中阶段教育。高中阶段既是学生生长发育、从未成年走向成年的关键时期,同时又是为后续人才成长打基础的关键阶段。高中阶段教育(包括普通高中、普通中专、成人中专、职业中专、技工学校)是国民教育体系的重要环节。普及高中阶段教育具有承前启后的重要作用,既有利于巩固义务教育普及成果、完善现代职业教育体系,也是增强高等教育发展后劲的重大举措。为补齐高中阶段教育的短板,未来工作的重点主要在于:首先切实采取措施推动普通高中建设项目和改造力度,扩大普通高中教育资源,提高高中阶段教育入学率,提升高中阶段教育普及水平;其次要巩固提高中等职业教育发展水平,实现普通高中教育和中等职业教育协调发展;最后采取包括实施职业教育产教融合工程、普通高中和中等职业学校合作机制及探索发展综合高中实行普职融通等在内的多种形式,鼓励学校多样化有特色发展。①

特殊教育。适龄残疾儿童拥有平等受教育权。为此推动特殊教育的发展,一方面要进一步办好特殊教育,推进适龄残疾儿童教育全覆盖;另一方面要采取有力的措施推进残疾儿童随班就读,全面推进融合教育,促

---

① 教育部网站:《教育部等四部门关于印发〈高中阶段教育普及攻坚计划(2017—2020年)〉的通知》,http://www.moe.gov.cn/srcsite/A06/s7053/201704/t20170406_301981.html。

进医教结合。

此外,还需要加大对少数民族地区、中西部地区各类教育的支持力度,提升这些地区各阶段教育质量的提升,从而更好地服务于当地的经济建设和社会发展。

在保障机制方面,要进一步健全家庭经济困难学生的资助体系,实现困难群体帮扶精准化,推进教育精准脱贫。

三、以素质教育为核心发展中国特色世界先进水平的优质教育

教育质量是教育的生命线。展望未来,要以素质教育为核心,通过构建德智体美劳全面培养的教育体系,形成更高水平的人才培养体系,以推进大、中、小学教育质量的提升,从而为发展中国特色世界先进水平的优质教育夯实基础。

第一,要构建德智体美劳全面培养的教育体系。在德育方面,要全面落实立德树人的根本任务,广泛开展理想信念教育,厚植爱国主义情怀,加强品德修养,增长知识见识,培养奋斗精神,不断提高学生的思想水平、政治觉悟、道德品质、文化素养。在智育方面,要完善教育质量标准体系,通过建立健全中小学各学科学业质量标准,制定覆盖全学段、体现世界先进水平、符合不同层次类型教育特点的教育质量标准,明确学生发展核心素养要求。在体育方面,要牢固树立健康第一的教育理念,通过建立完善的体质健康标准,全面强化学校体育工作。[1] 在美育方面,全面加强和改进学校美育,逐步形成和完善大中小幼美育相互衔接、课堂教学和课外活动相互结合、普及教育与专业教育相互促进、学校美育和社会家庭美育相互联系的现代化美育体系。[2] 在劳育方面,要弘扬劳动精神,强化学生的实践动手能力、合作能力、创新能力的培养。

第二,形成适应教育现代化要求的人才培养体系。具体的实施路径

---

[1] 《中共中央国务院印发〈中国教育现代化 2035〉》,《中国教育报》2019 年 2 月 24 日。

[2] 刘智博:《国办印发〈关于全面加强和改进学校美育工作的意见〉2018 年各级各类学校开齐开足美育课》,《中国教育报》2015 年 9 月 29 日。

包括:更新教育观念、创新人才培养模式以及建立科学的教育质量评价机制和人才评价制度。在更新教育观念方面,树立全面发展观念以培养全面发展的人才,树立人人成才观念以替代单一的人才观,树立多样化人才观念尊重个人选择和个性化发展,树立终身学习观念为人才发展提供可持续性,树立系统培养观念以推动人才培养系统的建立和子系统之间的有机融合。在创新人才培养模式方面,要在遵循教育规律和人才成长规律的基础上探索多种培养方式。要注重人才培养中的学思结合,通过互动性更强的教学方式、更新的教育内容激发学生学习兴趣,培养学生的独立思考、探索与创新能力;要注重人才培养中的知行合一,要注重理论学习又能与生产劳动、社会实践相结合,使学生具备良好的理论功底和过硬的实践能力;要注重人才培养中的因材施教,针对学生的个性差异,发展和培育每一个学生的优势潜能,一方面改进优异学生培养方式,探索拔尖学生培养模式;另一方面亦关怀学习困难学生并提供相适应的帮助机制。① 在建立科学的教育质量评价机制和人才评价制度方面的做法主要有两方面:一是通过建立多方参与的教育质量评价机制,以利于人才培养目标和人才培养理念的实现;二是通过树立科学的人才观以改进人才评价制度,从而为人才培养创造良好环境。

四、以高素质专业化创新型教师队伍推动各级教育事业的发展

　　教师是人类灵魂的工程师,是人类文明的传承者。在新时代,教师还承载着传播知识、传播思想、传播真理,塑造灵魂、塑造生命、塑造新人的时代重任。教师队伍建设是教育事业发展的重要基础,为推动我国教育现代化发展进程和建设教育强国,我们应致力于打造高素质专业化创新型的教育队伍。

　　第一,要健全师范教育体系,培养高素质教师队伍。通过健全和完善

---

① 顾明远、刘复兴主编:《从新民主主义教育到社会主义教育(1921—2012)》,教育科学出版社 2015 年版,第 356 页。

以师范院校为主体,高水平非师范类院校共同参与,优质中小学(幼儿园)为实践基地,培养和培训相沟通的开放、协同、联动的中国特色教师教育体系,为培养高素质教师队伍创造良好发展环境。①

第二,要完善教师资格体系和准入制度。通过实施教师资格制度,吸引非师范专业的学生和社会优秀人才从事教师工作,为高素质教师队伍建设提供制度保障。

第三,要大力加强师德师风建设。我们要立德树人,所以对于教师而言,师德师风应作为评价教师素质的首要标准。要将师德师风建设融入教师培养、教师准入以及教师发展的全过程,要推动师德师风建设长效化、制度化。

第四,要建立完备的教师发展体系。一方面通过健全教师职称制度、岗位制度和考核评价制度引导教师进行职业生涯发展规划;另一方面通过强化职前教师培养和职后教师发展的有机衔接,进而通过推动教师终身学习和专业自主发展,促进教师的专业素养、创新思维不断提升。

第五,要不断提高教师社会地位,在全社会形成尊师重教的氛围。通过教师节庆祝活动等方式,加大对教师的表彰力度,提高教师的政治地位、社会地位、职业地位。形成尊师重教的社会氛围既有利于提高教师地位、稳定教师队伍,也有利于吸引更多优秀人才加入教师队伍。通过完善教师待遇保障制度,健全中小学教师工资长效联动机制,增加农村教师津贴,提高农村和艰苦边远地区教师待遇等方式,让教师生活水平得以保障,使他们能够安心从教、热心从教。

五、以学习型社会为目标构建服务全民的终身学习体系

学习型社会将教育与学习作为推动社会发展的核心与动力,从传统的就业前一次性教育到终身学习的转变,让每个公民在任何情况下都可以取得学习、训练和培养自己的各种手段,让教育从"义务"向"责任"转

---

① 《中共中央国务院印发〈中国教育现代化 2035〉》,《中国教育报》2019 年 2 月 24 日。

变。[1] 自党的十六大报告首次提出"形成全民学习、终身学习的学习型社会,促进人的全面发展"以来,我们党一直以学习型社会为发展目标,而构建服务全民的终身学习体系则是重要的途径。

首先,通过提供多样化的教育选择为构建终身学习体系提供基础条件。一方面更新教育观念,通过教育内容、教学方法的改革创新,教学生学会学习,从而使学习者具备终身学习的能力;另一方面要着力推进教育领域供给侧结构性改革,增强教育的开放性、灵活性和社会性,进一步调整优化教育的布局结构、专业结构、层次结构和人才培养结构,构建更加开放畅通的人才成长通道,为学习者提供更多教育选择的机会。

其次,建立全民终身学习的制度体系。一是要为终身学习建立完善的继续教育系统。不仅要继续稳步发展学历继续教育,同时还要大力发展非学历继续教育,并确保继续教育的质量不断提升。二是要多渠道开发教育资源,推进全民终身学习和各类学习型组织的建设。要统筹发展城乡社区教育和老年教育,为社区居民和老年人提供学习渠道;为进城农民工、新型职业农民、现代产业工人和退役军人等重点人群提供优质的继续教育服务;倡导全民阅读,推进学习型城市、学习型社区、学习型乡镇(街道)、学习型家庭等学习型组织建设。三是要逐步建立国家资历框架,建立健全国家学分银行制度和学习成果认证制度。通过建立个人学习账号和学分累计制度来推进继续教育、终身学习的互通机制,并在保证质量的前提下,促进各级各类教育的纵向衔接和横向沟通,为人才提供多维度的成长发展空间。[2] 四是要建立激励共容的终身学习机制,调动政府、行业企业、社会和学习者共同参与的积极性。五是要推进终身学习法律法规建设,全面推进依法治教,推动终身学习走上规范化、法治化轨道,为学习型社会建设提供法治保障。

最后,要通过教育资源开放共享加大继续教育的供给能力。一是要强化职业学校和高等学校的继续教育与社会培训服务功能,推动职业学

---

① 蔡克勇:《21世纪中国教育的走向》,广东高等教育出版社2004年版,第574页。

② 中国政府网:《国务院关于印发国家教育事业发展"十三五"规划的通知》,http://www.gov.cn/gongbao/content/2017/content_5168473.htm。

校和高等学校开放办学,面向社会广泛开展继续教育和各类培训服务。二是要继续办好各类成人教育培训机构、大力发展现代远程教育。着眼于服务全民终身学习,办好开放大学;支持办好企业大学和企事业单位职工继续教育基地;鼓励各类社会培训机构依法开展教育培训活动;建设远程开放继续教育及公共服务平台。三是要进一步扩大社区教育和老年教育供给。通过加强社区教育基础能力建设,扩大社区教育资源供给;建立健全城乡统筹的社区教育网络;通过整合老年教育资源,加快发展城乡社区老年教育,完善老年人学习服务体系。①

　　70年斗转星移,70年只争朝夕。我国教育事业在党的全面领导下,教育事业中国特色鲜明,教育现代化进程加速推进,人民群众教育获得感明显增强,我国教育的国际影响力不断提升,我国人民的思想道德素质和科学文化素质全面提升。站在新的历史起点上,我国教育将继续沿着"加快推进教育现代化、建设教育强国、办好人民满意的教育"的目标不断前行,为我国社会主义现代化建设事业不断培养德智体美劳全面发展的社会主义建设者和接班人。我们坚信,在党的全面领导下,在新时代的新机遇下,中国教育必定能够再续辉煌,不断从胜利走向新的胜利。

---

① 中国政府网:《国务院关于印发国家教育事业发展"十三五"规划的通知》,http://www.gov.cn/gongbao/content/2017/content_5168473.htm。

第二章　劳动就业托起中国梦

新中国成立70年来,我国劳动就业工作取得了举世瞩目的伟大成就,劳动就业制度不断完善,就业总量持续性提高,就业结构不断优化,失业率总体保持在相对较低的水平。改革开放以来,通过以市场化为导向的劳动就业制度的改革,我国实现了"统包统配"固化用工制度向市场就业体制的根本转变,初步建成了适合市场经济特点的劳动就业制度,不但实现了城市就业的基本稳定,也吸纳了数以亿计的农民工就业。党的十八大以来,以习近平同志为核心的党中央始终坚持以人民为中心的发展思想,始终把就业作为最大的民生,实施就业优先战略和更加积极的就业政策,推动实现更高质量和更充分就业,以劳动就业托起中国梦。

第一节　劳动就业制度的改革历程

纵观70年来我国就业制度的改革历程,大致分为四个阶段:一是1949年至1977年,以"统包统配"与城乡二元为特征的劳动就业制度;二是1978年至2001年,以市场化和效率优先为导向的劳动就业制度;三是2002年至2011年,以统筹城乡就业与注重公平为核心的劳动就业制度;四是2012年至今,以高质量就业与充分就业为目标的新时期劳动就业制度。

一、以"统包统配"与城乡二元为特征的劳动就业制度(1949—1977年)

新中国成立后,我国建立了计划经济体制,在城市,我国逐步实施以

"统包统配"为特征的固化用工制度,解决了失业人员以及新增劳动力的就业;在农村,实行人民公社、统购统销制度,并通过户籍制度限制农村人口流入城市,把人口和劳动力纳入计划经济体制的轨道,保证和稳定城乡劳动者的就业岗位。

(一)城镇:劳动就业"统包统配"和固定用工

新中国成立初期,我国面临着严重的城镇失业压力,城镇失业人口达到 474.2 万人,失业率高达 23.6%,为了尽快稳定社会秩序,恢复国民经济,国家实施了积极的失业救助措施,同时按照"统一介绍就业与自行就业相结合"的方针促进就业。1950 年至 1952 年,国家先后颁布了《政务院关于救济失业工人的指示》《中央人民政府政务院关于劳动就业问题的决定》等政策文件,针对不同的失业人员,确定了以工代赈为主,以生产自救、转业训练、还乡生产、发给救济金等为补充办法的失业救助原则,一方面减轻了失业人员的生活负担,另一方面通过这一系列的政策措施也使得失业人员学习了相关技术,具备了就业或转业的条件。与此同时,国家实施"统一介绍就业与自行就业相结合"的就业方针政策,在政府介绍就业的同时,也鼓励失业人员自己寻找职业,自谋就业出路,自行就业。1955 年,《中共中央关于第二次全国省市计划会议总结报告的批示》确定了劳动部门对劳动力调配实行统一管理和分工负责的原则,企事业单位的用人自主权渐趋削弱,开始建立起各级劳动部门统一管理劳动力运行的制度。随着这一系列政策措施的实施,新中国成立初期的失业问题得到了有效的缓解,城镇失业人员从 1949 年的 474.2 万人减少到 1957 年的 200.4 万人,失业率从 23.6%下降到 5.9%;同时也促进了新增就业,城镇从业人数比 1949 年增长了 1 倍以上,达到 3205 万人。

随着 1956 年年底社会主义改造的完成和计划经济体制的建立,劳动部门统一管理劳动力运行的制度逐步转化为"统包统配"的就业制度,企业对用工人员的安置演变成固定的用工制度。"统包统配"就业制度的实施是一个渐进式过程,与我国经济体制的确立密切相关。新中国成立初期,国家把原官僚资本主义企业的职工以及一切旧有公职人员进行统一安排。此后,国家负责安排人员的范围不断扩大,从大中专毕业生开始,逐渐到城镇复员军人,初高中毕业生都实行包干安置。随着国家对社会主义改造的完成,原先资本主义工商业公私合营的职工也被包括在包干的范围之中。在统包就业的同时,国家对劳动力实行统一调配,使得劳动力自由流动转变为计划流动。与"统包统配"就业制度相对应,国家实施与分配定终身的固定用工制度,即不规定使用年限,一到法定年龄就由国家"统包统配"安排就业,与企业保持终身的固定劳动关系。自此,我国形成了以政府"统包统配"和固定用工制度为主要特征的劳动就业制度。

(二)农村:户籍制度限制农民流动

新中国成立初期,我国进行了土地改革,摧毁了地主土地占有制,在广大农村地主的土地被无偿地分配给了农民,并进行了农业生产互助合作。为了使集体化更加深入下去,1955年年底全国人大常委会作出规定,将土地统归集体所有,生产互助组转变为初级社或高级社,农业生产合作社实行按劳分配。为了使政权与生产组织合为一体,1958年开始建立人民公社,以"三级所有,队为基础"为原则,即生产资料所有制形式在三种程度上,分别属于人民公社、生产大队和生产队所有,生产队是组织劳动的基本单位,允许社员有少量的自留地,社员自留地不得充公与任意调换。在农产品市场方面,新中国成立初期,由于粮食短缺矛盾日益突出,我国实行统购统销政策,即依靠行政力量,让农民把生产的粮食卖给国家,全社会所需要的粮食由国家供应,同时国家取消了原有的农业产品自由市场,禁止粮食自由买卖。通过人民公社制度、统购统销政策,国家对土地、农产品等生产要素进行控制。

除土地和农产品生产要素之外,还有一个重要的要素是人口的流动,新中国成立之初,农民可以自由地在农村与城市之间迁徙和流动。随着农业互助合作运动的开展,以及农具技术的改良,农业生产效率大大提高,产生了一大批剩余劳动力,这些剩余劳动力开始向城市转移。农村剩余劳动力的转移给城市就业造成了巨大的压力,1953年开始,国家相继出台了《中央人民政府政务院关于劝止农民盲目流入城市的指示》《国务院关于各单位从农村中招用临时工的暂行规定》等一系列政策文件,农民自由流动受到限制。1958 年,我国颁布了《中华人民共和国户口登记条例》,第一次明确规定,根据地域和家庭成员的关系将户籍属性划分为农业户口和非农业户口,对这两部分人群的自由流动进行严格限制和政府管制,城乡分割的就业体制最终形成。

(三)就业波动:城乡劳动力大对流

1958 年以后,我国开始进入社会主义建设时期,由于经济建设思路、经济建设中心的不断变化,导致了国民经济的起伏波动,也造成了就业数量的波动。第一次就业波动发生在"大跃进"时期,"鼓足干劲,力争上游,多快好省地建设社会主义"的总路线以及赶英超美的超速建设思想使得"大跃进"运动在全国范围内展开,农村劳动力大规模涌向城市,到 1960 年城镇就业人员达到 5043.8 万人,比 1957 年的 3101 万人[①]增加了近 2000 万人。农村人口的大规模流动,导致农业生产被搁置,农产品大幅减少,既无法满足人民群众的生活需要,也补充不了工业生产所需的原材料。1961 年国家正式作出了精减城镇职工的规定,城镇就业人员大幅下降,农村就业人员逐渐恢复。

第二次就业波动发生在"文化大革命"时期,由于受到备战思想影响,国家基建规模再次扩大,以及"文化大革命"时期临时工、合同工的抗议,农民再次涌入城市,原先的临时工、合同工直接转为固定工,到 1972 年城镇职工人数达到 5610 万人,超过了"大跃进"时期的水平。由于盲目的放权,1972 年职工人数、工资总额以及粮食销量都打破了原有计划,实现了"三个突破"[②],国家开始整顿经济,缩小基建规模,精减职工人数,动员知识青年上山下乡,把之前积累的未下乡人员以及不能升学的初高中毕业生输送到农村,到 1975 年年末,知识青年上山下乡人数达到 237 万人之多。两次城乡劳动力大对流对经济社会的发展产生了不利的影响,究其根本原因是劳动力市场分割导致的。

---

① 参见国家统计局社会统计司编:《中国劳动工资统计资料(1949—1985)》,中国统计出版社 1987 年版,第 5 页。

② 三个突破:职工人数突破 5000 万人,工资总额突破 300 亿元,粮食销量突破 800 亿斤。

二、以市场化和效率优先为导向的劳动就业制度（1978—2001 年）

1978 年党的十一届三中全会召开，我国启动了改革开放政策，工作重点转移到社会主义现代化建设上来，我国的计划经济体制开始转向了社会主义市场经济体制，劳动就业制度也发生了极大的变革，以市场化和效率优先为导向是这一时期劳动就业制度的主要特征。

（一）农村经济体制改革推动农村劳动力转移

改革开放首先从农村开始，取消人民公社制，推行家庭联产承包责任制。改革开放前，农村土地集体所有、统一经营制度、政社合一的人民公社对农民实行统一领导、分级管理，控制着农民的生产和生活。人民公社制的实施，为农村经济发展提供资金积累和劳动积累，确保了农村社会与秩序的稳定，但却严重压抑了社会的活力，无法调动农民的劳动积极性，忽视了劳动质量和劳动效果，兼有行政特征的人民公社存在着治理问题，阻碍了农村社会的发展。20 世纪 70 年代末期，一些地方实行包产到户，取得良好效果，党的十一届三中全会作出了《中共中央关于加快农业发展若干问题的决定（草案）》，对包产到户开了口子。1980 年邓小平同志就农村政策发表谈话，认为一些适宜搞包产到户的地方，包产到户的效果好、变化快，包产到户不影响集体经济的发展。1980 年 9 月，中共中央印发《关于进一步加强和完善农业生产责任制的几个问题》的通知，充分肯定了各种形式的责任制，并支持和响应群众要求，既可以包产到户，也可以包干到户。1982 年 1 月，中共中央又批转了《全国农村工作会议纪要》，再次强调联产到劳，包产到户、到组，包干到户、到组等目前实施的各种责任制都是社会主义集体经济的生产责任制。在中央的大力支持和倡导下，家庭联产承包责任制迅速在全国推行。家庭联产承包责任制的实施，使得人民公社运行基础得以瓦解，极大地激发了农民生产的热情，解放了农村的生产力，进而为整个社会带来了发展活力。

在农村经济体制改革的驱动下，乡镇企业产生并快速发展，原先单纯的农业生产格局被打破。党的十一届三中全会作出的《中共中央关于加快农业发展若干问题的决定(草案)》明确指出,要大力发展社队企业,要求农村把宜于加工的农副产品,交给社队企业加工;要求城市把宜于农村加工的产品或零部件,交给社队企业经营,并对社队企业实行低税或负税政策。1979年以来,国家发出了多个文件对社队企业发展作出了明确的规定。1984年3月,中共中央、国务院正式批转了农牧渔业部《关于开创社队企业新局面的报告》,将社队企业改为乡镇企业,我国乡镇企业进入了快速发展时期。

随着我国农村经济体制改革,家庭联产承包责任制的建立,农民的生产积极性被激发,农业生产效率大为提高,原先隐性的农村剩余劳动力开始凸显。由于城乡分割的劳动力市场制度无法迅速伴随改革而调整,快速发展的乡镇企业成为改革开放初期吸纳农村剩余劳动力的主要来源。1978—1992年,乡镇企业吸纳就业人员从2827万人增加到10625万人,增长了276%。随着农村改革的深入,原先统购统销的政策已经不适应经济的发展,农村卖粮难问题开始出现,1984年中央"一号文件"明确指出,要把集镇逐步建设成为农村区域性的经济文化中心,并选择若干集镇进行试点。同年10月,发布了《国务院关于农民进入集镇落户问题的通知》,允许来城镇务工、经商、办服务业的自理口粮到城镇落户,这一政策的提出表明政府对农民户籍管理开始松动。国家从政策层面放松了农村劳动力进入城镇就业的控制,农村剩余劳动力开始流向城镇。

(二)推行劳动合同制和搞活固定用工制度

随着改革在农村初步取得成功,城市经济体制改革被提上了议程,从以计划经济为主、市场调节为辅,开始转向有计划的商品经济。1984年10月,党的十二届三中全会作出了《中共中央关于经济体制改革的决定》,指出要突破把计划同市场对立起来的传统观念,明确认识社会主义计划经济必须自觉依据和运用价值规律,是在公有制基础上的有计划的商品经济。1987年10月,党的十三大报告明确提出了有计划的商品经济体制,中国的计划经济体制开始向社会主义市场经济体制转变。

随着我国经济体制的转变,就业制度也发生了极大的变革。改革开放以来,知识青年返乡和生育高峰期带来的城镇就业压力问题越来越大,"统包统配"制度已经难以执行下去。1980年全国召开劳动就业工作会议,在总结历史经验的基础上,提出了"三结合"就业方针,即在国家统筹规划和指导下实行劳动部门介绍就业、自愿组织起来就业和自谋职业相结合。"三结合"的就业方针通过扩大就业渠道,短期内解决了我国城镇就业压力增大的问题,但"统包"这一核心问题并没有解决,仍然是计划经济体制下的安置就业;固定的用工制度也使得劳动力缺乏灵活性,导致国有企业冗员充斥,劳动生产率不高,不利于国家经济社会的发展。与此同时,我国国有企业进行了放权让利、工业经济责任制、利改税和承包责任制等几个阶段的改革,国有企业这些方面的改革也为就业制度的改革创造了条件,从根本上动摇了原先"统包统配"就业制度的改革。1981年,颁布了《中共中央国务院关于广开门路,搞活经济,解决城镇就业问题的若干决定》,在重申"三结合"就业方针的同时,提出了逐步改革国营企业的经济体制和劳动制度,解决"大锅饭"和"铁饭碗"问题的初步设想。

1982年开始,国家从招工用工领域试点实施劳动合同制对就业制度进行改革。在总结试点经验的基础上,1983年2月,劳动人事部颁布了《关于招工考核择优录用的暂行规定》,规定全民所有制单位可在计划范围内招收新工人,并根据试用期表现自主决定是否辞退。同月,劳动人事部又发出了《劳动人事部关于积极试行劳动合同制的通知》,进一步提出实行劳动合同制。经过三年的试行,国务院于1986年7月颁布《国营企业实行劳动合同制暂行规定》《国营企业招用工人暂行规定》《国营企业辞退违纪职工暂行规定》《国营企业职工待业保险暂行规定》四个关于劳动制度改革的政策文件,明确指出对新招职工普遍实行劳动合同制,打破固定用工制度。随着治理整顿的结束,1992年以后,国有企业改革提出了新的任务,劳动就业制度改革开始重启。1992年2月,劳动部发出《劳动部关于扩大试行全员劳动合同制的通知》;同年7月,国务院颁布了《全民所有制工业企业转换经营机制条例》,明确指出企业可以实行合同化管理或者全员劳动合同制。合同化管理的范围由新增职工扩大到包括原有职工在内的全体就业人员,原先的劳动就业"统包统配"与固定用工制度彻底被打破。

(三)就业市场化与劳动力市场建设

1992年年初邓小平同志发表南方谈话,明确回答了社会主义本质,计划与市场的关系,创造性地提出了"三个有利于"标准,解决了长期以来困扰着人们思想的许多重大认识问题,为党的十四大召开做了重要的准备。党的十四大确立了社会主义市场经济体制的改革目标,中国社会主义改革开放和现代化建设事业进入新的发展阶段。1993年党的十四届三中全会召开,通过了《中共中央关于建立社会主义市场经济体制若干问题的决定》,提出要建立生产要素市场,培育和发展市场体系,要使市场在国家宏观调控下对资源配置起到基础性作用,并从所有制结构、现代企业制度等方面对国有经济进行改革。随着改革的深化,私营、个体经济以及其他类型的非公有制经济快速发展,市场机制在劳动力资源配置中发挥了越来越重要的作用。

随着劳动合同制的实施和固定用工制度的改革,国有企业中终止和解除劳动合同的人员开始出现,对于这些人员需要通过社会分流安置。20世纪90年代中期,我国宏观经济出现"相对过剩"局面,加之同期出现的亚洲金融危机,国有企业的发展面临极大的生存困境,结构性和转轨性失业问题日益突出,1996年我国再次面临严重的失业危机。为了帮助国有企业渡过难关,解决国有企业大规模下岗职工问题,1997年年初国务院提出了"鼓励兼并、规范破产、下岗分流、减员增效、实施再就业工程"的方针,之后把实施再就业工程与深化国有企业改革相联系,作为经济改革和发展的一项根本性措施。1998年6月,又发布了《中共中央国务院关于切实做好国有企业下岗职工基本生活保障和再就业工作的通知》,明确指出要建立健全社会保障体系,构筑"三条保障线"。所谓"三条保障线",是指国有企业下岗职工基本生活保障、失业保险和城市居民最低生活保障。通过构筑"三条保障线",为劳动力资源的合理配置和正常流动创造条件。1999年9月,党的十五届四中全会通过了《中共中央关于国有企业改革和发展若干重大问题的决定》,明确指出要建立现代企业制度,形成市场导向的就业机制。

随着社会主义市场经济体制的建立,农村劳动力逐步成为城市经济社会发展中不可缺少的一部分,国家对农村劳动力流动的政策逐渐发生了变化,在宏观调控下鼓励、引导农村劳动力有序流动,实行统一的流动人口就业证和暂住证制度,对小城镇户籍制度进行改革。户籍制度的松动,以及鼓励、引导措施的实施,农村剩余劳动力向城市大规模转移;同时在市场化导向的作用下,转移区域主要流向发达地区和高收入地区。以2001年为例,中西部不发达地区近50%的农村剩余劳动力向"省外"转移,而东部发达地区向省外转移的劳动力仅占7.19%。

劳动合同制的全面推行,国有企业的改革,农村剩余劳动力向城市转移,以及个体、私营等非公有制经济的发展,在客观上也促进了劳动力市场的形成。党的十四届三中全会第一次正式使用了"劳动力市场"这一概念。1993年12月,印发《劳动部关于建立社会主义市场经济体制时期劳动体制改革总体设想》的通知,明确了劳动力市场这一概念的内容,并提出要建立竞争公平、运行有序、调控有力、服务完善的现代劳动力市场。1994年8月,中共中央组织部、国家人事部提出了《加快培育和发展我国人才市场的意见》,明确指出要打破人才流动中所有制身份和干部身份限制,并通过户籍制度和住房制度的改革消除人才流动障碍。随着劳动力市场的不断建设,职业介绍、就业服务快速发展。1996年12月,劳动部制定了劳动预备制度,决定从1997年开始对新生劳动力就业前追加1—3年的就业培训和相关教育。1998年2月,原劳动部又推出了《"三年千万"再就业培训计划》,计划在三年内重点对纺织、铁路、军工和煤炭等行业职工进行职业指导和转业培训。职业介绍机构在这一过程中也迅速发展,在提供就业指导及培训方面发挥的作用也越来越大,通过职业介绍机构获得就业的人数也越来越多。2001年我国已建立职业介绍机构26793个,职业介绍机构为劳动者提供职业介绍、就业指导等方面的就业服务2439.5万人次,在职业介绍机构的帮助下成功走上就业岗位的有1229.1万人次。

三、以统筹城乡就业与注重公平为核心的劳动就业制度（2002—2011 年）

2002 年以来,中国开始从追求单一经济增长向社会、经济科学、和谐、全面发展转变,在科学发展观的指导下,中国开始建立经济社会全面发展,人与自然和谐共处,全体国民共享发展成果的社会主义国家。就业制度和政策方面,改变了之前只强调效率的改革取向,转向城乡就业全面统筹,提高劳动者地位,消除就业歧视,注重以公平为核心的劳动就业制度。

（一）实施积极就业政策与探索就业新机制

积极就业政策与过去被动型、强调保障为主的就业政策相对应。面对结构性和转轨性失业日益突出的问题,1997 年开始深化国有企业改革,构筑"三条保障线",从实施效果来看,被动型的就业政策在当时保障下岗失业人员的基本生活方面起到了重要的作用,但是在缓解就业压力、创造新的就业岗位方面仍然不足。2002 年 9 月,中共中央、国务院召开了再就业工作会议,全面分析了当时我国就业的主要矛盾,劳动者充分就业的需求与劳动力总量过大、素质不相适应之间的矛盾,明确提出了要正确处理好扩大就业与发展经济、结构调整、深化改革、城乡经济协调发展、完善社会保障体系五个方面的关系。随后,发布了《中共中央国务院关于进一步做好下岗失业人员再就业工作的通知》,在全面总结我国就业工作与再就业工作经验的基础上,指出当前就业和再就业的新形势和新特点,即主要表现在劳动力供求总量矛盾和就业结构性矛盾同时并存,城镇就业压力加大和农村富余劳动力向非农领域转移速度加快同时出现,新成长劳动力就业和失业人员再就业问题相互交织,重点围绕解决下岗失业人员再就业问题,提出了积极就业政策的基本框架和重点任务。

为了贯彻落实《中共中央国务院关于进一步做好下岗失业人员再就业工作的通知》,劳动保障部等各部门相继制定出台了下岗失业人员享受再就业扶持政策的 8 个配套文件:《国务院办公厅关于下岗失业人员从事个体经营有关收费优惠政策的通知》《中共中央宣传部、劳动和社会保障部关于印发〈进一步做好下岗失业人员再就业工作宣传提纲〉的通知》《国家经济贸易委员会 财政部 劳动和社会保障部 国土资源部 中国人民银行 国家税务总局 国家工商行政管理总局 中华全国总工会印发〈关于国有大中型企业主辅分离辅业改制分流安置富余人员的实施办法〉的通知》《关于贯彻落实〈中共中央国务院关于进一步做好下岗失业人员再就业工作的通知〉若干问题的意见》《财政部、劳动保障部关于促进下岗失业人员再就业资金管理有关问题的通知》《财政部 国家税务总局关于下岗失业人员再就业有关税收政策问题的通知》《国家税务总局 劳动和社会保障部关于促进下岗失业人员再就业税收政策具体实施意见的通知》《中国人民银行、财政部、国家经贸委、劳动和社会保障部关于印发〈下岗失业人员小额担保贷款管理办法〉的通知》。8 个配套文件紧密围绕《中共中央国务院关于进一步做好下岗失业人员再就业工作的通知》文件的精神作出了更加明确、更具操作性的规定,标志着中国特色积极就业政策的框架基本形成。通过积极就业政策的实施,2005 年年底全国就业人员 75825 万人,城镇新增就业 970 万人,有 510 万下岗失业人员实现了再就业,其中帮助"4050"人员等就业困难人员实现再就业 130 万人。年底城镇登记失业人数为 839 万人,城镇登记失业率为 4.2%,比 2002 年每年多增加 200 万人。

(二)全面统筹城乡就业与促进公平就业

2005 年 11 月,发布了《国务院关于进一步加强就业再就业工作的通知》,根据新情况对原有政策做了"延续、扩展、调整、充实",从 2006 年开始实施第二阶段积极就业政策。第二阶段积极就业政策相比于第一阶段,政策覆盖范围明显扩大,在原有的基础上增加了高校毕业生、进城务工农村劳动者和被征地农民等的就业再就业工作,就业政策对象开始向全体劳动者转变;管理服务体系更加细化,统筹管理城乡劳动力资源和就业工作成为重点;社会保障更加完善,在原有保障基础上增加了医疗保险补贴项目,更加注重促进公平就业,消除就业歧视。

2006 年 1 月,出台了《国务院关于解决农民工问题的若干意见》,明确提出从解决农民工工资偏低与拖欠问题、农民工劳动管理、农民工就业服务和职业培训、农民工社会保障、为农民工提供公共服务、农民工权益保障机制等方面,提出了维护农民工合法权益,消除农民工进城务工歧视规定,全面统筹城乡就业的措施意见。2006 年 3 月,国务院农民工工作联席会议制度正式组建,在国务院领导下,研究拟订农民工工作的政策措施,为国务院决策提供意见参考;同时督促检查各地区、各部门任务落实完成情况,对于落实中的难点问题进行协调解决;研究确定年度工作要点和阶段性工作计划,定期向国务院汇报农民工工作情况①。2006 年 4 月,劳动和社会保障部召开全国城乡统筹就业试点工作座谈会,座谈会明确了先行先试地区的任务和目标,明确指出首先要把城乡劳动力资源作为一个整体通盘考虑,把扩大就业作为当前和今后必须解决好的重大任务;其次要努力缩小直至消除劳动者城乡就业的差别,实现平等就业;最后要加强对城乡劳动者的职业培训,推进城乡劳动者特别是农民工的权益维护和社会保障,要建立完善公共就业服务体系,加强城乡一体化劳动力市场建设,推进与统筹城乡就业密切相关的各项配套改革②。同年 7 月底,国家四部委发布了《劳动和社会保障部、国家发展和改革委员会、财政部、农业部关于印发统筹城乡就业试点工作指导意见的通知》,将座谈会的会议精神落实到政策文件中,进一步促进平等就业。

2008 年美国次贷危机所引发的全球性金融风暴冲击着全球化日益加深的中国,对农民工就业影响严重。特别是我国东部沿海地区的劳动密集型产业和外贸出口型企业在此次危机中受到的影响尤为严重,大量企业由于接不到订单而出现了半停产、停产、关闭、破产的情况,作为制造业的主力军——农民工纷纷失去工作,被迫返乡回流。据农业部 2009 年 1 月统计,提前返乡农民工数量约 2000 万人以上,大约占农民工就业总量的 15%。珠三角地区城市出现超过 200 万人的用工缺口,其中深圳81.9 万人、广州 15 万人、东莞 100 万人、中山 13 万人;江浙最缺一线普工,昆山、杭州、温州等地用工难随处可见;福建省出现"用工荒",每 100

---

①　赖德胜等主编:《中国就业 60 年(1949—2009)》,中国劳动社会保障出版社 2010 年版,第 251 页。

②　《明确目标　先行试点　扎实推进城乡统筹就业工作》,《中国就业》2006 年第 6 期。

名求职者可以选择的工作岗位数为 130 个,达到了这一时期该指标的最高数值。为此,2008 年 10 月,党的十七届中央委员会第三次全体会议通过了《中共中央关于推进农村改革发展若干重大问题的决定》,作出了统筹城乡就业,加快建立城乡统一的人力资源市场,引导农民工有序外出就业。鼓励农民工转移就业,保障农民工权益等指示。同年 12 月,发布《国务院办公厅关于切实做好当前农民工工作的通知》,要求实施更加积极的就业政策,促进农民工就业。

(三)完善法律体系与构建和谐劳动关系

和谐劳动关系是建设社会主义和谐社会重要的内容,随着我国社会主义市场经济体系的日渐成熟,对外经济活动日益频繁,我国劳动争议案件数量也在逐渐上升,加强我国劳动就业法律法规体系建设,显得尤为迫切和必要。

为了加快建立健全我国劳动就业法律法规体系,20 世纪初我国劳动部门提出了劳动和社会保险法律体系框架,由《中华人民共和国劳动法》《中华人民共和国社会保险法》《中华人民共和国就业促进法》等 10 部法律,《劳动力市场管理规定》《劳动保障监察条例》等 30 部行政法规以及 90 余部行政规章组成。21 世纪以来,我国继续加快劳动立法进程,相继出台了《中华人民共和国安全生产法》《中华人民共和国劳动争议调解仲裁法》等法律。2008 年,我国开始实施《中华人民共和国就业促进法》《中华人民共和国劳动合同法》,这两部法律的出台标志着我国劳动就业法律体系取得了重大的进展。《中华人民共和国就业促进法》明确要求在法律上规范促进就业的方针、政策,建立促进就业的工作机制,规范劳动力市场秩序,禁止就业歧视,确保平等就业。《中华人民共和国劳动合同法》是在 1994 年出台的《中华人民共和国劳动法》基础上修改完善的,突出了保护劳动者的合法权益,着力解决劳动合同短期化问题,专门规范了集体合同,重视对劳务派遣的规制,并对解决工资拖欠问题、保障劳动者合法足额取得劳动报酬做了明确规定。

随着我国劳动争议案件逐年上升,劳动关系日趋复杂,工会组织和集体谈判制度作为重要的劳资协调组织和制度也需要适应新形势不断发展。2001年，全国人大对1992年修订的《中华人民共和国工会法》进行了再次修订，在法律上进一步将中国工会的基本职责确定为"维护职工合法权益"，进而推进劳资合作，构建和谐的劳动关系。在全国总工会的推动下，各级工会快速发展，工会组织数量和会员人数得到了大幅增长，据《2012年工会组织和工会工作发展状况统计公报》显示，截至2012年9月，全国基层工会组织266.3万个，比2002年增加100多万个；工会会员人数达到28021.3万人，比2002年增加6000多万人。2004年，劳动和社会保障部颁布了新的《集体合同规定》，完善了集体协商和集体合同制度。2007年，劳动和社会保障部、中华全国总工会、中国企业联合会召开国家劳动关系三方会议制度，全面启动实施集体合同制度覆盖计划，从2008年开始用5年时间基本实现平等协商和集体合同制度覆盖各类企业。

四、以高质量就业与充分就业为目标的新时期劳动就业制度（2012年至今）

中国特色社会主义进入新时代，我国社会主要矛盾已转化为人民日益增长的美好生活需要和不平衡不充分的发展之间的矛盾。党的十八大以来，以习近平同志为核心的党中央践行就业是最大民生的发展思想，坚持以人民为中心，把促进就业摆在经济社会发展的优先位置，实施就业优先战略和积极就业政策，推动经济发展与扩大就业良性互动，进一步推进城乡统筹就业，增强人民群众的获得感、幸福感、安全感。

（一）践行就业是最大民生的发展思想

践行就业是最大的民生，是中国共产党坚持以人民为中心执政理念的重要体现。就是要以全体人民为服务对象，在发展中坚持人民利益至上，将人民对美好生活的向往作为奋斗目标，将不断增进民生福祉作为国家发展的根本目的，把高质量和充分就业、保障和改善民生放在更加突出位置，通过完备的制度安排来实现发展成果公平惠及全体人民。

党的十八大以来，习近平总书记有关就业和民生的一系列重要讲话与指示中,多次强调要一切工作都从人民的切身利益出发,把更高质量、更充分就业,改善和保障民生作为解决矛盾的突破口。2012 年 11 月 15 日,首次当选中共中央总书记的习近平同志同中外记者见面时就向全世界发出了自己的宣言,"人民对美好生活的向往,就是我们的奋斗目标"。2013 年 3 月 17 日,习近平在第十二届全国人大第一次会议闭幕式上,以首次当选国家主席的身份发表讲话时指出,"不断实现好、维护好、发展好最广大人民根本利益,使发展成果更多更公平惠及全体人民,在经济社会不断发展的基础上,朝着共同富裕方向稳步前进"。2015 年 10 月 29 日,习近平总书记在党的十八届五中全会上的讲话中,进一步指出,"让广大人民群众共享改革发展成果,是社会主义的本质要求,是社会主义制度优越性的集中体现,是我们党坚持全心全意为人民服务根本宗旨的重要体现"。2017 年 10 月 18 日,习近平总书记在党的十九大报告中明确强调,"就业是最大的民生。要坚持就业优先战略和积极就业政策,实现更高质量和更充分就业"。

(二)实施就业优先战略和积极就业政策

党的十八大以来,以习近平同志为核心的党中央实施就业优先战略和积极就业政策,将促进就业的目标融入稳增长、促改革、调结构、惠民生、防风险等经济社会发展的各个领域,把促进就业的政策贯彻落实到产业发展、区域发展、公共投资等各个环节。

一是实施就业优先战略和积极就业政策是脱贫攻坚的重要手段。2013 年 11 月,习近平总书记在湖南省湘西土家族苗族自治州花垣县排碧乡十八洞村考察时,首次提出了"精准扶贫"。他指出,"必须在精准施策上出实招、在精准推进上下实功、在精准落地上见实效"。[①] 为此,既要解决好"扶持谁"的问题,也要解决好"谁来扶"的问题,更要解决好"怎么扶"的问题。促进就业转移就是帮助农村贫困人口脱贫致富的有效手段,是解决"怎么扶"的有效方式。实施就业优先战略和积极就业政策,

---

① 中共中央宣传部:《习近平总书记系列重要讲话读本》,学习出版社、人民出版社 2016 年版,第 22 页。

让市场在人力资源配置中发挥决定性作用,又更好发挥政府作用,促进了劳动力市场的发育和完善,加强了劳动力市场制度建设,推动了农村劳动力转移就业,提高了城乡居民就业参与率,让人民群众用自己双手实现脱贫。二是实施就业优先战略和积极就业政策是推进供给侧结构性改革的重要保障。随着供给侧结构性改革的推进,企业优胜劣汰、人员转岗分流,必然会造成一些人员失去现在的工作岗位。2016年4月,习近平总书记在安徽调研时指出,"随着供给侧结构性改革不断推进,会有一些职工下岗,要更加关注就业问题,创造更多就业岗位,落实和完善援助措施,通过鼓励企业吸纳、公益性岗位安置、社会政策托底等多种渠道帮助就业困难人员尽快就业,确保零就业家庭动态'清零'"。通过实施就业优先战略和积极就业政策,运用转岗就业和扶持创业等多种形式,创造更多就业岗位,在提高就业质量,改善就业环境,实现更充分就业的同时,为有序推进供给侧结构性改革提供了保障。

(三)扩大就业与经济高质量发展良性互动

当前,我国经济已由高速增长阶段转向高质量发展阶段,正处在转变发展方式、优化经济结构、转换增长动力的攻关期。扩大就业与转变经济发展方式,推动经济高质量发展相辅相成,把扩大就业作为经济社会发展的优先目标,将稳增长、保就业作为经济运行合理区间的下限,实现扩大就业与经济高质量发展的良性互动。

党的十八大以来我国就业工作顺利推行,充分践行了扩大就业与经济高质量发展良性互动。随着经济结构优化,服务业占比逐年增长,2015年全国服务业就业人数增速达到就业总量增速的18倍①。2018年全年城镇新增就业1361万人,有551万城镇失业人员实现再就业,就业困难人员181万人,城镇新增就业比2012年增长7.5%。2018年第三产业增加值为469575亿元,增长7.6%,在第三产业中新经济、新业态快速发展,极大地拓宽了就业的机会和岗位,也创造了新的就业形态,催生了新的职业领域,不必局限于传统用人单位限定的劳动场所、劳动时间和劳动方

---

① 蔡昉:《十八大以来就业优先战略的丰富发展》,《中国人大》2017年第4期。

式,就业方式更加灵活多样,是实实在在的改革红利的惠及。把扩大就业作为经济社会发展的优先目标,不以经济增速而论,对经济进入高质量增长阶段,转变发展方式、优化经济结构、转换增长动力具有重要的意义,也是保持战略定力、积极主动作为的重要表现。

(四)进一步推进城乡统筹就业

党的十八大以来,有序推进农业转移人口市民化开始成为政府的工作重点。国务院相继出台了《国务院关于进一步推进户籍制度改革的意见》《国务院关于进一步做好为农民工服务工作的意见》《国务院关于深入推进新型城镇化建设的若干意见》等重要文件,提出全面改革现行户籍制度"到2020年,转移农业劳动力总量继续增加,农民工综合素质显著提高、劳动条件明显改善、工资基本无拖欠并稳定增长、参加社会保险全覆盖,引导约1亿人在中西部地区就近城镇化,努力实现1亿左右农业转移人口和其他常住人口在城镇落户,未落户的也能享受城镇基本公共服务,农民工群体逐步融入城镇"的目标。

2013年11月,党的十八届三中全会通过了《中共中央关于全面深化改革若干重大问题的决定》,提出推进农业转移人口市民化,逐步把符合条件的农业转移人口转为城镇居民,加快户籍制度改革,全面放开建制镇和小城市落户限制,有序放开中等城市落户限制,进城落户农民完全纳入城镇住房和社会保障体系,在农村参加的养老保险和医疗保险规范接入城镇社保体系。2014年3月,中共中央、国务院发布《国家新型城镇化规划(2014—2020年)》,提出紧紧围绕全面提高城镇化质量加快转变城镇化发展方式,以人的城镇化为核心,有序推进农业转移人口市民化,到2020年努力实现1亿左右农业转移人口和其他常住人口在城镇落户。2014年7月,发布《国务院关于进一步推进户籍制度改革的意见》,提出进一步调整户口迁移政策,统一城乡户口登记制度,全面实施居住证制度,加快建设和共享国家人口基础信息库,稳步推进义务教育、就业服务、基本养老、基本医疗卫生、住房保障等城镇基本公共服务覆盖全部常住人口。

2015年6月,国务院先发布了《国务院办公厅关于支持农民工等人员返乡创业的意见》,之后又颁布了《鼓励农民工等人员返乡创业三年行动计划纲要(2015—2017年)》,希望通过"大众创业、万众创新",支持农民工、退役士兵和大学生等人员返乡创业,促就业、增收入振兴乡镇,从而打开新型工业化和农业现代化、城镇化和新农村建设协同发展新局面。2015年10月,党的十八届五中全会通过了《中共中央关于制定国民经济和社会发展第十三个五年规划的建议》,明确提出了两个挂钩机制:一是实施财政转移支付同农业转移人口市民化挂钩机制,通过财政的支持有利于加速农民工市民化。二是实施城镇建设用地增加规模与吸纳农业转移人口落户数量挂钩机制,城镇建设用地规划与转移人口相匹配,通过战略导向作用有助于推进城镇化合理有序发展;中央预算内投资安排向吸纳农业转移人口落户数量较多的城镇倾斜。2016年9月,国务院办公厅印发了《推动1亿非户籍人口在城市落户方案》,"十三五"期间,破除城乡之间户籍制度的阻梗,相关配套政策要进一步健全完善,实现农业转移人口以及其他常住人口在城镇顺利落户,同时对于未落户的人口可以享受城镇基本公共服务,实现农民工群体市民化的目标。2017年12月,人社部部长尹蔚民在全国人力资源和社会保障工作会议上指出,全面贯彻党的十九大精神,以习近平新时代中国特色社会主义思想为指导,深化社会保障改革,构建和谐劳动关系,特别是要继续做好为农民服务工作,促进农民工平等就业,较好地融入城市社会。

第二节 劳动就业制度改革取得的
成就与关键动力

新中国成立以来,经过70年的发展,我国劳动就业制度改革取得了巨大的成就,确立了以市场为导向的劳动就业制度,劳动力市场基础性调节作用逐步增强,城乡一体化劳动力市场基本建立。特别是党的十八大以来,劳动就业规模持续扩大,劳动就业结构不断优化;公共就业服务制度不断完善,城乡公共就业服务体系不断健全;就业质量全面提升,就业保障水平持续提高,已经成为新时代满足人民群众美好生活向往的重要内容和关键支撑。

一、劳动就业规模持续扩大与结构不断优化

党的十八大以来,我国实施就业优先战略和更加积极的就业政策,把实现就业更加充分作为全面建成小康社会的重要目标,推动就业实现高质量发展,进一步明确了"劳动者自主就业、市场调节就业、政府促进就业和鼓励创业"的新时期就业方针,劳动就业规模持续扩大,就业结构不断优化,就业局势保持稳定。

(一)劳动就业规模持续扩大

我国劳动就业规模持续扩大,2013 年年底全国就业人员 76977 万人,其中城镇就业人员 38240 万人。到 2018 年年底,全国就业人员达到 77586 万人,年均增加 165 万人;城镇就业人员达到 42462 万人,年均增加 1055 万人。城镇登记失业率保持在 4.1%以下较低水平,2018 年年底为 3.8%,是 2008 年全球金融危机以来的最低点。

我国高校毕业生规模不断扩大,2013 年年底达到 699 万人,2017 年年底增加到 820 万人,为经济社会发展储备了大量人才。近年来,国家把高校毕业生就业放到了就业工作的首位,出台了一系列政策措施,引导高校毕业生多渠道就业,鼓励高校毕业生创业,强化高校毕业生就业服务和帮扶困难毕业生就业,使更多高校毕业生能够立足基层、立足岗位实现高质量就业。基本实现高校毕业生毕业离校时就业率稳定在 70%左右,到年末时实现就业率超过 90%。

改革开放以来,农民工规模大、增速快。根据劳动部与国家统计局联合调查数据显示,1988 年农村转移劳动力约 9500 万人,占当年二三产业就业人口的 43%,其中 5415 万人在城镇就业,占当年城镇就业人口的 26.2%。2008 年年底,国家统计局建立了农民工统计监测调查制度,对全国 31 个省(自治区、直辖市)6.8 万个农村住户和 7100 多个行政村的农民工进行抽样调查。以 2013 年至今数据为例,2013 年农民工总量为 26894 万人,占二三产业就业人口的 50.9%,占城镇就业人口的 70.3%;2018 年农民工总量为 28836 万人,占二三产业就业人口的 50.3%,占城

镇就业人口的 66.4%。

（二）劳动就业结构不断优化

从产业分布来看,我国第三产业就业人数逐年增加,就业结构从原先第一产业占多数逐渐向第三产业占多数转变,三产就业机构呈现出"倒金字塔型"。2013 年年末,我国三产就业比重分别是:第一产业就业人员占 31.4%;第二产业就业人员占 30.1%;第三产业就业人员占 38.5%。到 2018 年年末,我国三产就业比重分别为:第一产业就业人员占 26.1%;第二产业就业人员占 27.6%;第三产业就业人员占 46.3%。第三产业就业人员比重逐年上升,第一产业、第二产业比重逐年下降。

从城乡就业结构来看,城镇就业人员比重逐年提升,2013 年年末我国城镇就业人员为 38240 万人,占整体就业比重的 49.7%;2018 年年末我国城镇就业人员为 43419 万人,占整体就业比重的 56%,增加了 6.3 个百分点。从区域分布看,西部地区就近就地就业与返乡创业成为趋势。以农民工统计数据为例,农民工务工仍以东部地区为主,但在中西部地区务工的比重逐年提高。2013 年在东部地区务工的农民工 16174 万人,占农民工总量的 60.3%;在中部地区务工的农民工 5700 万人,占农民工总量的 21.2%;在西部地区务工的农民工 4951 万人,占农民工总量的 18.5%。2018 年,国家统计局将东北地区单独划分,在东部地区务工农民工 15808 万人,占农民工总量的 55%,相比 2013 年减少了 366 万人,占总量比重下降了 5.2 个百分点;在中部地区务工的农民工 6051 万人,占农民工总量的 21%,相比 2013 年增加了 351 万人,占总量比重基本没变;在西部地区务工农民工 5993 万人,占农民工总量的 20.8%,相比 2013 年增加了 1042 万人,占总量比重提高了 2.4 个百分点;在东北地区务工农民工 905 万人,占农民工总量的 3.2%。

（三）劳动就业范围更广与方式更加灵活

以新产业、新业态、新商业模式为主要表现特征的新经济异军突起并迅猛发展,在稳定就业、释放动能、缓解经济下行压力、满足人民多样化需求方面发挥着巨大作用。特别是在"互联网+"等新经济引擎的助推下,我国的经济格局正在发生前所未有的新变化,电子商务等新经济代表行业的大发展,有效激发了经济活力,重塑了劳动力市场结构、重塑了城市的社会结构,就业的边界和范围不断延伸,工作场所任意化、工作时间碎片化、雇佣模式多样化,催生了新的职业领域,不必局限于传统用人单位限定的劳动场所、劳动时间和劳动方式,就业方式更加灵活多样,产生了新的职业群体。

据统计,2016 年中国互联网发展大会公布的《2016 年中国微商行业发展报告》显示,2015 年微商市场规模为 1819.5 亿元,增长率为 91.5%,将近一半都是微型企业(微型企业是指那些从业人员 20 人以下,或者营业收入在 300 万元以下的企业),从业人员为 1257.4 万人,相比 2014 年增加了 22.8%,微商的创业人数每天以 2 万—3 万的基数增长,在职人员与自由创业者占到 88%以上①。中国电子商务研究中心(100EC.CN)发布《2017 年(上)中国电子商务市场数据监测报告》,2017 年上半年中国电子商务交易额 13.35 万亿元,同比增长 27.1%。其中,B2B 市场交易额 9.8 万亿元,网络零售市场交易额 3.1 万亿元,生活服务电商交易额 0.45 万亿元,中国电子商务企业直接从业人员 310 万人,由电子商务间接带动的就业人数已超过 2300 万人,特别是快递业务 2017 年上半年达到 2572.9 亿元,预计 2017 年年底,快递业务量完成 401 亿件,同比增长 28.2%;快递业务收入完成 4950 亿元,同比增长 24.5%。滴滴平台 2016 年公布了《2016 年中国移动端出行服务市场研究报告》,2016 年,通过滴滴移动平台的快车、专车、代驾直接解决就业 1330 万人,伴随滴滴平台的发展成长起来的创业创新企业 4000 多家,解决超过 20000 人的充分就业,仅滴滴平台直接和间接共解决就业 1332 万人。

二、公共就业服务体系不断完善与就业质量全面提升

自 1995 年我国实施再就业工程,首次制定出台了就业促进政策,经过二十多年的发展和完善。特别是党的十八大以来,我国公共就业服务政策不断丰富,就业服务项目逐步扩充,城乡公共就业服务体系不断完

---

① 《2016 中国微商行业发展报告》,第十五届中国互联网大会,2016 年 6 月。

善,就业服务机构网络覆盖全国,就业质量得到全面提升,就业保障水平持续提高。

(一)公共就业服务体系不断完善

党的十八大以来,我国先后出台了关于加强职业技能培训、促进高校毕业生就业创业等多个政策文件,不断完善和丰富就业服务政策。2017年1月,国务院印发的《"十三五"推进基本公共服务均等化规划》明确指出,国家实施就业优先战略,大力推动"大众创业、万众创新",鼓励以创业带动就业,健全覆盖城乡的公共就业创业服务体系,加强职业培训,维护职工和企业合法权益,构建和谐劳动关系,推动实现比较充分和更高质量的就业。同月,国务院印发《"十三五"促进就业规划》,明确指出要提高公共就业服务能力,完善普惠性就业服务制度,推进服务均等化。随着就业服务政策不断丰富,有效改善了劳动者及其家庭生活状况,维护了劳动者权益,促进了就业质量的提升。

在就业服务政策不断丰富和完善的基础上,公共就业服务投入力度不断加大,截止到2018年年底我国公共预算中,社会保障和就业支出达到27084亿元,占当年GDP比重的3%。统筹城乡就业服务体系基本形成,2011—2014年,共安排中央预算内投资30多亿元,支持1176个县级、4381个乡镇级基层公共就业和社会保障服务中心(站)的建设,基本形成了以政府为核心、多方主体参与的就业服务多中心供给格局,就业服务供给主体覆盖国家、省、市、区、县、乡镇(街道)、村(社区),还包括就业服务机构、用人单位、社会公益就业组织等,成为开展各项公共就业服务、落实各项促进就业政策的有力保障。① 截止到2018年年底,全行业共有人力资源服务机构3.57万家,从业人员64.14万人,共为3669万家次用人单位提供了人力资源服务,帮助2.28亿劳动者实现了求职择业和流动服务。

(二)就业质量全面提升

随着我国劳动力市场制度的不断完善,劳动合同制度、劳动关系协调

---

① 王阳:《完善服务政策　促进积极就业》,《宏观经济管理》2017年第10期。

机制的不断健全和规范,我国劳动就业质量得到全面提升。我国加强企业对劳动用工制度的管理,全面实行劳动合同制度,近年来全国劳动合同签订的比率不断提高,2015 年以后一直保持在 90% 以上,农民工签订劳动合同比率保持在 35% 以上。截至 2016 年年末,全国经人力资源和社会保障部门审查并在有效期内的集体合同达到 191 万份,覆盖企业 341 万家、职工 1.78 亿人。① 关于农民工拖欠工资问题方面国家一直非常重视,早在 2003 年发布《国务院办公厅关于切实解决建设领域拖欠工程款问题的通知》,要求解决拖欠农民工工资的问题。随后相继出台了多个政策文件,2016 年国务院办公厅以国办"1 号文"发布《国务院办公厅关于全面治理拖欠农民工工资问题的意见》,从规范企业工资支付行为等五方面提出十六条治理措施,到 2020 年拖欠农民工工资问题得到根本遏制,努力实现基本无拖欠。通过一系列政策措施的实施,农民工工资支付的长效机制逐渐健全,农民工工资拖欠势头得到有效遏制。

劳动者工资水平逐步提升,城镇非私营单位就业人员年平均工资从 2012 年的 46769 元增加到 2018 年的 82461 元,增长 76.3%。城镇私营单位就业人员平均工资从 2012 年的 28752 元增加到 2018 年的 49575 元,增长 72.4%。与此同时,劳动工作强度相比之前有所下降,2017 年城镇各类企业就业人员中周平均工作时间在 40 小时及以下的比例已经提高到 52%。农民工超时劳动情况明显改善,据国家统计局调查显示,2014 年农民工年从业时间平均为 10 个月,月从业时间平均为 25.3 天,日从业时间平均为 8.8 小时;2016 年农民工年从业时间平均为 10 个月,月从业时间减少到 24.9 天,日均从业时间减少到 8.5 小时。

(三)就业保障水平持续提高

1951 年,国家颁布了《中华人民共和国劳动保险条例》,标志着社会保险制度在新中国的正式建立。随着市场经济的发展,这种社会保险制度区分企业和机关事业单位,阻碍了劳动力市场的统一,特别是对农民工

---

① 中共人力资源和社会保障部党组:《让广大人民群众更多更好地共享发展成果——党的十八大以来劳动就业和社会保障事业发展的主要成就》,《中国社会保障》2017 年第 9 期。

而言,进城务工无法得到很好的社会保障,对农民工就业影响较大。1986年,《中华人民共和国国民经济和社会发展第七个五年计划》明确提出,要逐步建立和适应新形势需要的社会保障制度。我国现代社会保险体系探索于 20 世纪 80 年代中期,初建于 20 世纪 90 年代中期,基本框架搭建于 21 世纪初,经过 30 多年的建设,我国建立了以社会保险为核心的保障体系,对劳动就业人员进行全方位的保障。

社会保险覆盖范围逐年扩大,截止到 2018 年年末,城镇职工基本养老保险人数达到 41902 万人,城镇职工基本医疗保险人数达到 31673 万人,全国参加失业保险人数达到 19643 万人,全国参加工伤保险人数达到 23874 万人,全国参加生育保险人数为 20435 万人,较 2012 年年末分别增长 37.7%、19.6%、29%、25.6% 和 32.4%。与此同时,职业培训力度进一步加大,有针对性地对城乡劳动者开展就业培训、岗位培训和创业培训,2012 年以来累计约 1 亿人次接受政府补贴职业培训①,劳动者职业技能得到进一步提高。

三、劳动就业改革的关键动力

新中国成立以来,特别是党的十八大以来,我国劳动就业制度改革取得了巨大的成就,究其原因是市场化改革激活劳动就业需求,城镇化战略助推劳动力结构优化,民营经济发展促进城乡就业,劳动生产率提高推动就业质量提升。

（一）市场化改革激活劳动就业需求

坚持以市场为导向的就业改革,是实现持续稳定就业的根本动力。改革开放以来,以市场化的方式逐步改革国营企业的经济体制和劳动制度,改变原先"统包统配"的劳动就业制度,广开就业门路,以组织就业和自谋职业相结合;改革固定用工制度,实施劳动合同制度,解决"大锅饭"和"铁饭碗"问题,搞活了企业用工,也增强了工人的积极性;改革户籍制

---

① 中共人力资源和社会保障部党组:《让广大人民群众更多更好地共享发展成果——党的十八大以来劳动就业和社会保障事业发展的主要成就》,《中国社会保障》2017 年第 9 期。

度与住房制度,打破城乡二元分割,全面统筹城乡就业,不断缩小直至消除劳动者城乡就业的差别,实现平等就业,对农民工实行政策扶持;加强公共就业服务,城乡公共就业服务体系不断完善,基本形成了双向选择和自主就业新格局。一步步形成的以市场为导向的就业机制,激活了劳动就业的需要,鼓励和调动了劳动者自主就业的积极性,促进了劳动力的合理流动和有效配置,也推动了劳动力充分开发与有效利用。

更好地发挥政府职能作用,是实现持续稳定就业的重要保证。政府通过做好市场监管,规范市场行为,弥补市场的缺陷与不足,强化公共服务,保障劳动者的劳动权益。同时,在推进就业和创业中,将强化政府责任与发挥劳动者主体作用和自身能动性相结合,激发劳动者自主就业的积极性,激活劳动就业需求,通过自主创业、个体经营,带动更多人实现就业。

(二)城镇化战略助推劳动力结构优化

改革开放以来,伴随着我国经济的高速发展与工业化进程的加快,农村人口快速向城镇积聚。党的十八大明确了"新型城镇化"战略,2014年我国又出台了《国家新型城镇化规划(2014—2020年)》,2017年党的十九大进一步提出了以城市群为主体构建大中小城市和小城镇协调发展的城镇格局,加快农业转移人口市民化。新型城镇化不但要从空间上实现人口从农村向城镇的转移,也要从就业、教育、生活方式、社会保障等全方位实现人的城镇化。

城镇化几乎是与市场化同时推进的,改革开放前我国实行严格的户籍制度,城乡之间的要素市场长期处于分割状态,造成资源配置的严重扭曲。党的十八届三中全会以来,改革重心从农村转移到城市,东部沿海地区率先开放,城市和小城镇快速发展,形成了强大的集聚效应,推动了全国层面工业化与城镇化进程。市场需求不断扩大,必然要求各种要素能够在不同区域间顺畅流动,与此同时,户籍制度管控开始松动,大量农村劳动力向城市转移,从低效率的农业部门向高效率的现代经济部门转移,以劳动密集型为主的制造业快速发展。随着新型城镇化战略的实施,小城镇建设与城镇地域布局逐渐优化,新的职业领域与就业空间不断显现,就近就业与返乡创业更为便利,就业渠道也更加广泛,劳动力结构更加趋于优化。

(三)民营经济发展促进城乡就业

新中国成立初期,民营经济在国民经济恢复中曾经一度发展良好,随着社会主义所有制改造而成为公有制经济的组成部分。改革开放以来,民营经济经历了从无到有,并逐步发展成为今天吸纳就业人口最重要的渠道。

1982年9月党的十二大指出,巩固和发展国营经济,是保障劳动群众集体所有制经济沿着社会主义方向前进,并且保障个体经济为社会主义服务的决定性条件。鼓励劳动者个体经济在国家规定的范围内和工商行政管理下适当发展,作为公有制经济的必要的、有益的补充。1984年10月党的十二届三中全会通过了《中共中央关于经济体制改革的决定》,再次重申了民营经济是社会主义经济的必要的、有益的补充,坚持多种经济形式和经营方式的共同发展,是我们长期的方针和社会主义前进的需要,并强调要为城市与乡镇集体经济和个体经济的发展扫除障碍、创造条件,并给予法律保护。1987年10月党的十三大正式提出,非公有制经济是社会主义公有制经济的必要的和有益的补充,明确了民营经济的合法地位。1988年4月,通过的《中华人民共和国宪法修正案》,从宪法层面确认了民营经济是社会主义公有制经济的补充,国家要保护民营经济的合法权利和利益。1992年10月,党的十四大提出建立社会主义市场经济体制的改革目标,确立了多种经济成分长期共同发展的方针。1997年9月,党的十五大把"公有制为主体、多种所有制经济共同发展"确立为我国的基本经济制度,明确提出"非公有制经济是我国社会主义市场经济的重要组成部分"。2002年11月,党的十六大提出"毫不动摇地巩固和发展公有制经济""毫不动摇地鼓励、支持和引导非公有制经济发展"。

党的十八大以来,社会主义市场经济体制进入全面深化改革时期,习近平总书记多次重申坚持基本经济制度,坚持"两个毫不动摇"。2017年10月党的十九大报告把"两个毫不动摇"写入新时代坚持和发展中国特色社会主义的基本方略,作为党和国家的一项大政方针进一步确定下来。截至2017年年底,我国民营企业数量超过2700万家,个体工商户超过 6500 万户,注册资本超过 165 万亿元,民营经济贡献了 80% 以上的城镇劳动就业,90% 以上的企业数量,成为城乡就业的主要领域。

(四)就业优先战略是重要的制度保障

改革开放初期,我国实施的就业政策基本是服务于经济体制改革的,政策的重点主要是解决下岗失业人员问题。进入 21 世纪,我国把促进就业和实现充分就业作为国民经济与社会发展的优先目标,开始实施积极的就业政策。特别是党的十八大以来,把就业作为最大的民生,坚持就业优先战略和积极就业政策,实现更高质量和更充分就业,就业优先战略的内涵不断丰富,把开展职业技能培训、增强公共就业服务、构建和谐劳动关系、完善要素分配体制、拓宽收入渠道、推进基本公共服务均等化等内容都纳入进来,就业优先战略贯彻到稳增长、促改革、调结构、惠民生、防风险等各个领域,落实到产业发展、区域发展、公共投资等各个环节,成为就业形势持续、稳定的重要保障。

在实施就业优先战略的同时,要正确处理扩大就业与经济发展之间的关系。扩大就业与经济发展紧密联系,需要遵循经济发展的客观规律,立足现实情况,科学确定就业发展的目标任务;同时,要不断完善积极就业政策,加大公共就业服务投入力度,强化职业技能培训,使得经济发展的过程成为就业持续扩大的过程。在实现经济高质量发展的同时,创造更多的就业机会,实现就业的高质量发展。

第三节　新时期我国劳动就业制度发展面临的挑战与展望

党的十八大以来,我国劳动就业制度改革取得明显进展,就业规模扩大、就业结构优化、就业质量提高,就业保障水平相比之前有了明显提升。但是,我国的就业形势依然比较严峻,劳动力市场分割、人力资本短板突出等旧问题,以及新经济、新业态对劳动者权益提出挑战等一些新问题相互交织,对这些现象、问题进行分析,以便更好地对新时期我国劳动就业制度改革提出对策与建议。

一、劳动就业制度旧问题与新挑战交织

党的十九大报告指出,"中国特色社会主义进入新时代,我国社会主要矛盾已经转化为人民日益增长的美好生活需要和不平衡不充分的发展之间的矛盾"。社会矛盾的变化必然影响到经济社会的方方面面,也带来劳动就业发展的变化。新时期随着就业的总量与结构的改变,以及新经济、新业态的推动,劳动就业制度旧问题与新挑战交织。

(一)劳动力市场分割仍然存在

改革开放以来,我国城镇经济结构由单一向多元化转变,城乡劳动力市场基本建立,但二元分割的户籍制度造成劳动力市场制度性障碍仍然在较大程度上影响劳动力市场发育,劳动力市场分割依然存在,主要表现在以下两个方面。

一是二元户籍制度限制了社会服务的公平享受。户籍制度改革具有外部性,它涉及单个城市和社会整体之间在成本与利益上的分配问题。我国一直在健全和完善养老保险、失业保险、医疗保险等机制,希望为外出务工人员提供更加合理、方便的社会保险制度,然而现在户籍仍然是障碍,进入城镇务工的农民工很难进入相对完备的城镇社会保障体系。同时,现有财政体制下,地方政府缺乏为流动人口提供社会服务的激励机制。只有通过从上到下的政府间筹资机制和成本分担机制,才能解决城乡户籍制度对流动人口带来的利益冲突,从而为流动人口提供社会服务。

二是公共部门与国有部门就业壁垒导致同工不同酬现象依然存在。公共部门与国有部门就业特征为工作稳定、收入较高、福利制度较为完善,非公共部门与非国有部门通常是中小型企业或资本构成较低的劳动密集型企业,人员招聘体系不完善,两个部门之间存在着巨大的门槛,体制内外劳动者由于身份不同收入待遇不尽相同,同工不同酬现象依然存在。

(二)不平衡不充分的结构矛盾较为凸显

党的十九大报告指出,我国社会主要矛盾已经转化为人民日益增长的美好生活需要和不平衡不充分的发展之间的矛盾,不平衡不充分成为制约人民日益增长的美好生活需要的主要因素。结构矛盾主要表现在以

下三个方面。

一是城乡间不平衡。虽然城市化率从2013年以来逐年上升,但与工业化率相比仍然较低。2018年我国城市化率为59.58%,这包括了大部分没有能够享受城市基本公共服务的2亿多农民工。城市公共服务供给能力不足,无法让他们享受到这些待遇。从住房保障来看,我国目前住房保障体系主要是经济适用房、廉租房、公租房和限价房,而农民工收入普遍较低、流动性强,住房保障供给的不足与类型单一无法满足农民工多样化需要;同时,各地出台的农民工住房保障政策申请门槛偏高,一线城市把户籍作为主要制约因素,对外来务工农民工来说申请难度较大。从为农民工子女提供的教育来看,在学前教育方面,农民工的子女一般进入的是条件较差的民办幼儿园;在义务教育方面,有近20%的农民工子女无法进入全日制公办小学;在高中教育方面,由于高考实行落户所在地报名制度,农民工不得不在子女高考前回到流出省份。

二是区域间不平衡。东部地区占据着改革开放发展的先机,政策的倾斜、临海的地理优势使得东部沿海地区优先于中西部地区快速发展。虽然目前全国失业率保持稳定,但区域间差距加大,对于农民工、大学毕业生等特定群体仍然是东部地区就业人数大于中西部特别是东北地区就业人数。据统计,2018年在中部地区务工农民工6051万人,在西部地区务工农民工5993万人,在东北地区务工农民工905万人,在东部地区务工农民工15808万人。虽然中西部近几年快速发展,在中西部地区务工农民工有所上升,但是从总量上来看三者之和也仅为东部务工农民工的四分之三。

三是收入分配不平衡。收入分配差距是人民群众高度关注的问题,2009年之后我国收入分配差距有所缩小,这主要得益于农民工的工资有所提高。然而,农民工目前的收入分配与城镇职工有着明显的差距。据统计,2018年农民工月平均收入为3721元,城镇职工月平均收入为6872元,农民工月平均收入仅为城镇职工的54.1%。不仅如此,农民工工资收入增长速度2015年后开始下降,且低于城镇职工工资收入增长速度,农民工与城镇职工的收入将会进一步拉大,对农民工劳动关系影响较大。

（三）人力资本短板仍然突出

当前,我国经济已由高速增长阶段转向高质量发展阶段,对人力资本结构提出了更高的要求。我国人力资本积累的短板较为突出,特别是农村劳动力素质结构无法与新时代经济发展的要求相适应,无法达到非农就业部门的用人要求,这使得他们所从事的行业和就业岗位的范围受到了限制。

根据国家统计局调查数据显示,2015 年我国初中文化水平农民工占农民工总数的 59.7%,相当于六成农民工是初中文化,他们大部分集中在制造业和建筑业这些劳动密集型产业,以及零售批发、住宿餐饮等行业;同时随着近几年物流业发展迅速,从事快递、外卖行业的农民工也逐年增加;而技术含量较高的行业,农民工从业的非常之少。从接受技能培训来看,农民工接受技能培训的比例总体呈上升趋势,2013 年接受技能培训的农民工占 32.7%,2016 年为 32.9%,相比 2013 年上升 0.2 个百分点,其中 2014 年达到最高值,有 34.8% 的农民工参加过技能培训,从整体看接受技能培训的比例仍占少数(见图 2-1)。由此可见,高技能水平的劳动力市场的供求产生的巨大反差,使得农民工在就业层次、权益保护、就业环境乃至收入方面都处于弱势地位。

（单位：%）

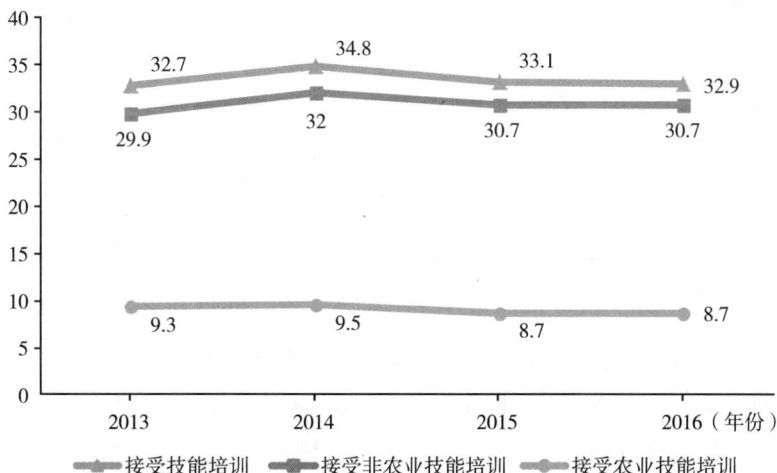

图 2-1　2013—2016 年接受技能培训的农民工比例

资料来源:根据 2013—2016 年《农民工监测调查报告》整理所得。

（四）新经济新业态对劳动者权益提出挑战

以互联网为依托的新经济、新行业的快速发展，如上文指出劳动就业形态与用人单位用工管理方式发生了新变化，这无疑带来了劳动就业关系的新变化，对劳动权益提出了挑战。

一是用工方式多样化，劳动关系认定难。传统的劳动关系是指劳动力所有者与劳动力使用者，即劳动者与用人单位为实现劳动生产活动建立的契约关系。这其中包含两个方面：一方面劳动者与自身所有劳动力相分离，与用人单位生产资料相结合；另一方面用人单位接收劳动者劳动力，并给予劳方以生活资料（工资、补贴等）。随着新经济的兴起，用工方式多样化导致劳动关系很多方面与传统劳动关系发生很大区别。以网约车为例，车主与网约车平台签订协议，以自有车直接与客户完成营业活动，直接从客户处取得报酬。这一过程中，劳动者自己持有生产资料，并未与用人单位生产资料相结合；同时，利益收入直接由客户转移到了劳方，省去了先转入用人单位，用人单位再将收入的一部分转向劳动者的环节。新型的劳动关系已经打破了传统法律与逻辑框架的劳动关系循环，劳动关系认定与以往有了很大的不同。

二是用工管理方式扁平化，增加了引发纠纷的可能性。传统的管理模式与管理结构是劳动者与用人单位之间层级较多，属于细长型的结构；而在新经济下，劳动者与用人单位之间层级较少，由一点向下辐射，下线数量巨大，属于扁平型的结构。扁平化的管理方式下，用人单位不可能将管理延伸到每一个劳动者身上，大大增加了引发纠纷的可能性。

三是工作时间碎片化，法律对兼职劳动者保护较弱。当前，劳动者在从事主业之余，利用零散的时间进行其他劳动，这样属于兼职劳动。如闪送等快递业务的出现，可以利用闲暇时间为客户同城输送物品，以赚取费用。目前我国还没有关于兼职劳动保护法及相关法律，《中华人民共和国劳动法》《中华人民共和国劳动合同法》以合同期限为依据处理争议，劳动关系具有持续性，而当前工作时间碎片化、工作兼职性与两部法律规定的劳动期间相冲突，无法处理兼职劳动产生的纠纷，需进一步调整。

（五）劳资协商协调机制仍需进一步完善

劳资协商协调机制是解决劳资纠纷的重要渠道,是维护劳动者和谐劳动关系的重要保障机制。然而,我国目前三方协商机制效力不足,政府各部门之间沟通不畅,"一调一裁二审"体制解决周期太长。

一是三方协商机制效力不足。我国政府方代表为人力资源和社会保障部与劳动行政管理部门,资方代表为中国企业联合会与地方企业联合会,劳方代表为全国总工会与地方总工会。劳动相关部门权威性不足,不能较好地代表政府整体的声音,需政府充分授予权利;国有、集体企业作为企业联合会多数成员,不能较好地代表整个资方声音,需要充分吸纳不同所有制性质、规模企业的代表参与;企业工会干部往往由上级机关任命,经费来源是企业拨付和政府补贴,工会与会员之间代表作用被大大削弱。

二是政府各部门间沟通不畅。劳动者就业问题不仅仅涉及劳动行政管理部门,也涉及其他相关部门,现行的体制下各部门条块分割仍然较为严重,相互连接不畅,维权资源尚未有效整合,使部分职能、作用难以充分发挥。例如拖欠农民工工资的问题,仅仅是劳动行政管理部门很难较好地解决,一些情况是企业遇到资金周转困难,需要地方政府出面,建立一套担保机制,银行为企业贷款,支付农民工工资。

三是"一调一裁二审"劳资协商协调机制解决争议纠纷时间长,致使劳动者维权需要足够的时间、财力,周期太长、成本太高往往使得劳动者被迫放弃维权。除此之外,虽然劳动者的文化水平有所提高,维权意识增强,但一些劳动者为了保证择业自由,不愿意签订劳动合同,一旦发生侵权事件,导致合法权益难以受到法律保护。

二、新时期劳动就业制度改革的展望

针对新时期劳动就业制度改革的新特点与新问题,首先需要以平等为核心完善就业制度与政策,实现劳动者主体、机会、结果三方面平等,这是新时期劳动就业制度改革的根本。同时,也要建立合理的劳动者收入分配制度,完善基本公共服务体系与加强职业培训,完善法律法规对新经济下劳动就业的规制,健全劳资协商协调机制与构建和谐劳动关系。

(一)以平等为核心完善就业制度与政策

一是破除户籍制度阻梗,城乡劳动者平等参与市场主体竞争。按照城市政府的落户压力与农民工落户意愿和能力,将城市落户政策供给与农民工差别化需求相匹配。各地区特别是各类城市都要按照规定尽快完善落户政策,出台居住证实施办法,在落户门槛设置和居住证"含金量"上不打折扣。具体而言,从落户政策供给方来讲,按照农民工积聚规模分为大城布、特大城市和北上广深超大城市,落户政策制定要因地制宜,分区域差异化推进。从落户政策需求方来讲,按照农民工落户意愿和落户能力,分为五年以上长期进城农民工、举家迁徙农民工、新生代农民工三类群体作为落户重点,摒弃文化、技能贴标签认定的准入门槛。同时,弱化附加于户籍制度上的福利功能,将身份证制度与居住证制度相结合,强化户籍政策人口信息管理功能,吸纳农民工进城落户。

二是建立城乡统一劳动力市场,城乡劳动者平等参与要素交换。城乡统一的劳动力市场,有利于消除劳动力市场的分割和就业歧视,实现农民工平等就业,充分发挥劳动力市场的资源配置作用。要建立城乡统一的就业标准,给进城务工的农民工群体与城市的劳动力群体同等的待遇,实现由市场具有决定性作用的劳动力资源配置,使农民工等劳动群体能够平等地参与竞争,最终实现劳动力市场资源的优化配置。建立城乡平等的就业机制,城市就业介绍机构要向农民工开放,为农民工提供免费就业咨询、就业指导;县乡就业服务网络要进一步健全,为农民工建立档案跟踪管理;鼓励发展各类就业服务机构组织,规范就业中介、劳务派遣和企业招工行为。

三是完善社会保险政策,城乡劳动者平等享有基本社会保障。当前,一些学者提出为农民工建立独立的社会保障体系,这一思路并不可取。农民工市民化是农民工融入城市社会的根本路径,需要建立城乡统一的社会保障体系,将农民工纳入其中,对灵活就业、新就业形态的农民工进行重点关注。同时,对于学术界关于社会保障相关问题存在的争论与分歧,要明确社会保障的核心是共济性,不应过分强调多缴多得,精算公平要建立在"再分配公平"基础之上,政府应充分发挥二次分配的作用,缩小一次收入分配差距,使农民工在分享经济发展成果方面更加公平和谐。

(二)建立合理的劳动者收入分配制度

收入分配的二元化导致城乡劳动者就业收入的失衡,社会关系趋于紧张,不利于我国的经济发展与社会稳定。"就业和分配是一个硬币的两个面,要在分配中想出一个既能调动积极性,又能促成充分就业的收入分配体系"①。政府需要进一步推进收入分配体制改革,明确一次分配和二次分配中的责任,建立农民工工资长效支付机制,健全并落实最低工资制度。

一是明确一次分配和二次分配中的责任。在一次分配中,应形成一个打破行政风格和形成合理劳动力流动的秩序,同时政府还负有完善劳动力市场的责任;在二次分配中,政府改革的方向是缩小一次分配的差距。具体而言,在初次分配时要建立完善机会均等、公平竞争的机制,初次分配要与劳动和生产要素挂钩②;再分配时,针对高收入群体加大收入调节力度,对低收入群体建立基本生活保障体系。同时,要消除劳动力市场分割,对城乡就业、福利待遇、劳动收入决定机制上的不平等进行规制,让农民工等劳动者能够自由地在市场上流动,凭借自身的知识、技能及绩效获得应有的收入。同时,健全第三次分配机制,通过发展社会慈善事业对农民工等重点群体进行帮助,企业要强化其社会责任,通过慈善、救助等活动回报社会。同时,要进一步完善社会保障体系,使之覆盖城乡居民,稳步推进农村合作医疗、农村最低保障制度,建立更加完善、全面的农村社会保障体系,覆盖面更大、保障面更多,缩小这种收入分配的二元化。

二是建立农民工工资保障金制度。农民工进城务工的第一要求便是按时足额拿到自己的劳动报酬,要严格落实属地监管职责,以解决工程建设领域尤其是政府投资工程项目欠薪为重点,从工程款中剥离农民工工

---

① 宋晓梧:《收入分配体系是现代经济体系的重要组成部分》,中国经济形势与改革研讨会,2018 年 5 月 5 日。

② 燕晓飞、余峰:《当前我国收入分配中的突出问题与对策分析》,《湖北社会科学》2008年第 8 期。

资建立保障金,对保障金进行合理运转与管理。同时,实施司法联动打击恶意欠薪制度、建筑总承包企业负责解决分包企业欠薪责任制度,以及属地管理省级人民政府负总责,推进部分地区试点改革进程,在试点基础上形成可复制、可推广的经验。

三是健全并落实最低工资制度。我国劳动部 1993 年颁布《企业最低工资规定》政策文件,标志着我国最低工资制度的建立;1994 年在《中华人民共和国劳动法》中用法律的形式将我国最低工资制度确定下来;2004 年劳动和社会保障部施行《最低工资规定》,将最低工资标准的定义、分类和适用范围都做了明确的规定,在全国范围内开始实施;为了以进一步健全和严格执行最低工资制度,2007 年劳动和社会保障部颁布了《劳动和社会保障部关于进一步健全最低工资制度的通知》。健全并落实最低工资制度,有利于缩小一次收入分配的差距,保障城乡劳动者获取合理报酬的权益。因此,中央政府要指导各地适时合理调整最低工资标准,加强监察对于一些企业不执行最低工资标准、工时过长、压低克扣职工工资等行为,同时研究实行劳动密集型小微企业工资税收优惠政策,鼓励企业增加就业和提高城乡劳动者工资水平。

(三)完善基本公共服务体系与加强职业培训

一是多途径解决进城务工人员住房保障。在城市中有所居是农民工避免短期流动、有归属感的重要标志,目前我国在城市管理过程中,对城中村等违章建筑集中进行改造,同时又没有相关的配套措施,使得他们很难自己解决低成本的居住问题,在城市没有立足之地。因此,政府应该根据农民工特点和收入状况,鼓励用工单位为农民工提供标准化宿舍,可以采取无偿提供、廉价租赁、住房租金补助等多种形式改善农民工住房问题;同时政府应为农民工提供公共租赁住房或者提供住房补贴,通过提供公租房、廉租房、经济适用房和限价房等多种形式,解决不同层次农民工的住房需求。

二是完善进城务工人员随迁子女教育政策。要根据农民工流动就业的特点做好规划,建立各个区域间农民工随迁流动儿童管理机制,避免地方政府关于教育经费拨付的利益纠纷,同时要倾斜义务教育拨款,大力发展农村教育,吸引农民工子女回乡入学。在高中、大学阶段,根据各个城市常住人口进一步规划高中学校和师资资源,以务工期限、缴纳社保期限、固定住所等条件设定农民工子女是否能与当地学生同等参加考试。

三是加强职业培训和就业服务。加快推进职业教育、技能培训体制改革,建立以市场需求为导向,以企业为依托,以职业学校、技校和其他正规培训机构为中心的"三位一体"职业培训体系,满足城乡劳动者对高职业技能和自身发展空间的需求。同时要完善公共就业服务体系,健全全国就业信息公共服务网络,为城乡劳动者免费提供就业岗位信息服务。

(四)完善法律法规对新经济下劳动就业的规制

新经济、新行业的快速发展带来劳动关系的变化,这一变化并未改变劳动关系的实质,只是增添了传统劳动关系不具备的新内容,需要完善法律法规适应新经济下农民工劳动关系的"新"。

一是以实质劳动关系为准则。《关于贯彻执行〈中华人民共和国劳动法〉若干问题的意见》中提出了"实质劳动关系",即劳动关系是从属性和继续性的用工关系。依据这一原理,不论新经济带来的工作场所任意化、雇佣模式多样化、劳动条件无形化等特点,但只要用人单位对农民工劳动质量与劳动行为进行控制,那么就存在从属性,将达到一定程度的从属性与有继续性的农民工可以认定为具有劳动关系,足以抗辩合同上的"合作关系"而非"劳动关系"。

二是使劳动协议与劳动合同具备同等效力。扁平化的管理,导致间或性和一次性劳动关系的产生,隐性劳动者与用人单位往往签订协议而非合同,这已经成为新型劳动关系成立的要件。需要完善规制结构,劳动协议与劳动合同应具备同等效力:从意思表示来看,双方在签订协议时对各自权利、义务进行协商,并无欺诈行为;从明确内容来看,签订协议内容基本与合同内容一致,包括工作内容、报酬等;从法律依据来看,协议与合同在劳动主体、客体及权利义务所依据的法律法规一致。

(五)健全劳资协商协调机制与构建和谐劳动关系

一是充分强调三方主体的代表性。劳动行政管理部门是处理劳动争议的主要负责部门,地方政府要充分授予权利,增强其在劳资协商中的权威性;企业联合会要充分吸纳不同性质、规模的企业代表参与,充分代表资方的声音;工会组织要切实做到代表由包括农民工在内的全体职工的选举,维护城乡劳动者的劳动合同、劳动报酬、劳动时间、劳动条件、社会保障等职工最关注、最直接的利益,让工会成为包括农民工在内的全体职工的真正代言人,增强农民工与工会的凝聚力。

二是建立仲裁申诉绿色通道。"一调一裁二审"劳资协商协调机制时间周期太长,而且政府各部门间条块分割严重,沟通协调不畅,不利于解决城乡劳动者的劳动纠纷,建立仲裁申诉绿色通道,推行农民工等重点人群案件优先原则,特别是对于涉及劳动报酬、工伤事故等案件要优先审理,在处理争议过程中要简化程序,加快立案、加快审理、加快结案,同时履行释明义务,切实保护城乡劳动者的合法权益。

第三章 逐步迈向共同富裕

本章对中国收入分配制度改革作出评估,并提炼出新中国成立 70 年以来关于收入分配改革的主要经验。在过去 70 年中,收入分配制度改革的主要成就包括,城乡居民收入水平极大增长;传统计划和平均主义的分配模式荡然无存;与市场经济制度相适应的收入分配制度体系完全建立;收入分配制度的微观基础基本形成;收入分配对经济增长的促进保障作用得到很好体现;等等。总结我国收入分配制度改革 70 年,主要有以下几条经验,如改革浪潮为收入分配制度调整提供契机;经济增长为收入分配改革提供宽松环境;强势威权体制为收入分配改革保驾护航;问题导向型收入分配改革路线;社会对收入差距具有较高的容忍度;等等。

第一节 收入分配制度改革历程

中国特色的收入分配制度改革,大体经历了五个发展阶段。最早从按劳分配大讨论开始,之后按劳动分配、按技术熟练程度分配等逐渐成为现实。由于劳动数量和劳动质量差别而导致的收入差距被广泛接受,同样因劳动收入积累而出现的私人资本也逐渐进入党中央的正式文件中,承认私有制、接受私营资本、鼓励私人财富积累、保护私有产权等,由此开启了中国特色的收入分配制度改革。

之后,与私人资本逐渐放开和计划经济逐渐转变相伴随的是接受市场经济,并强调对于市场经济来说,市场初次分配只讲效率,而政府再次分配则侧重结果公平。虽然关于公平与效率关系的优先之争一直伴随着收入分配改革的过程,但是在 70 年的改革实践中,却从来没有忘记鼓励市场化收入的快速增长。总体看,收入分配制度改革70年来,随着市场经济概念和市场化收入深入人心,我国实现了由"唯平等论"依次向"平等与效率并重"和"效率优先,兼顾公平"的转变,由此才促进了我国社会生产力和国民经济持续、稳定、高速的增长,人民的生活水平才有了普遍的大幅度提高。

在放开私营资本、提倡市场收入导致国民收入水平快速提高的同时,我国市场化收入分配差距也快速提高,这引起了社会对分配差距过大的担忧。因此,要求政府通过再分配手段来缩小初次分配差距的呼声日渐强烈,要求市场经济体虽然只讲效率,但是政府再分配则要强调公平,因此从21世纪初开始,我国现代意义上几乎所有的社会政策或民生政策就此开始了再分配的艰难探索过程。

伴随政府再分配政策体系日益健全的背景下,我国实际的收入分配差距水平却仍然在继续提高。究其原因,大家发现在扩大收入分配差距的主要成因中,主要还是初次收入分配差距过大,而再分配政策由于体量太小还无法从根本上扭转初次分配的结果。正是意识到这一点,大家发现制定政策来直接调节市场化初次分配可能会更加有效,因此近年来的政策日益侧重于如何规范市场经济环境下的初次分配,如完善集体工资协商制度、提高市场最低工资标准、明晰市场资源产权、禁止侵占公共资源进行私人交换,以及反腐败等一系列的收入分配秩序规范政策。

一、没收私有财产

自1949年新中国成立之初,就确认了社会主义道路探索过程,明确把实现社会主义、共产主义作为自己的奋斗目标,把在民主革命中要实现的目标同将来进行社会主义革命要实现的长远目标结合起来(杨河,2016)。从最早的完全模仿马克思主义原著出发,到学习俄国十月革命后所确立的完全共产,并由此探索具有中国特色的人民民主,完全建立公有制社会,没收私人资本。特别是在新中国成立初期,为恢复国民经济,争取国家财政经济状况基本好转,同时也适时进行没收官僚资本、建立国营经济和开展农业生产互助合作等一些带有社会主义革命性质的工作，推动新民主主义向社会主义转变。

在这个过程中，国家将社会主义改造与实现国家工业化并举，采取一系列从低级到高级的改造形式，引导资本主义工商业向社会主义逐步过渡，在社会主义历史上第一次实现了马克思、恩格斯提出的对资产阶级实行和平赎买的设想。在农业合作化中，遵循自愿互利、典型示范和国家帮助的原则，循序渐进地帮助农民走上社会主义道路。

经过民主改革和社会主义改造，国内形势和主要矛盾发生了重大变化。党的八大正确地分析了这些变化，指出由于社会主义改造已经取得决定性的胜利，我国无产阶级同资产阶级之间的矛盾已经基本上解决，几千年来的阶级剥削制度的历史已经基本上结束，社会主义制度已经基本上建立。我们国内的主要矛盾，已经是人民对于建立先进的工业国的要求同落后的农业国的现实之间的矛盾，已经是人民对于经济文化迅速发展的需要同当前经济文化不能满足人民需要的状况之间的矛盾。党和人民当前的主要任务，就是要集中力量来解决这个矛盾，把我国尽快地从落后的农业国变为先进的工业国。把党的工作重心转移到领导社会主义经济建设上来。自此，收入分配制度开始逐渐允许私人资本的存在，并在零星层面上出现私营个体的就业形态，个人私营收入和财产也从无到有，实现了零的突破。

二、放开私营资本

最早从 1977 年至 1978 年的所有制改革出发，兴起了对按劳分配问题的热烈讨论，使按劳分配的名誉得到恢复。在思想解放浪潮的鼓励下，长期以来占据统治地位的"左"倾理论被打倒，社会主义个人消费品只能是"按劳"而不能按政治、按资格来分配的原则被确立，由此个人通过辛勤劳动来积累财富变得合法。此后，在百家争鸣的方针下，人们被禁锢的思想禁区进一步得到解放，诸如按劳分配、物质利益原则、计件工资、奖金等一个个被突破；后来，不仅按劳动数量甚至按劳动质量分配，除了按劳动分配甚至按技术熟练程度分配等，包括报酬上应当有必要的差别、要把劳动报酬同个人和集体的劳动成果直接联系起来等,也逐渐进入党中央的正式文件中。1978 年 9 月 23 日,中共中央发出的《关于做好改革工资制度调查研究工作的通知》(以下简称《通知》),强调工资制度必须要进行一次大的改革。在改革中,一定要坚持执行不劳动者不得食,各尽所能、按劳分配的原则,甚至最后还提出"否定劳动报酬差别、否定按劳分配,就是否定社会主义"的口号。可以说,《通知》的颁布启动了个人劳动收入的增长,也极大地刺激了个体通过劳动来积累私人财富的积极性,由此标志着我国现代意义上的分配制度改革正式启动,标志着我国以个体持有为基础的收入分配制度改革正式出发。

在鼓励个体积累私人财富的背景下,我国的收入分配改革最早是从放开农业自我经营开始的。家庭联产承包责任制允许劳有余力的农民"交够国家的,留足集体的,剩下都是自己的",而且允许农民把剩余的农产品通过自销方式流通到城镇市场中,并通过交易获得额外的私人收益。农民个体经营性收入在增加的同时,由市场转化而来的私营资本或财产性收入也日渐增加。特别是在劳动力迁移制度放松后,允许农民带粮入城、允许城镇居民收入提留并从事商业活动,不再简单地把市场交易活动归类为投机倒把行为,由此极大地刺激了居民私营资本积累的积极性,财产性收入也从无到有、由少到多,私营资本的活力也被显著释放。而在进入 21 世纪以后,放开私营资本、鼓励私人财产、刺激经营活动积极性的政策,更是成为我国经济发展的重要战略。在当前"创造条件让更多群众拥有财产性收入"的政策导向下,财产在我国居民生活中的地位日益重要,居民财产性收入也显著提高。

总结我国居民收入分配 70 年的发展历史,过去我们将个体经济、私营经济作为有益补充,后来"在法律规定范围内"承认是社会主义市场经济的重要组成部分。党的十五大把非公有制经济作为社会主义市场经济的重要组成部分,但没有与公有制经济放在一起。党的十八届三中全会通过的《中共中央关于全面深化改革若干重大问题的决定》,明确把公有制经济和非公有制经济放在一起,十分鲜明地提出都是社会主义市场经济的重要组成部分。在保护产权、使用生产要素、参与市场竞争等各方面,都强调私营经济平等、公平、公正等关键词。比如,提出"两个不可侵犯",即公有制经济产权不可侵犯、非公有制经济产权同样不可侵犯(杨伟民,2014)。

三、提倡市场收入

早在1993年11月14日,党的十四届三中全会通过了《中共中央关于建立社会主义市场经济体制若干问题的决定》,此后在总结和吸收前两次工资制度改革经验(1956年和1985年)的基础上,1994年对机关事业单位工资制度相应进行市场化改革,如事业单位工资分为固定部分和灵活的部分,鼓励有条件的事业单位实行企业管理或企业工资制度,自主经营、自负盈亏。而在企业,1994年我国颁布的《劳动法》规定:"市场经济体制构建的过程中,企业是工资分配主体,实行自主分配。用人单位根据本单位的生产经营特点和经济效益,自主确定本单位的工资分配方式和工资水平",由此个体间的工资差异水平被迅速放大,在少数工资偏高的部门或行业(如金融和电力行业),其年均工资增长率达到40%以上。总的来看,在20世纪90年代提倡市场收入的口号下,该次工资制度改革的根本方向,就是要根据市场经济体制的要求,进一步贯彻按劳分配原则,提倡市场化收入,进而调动工作人员积极性,并加快建立社会主义市场经济体制。

2001年我国加入世界贸易组织以后,各种以先进技术、前沿管理、丰裕资本著称的外国生产要素加入到市场经济的分配当中,由此也带动了城镇职工以辛勤劳动和农村居民以剩余农业经营产品参与市场交换和分配的过程,并极大地刺激了人们干事创业和财富积累的积极性。因此在2002年党的十六大报告中,则进一步明确提出"确立劳动、资本、技术和管理等生产要素按贡献参与分配的原则,完善按劳分配为主体、多种分配方式并存的分配制度"。这是我国分配方式的又一次重大发展和突破,它解决了生产要素能不能参与收入分配的问题,明确提出要把按劳分配和按生产要素分配结合起来。因此,只要按生产要素贡献分配,坚持社会主义与保护私有财产、发展非公有制经济就可以并行不悖,这就为保护私有财产和发展私营经济提供了保障。

2012年党的十八大进一步提出要完善市场分配机制,鼓励辛勤劳动,提倡人人参与、人人贡献、人人共享,鼓励居民从市场中获得各种财产性收入,增强人民群众财产安全感。企业是市场的主体,要遵循市场经济规律,发挥企业家精神,加强产权保护;按照产业发展规律和市场需求,自主选择技术路线和发展方向,发挥市场配置资源的决定性作用。总的来看,无论是个体还是企业,都要尊重市场规律、拥抱市场竞争。70年的收入分配改革经验表明,主动融入市场、提倡市场收入,就必须要在收入分配上进行分权放权。让企业和用人单位拥有充分的工资和收入的自主权。只有用人单位才能够充分掌握其员工的个人劳动生产率和劳动贡献方面的信息,才能知道如何实现工资收入与劳动贡献的合理匹配,也有动力建立高效而又合理的薪酬制度。因此,未来继续推进市场化改革,必须发挥市场在配置资源中的决定性作用,从而能够更好地促进经济规模的扩大和经济结构、产业结构和产品结构的优化,带动改进技术,改善经营管理,提高生产效率,让创业者、经营者、劳动者获得不断增长的收入水平。

四、政府兜底保障

虽然市场化收入推动了居民收入的快速增长,但是也带来了收入差距的快速扩大;虽然市场化改革带来了经济效率的提高,但是也带来了各种社会矛盾和不公平问题。虽然提倡市场化改革,但是也不能忽略掉政府保障所起到的关键作用。强调市场在资源配置中起决定性作用,并非刻意忽视"市场失灵"的情形。政府与市场的关系,应有必要的平衡与补充。习近平总书记在关于《中共中央关于全面深化改革若干重大问题的决定》的说明中指出,发展社会主义市场经济,既要发挥市场作用,也要发挥政府作用,但市场作用和政府作用的职能是不同的。政府的职责和作用主要是保持宏观经济稳定,加强和优化公共服务,保障公平竞争,加强市场监管,维护市场秩序,促进共同富裕,弥补市场失灵。

在收入分配领域,我国既经历了新中国成立初期实现完全平等或完全公有的时期,也经历了计划经济时期政府大包大揽、全盘统筹工资决定与分配的时期,也经历了改革开放后市场收入猛增、收入差距快速扩大的时期,目前我们又认识到政府在收入再分配中所起到的重大作用。在市场经济中,对于被市场所淘汰的失败者,必须要有一个最低的生活保障,对于因各种外生市场风险和意外事件所导致的贫困,政府还必须要有一个兜底保障。因此,从 2000 年开始,我国几乎所有的现代社会或民生政策都开始了试点实施。诸如 1996 年的城镇最低生活保障政策、2004 年修订的最低工资制度、2006 年的农村低保政策、2008年的劳动合同法等相继修订,从而现代意义上的政府兜底和保障政策才得以不断健全。

在市场分配条件下,收入来源多样、收入差距较大是客观存在的,我国新修订的几轮个人所得税制度就发挥了积极作用,尤其是税收制度在通过抑制投机收入和非劳动收入,鼓励创新收入、劳动收入,调节过高收入、提高过低收入方面起到重要作用,并成为调节收入分配差距的主要工具。另外,社会保障提供了市场运行的最后一套安全网。如托底性的救助和福利制度不断建立健全,城乡最低生活保障制度分别于 1999 年和2007 年完全建立。2014 年,国务院发布《社会救助暂行办法》,以法规形式规范了社会救助制度,目前各项救助制度已基本实现应保尽保。与此同时,覆盖老人、儿童、残疾人等特殊群体的福利制度也逐步建立健全。近年来,在经济增长带动居民收入增加的市场化条件下,更加重视政府调控方式来增加特定群体、特定居民的收入份额。对于我国过去收入差距不断扩张的状况,我们越来越重视政府调控的使用,尤其是倾向性地增加政府调控和再分配力量。

五、规范分配秩序

纵观中国过去 70 年的收入分配历史,发现仅调节收入增长、收入差距与收入分配问题还远远不够,不足以从根本上解决我国收入差距日益扩大的问题。伴随政府在再分配政策体系日益健全的背景下,我国实际的收入分配差距却仍然在继续提高。究其原因,大家发现在扩大收入分配差距的主要成因中,包括两个方面。一是虽然再分配政策在总体上确实缩小了初次分配差距,但是个别再分配政策不仅没有缩小分配差距,甚至还起到扩大的作用,这在很大程度上与收入信息不清、政策指向不明、分配秩序混乱有很大关系。二是再分配政策的规模与初次分配的巨大体量仍然无法对称,仅指望靠二次分配政策来完全扭转初次分配结果是不现实的。

在收入分配秩序混乱、收入来源信息不透明及收入再分配政策调节不力的背景下,尤其是市场秩序不规范,以不正当手段牟取经济利益的现象广泛存在,投机和非法收入广泛存在;生产要素市场发展滞后,资本性收入缺乏;市场规则不统一,部门保护主义和地方保护主义大量存在,地区收入差距始终存在;市场竞争不充分,阻碍优胜劣汰和少数人畸高的不合理收入;等等。

近年来,中央政府逐渐把政策调控核心转移到规范分配秩序上来。针对收入分配领域仍存在一些亟待解决的突出问题,城乡区域发展差距和居民收入分配差距依然较大,收入分配秩序不规范,隐性收入、非法收入问题突出等情况,国务院在2013年出台了《关于深化收入分配制度改革的若干意见》,侧重从规范收入分配秩序出发,把资源定价中的价格准则、初次分配的市场规则和再分配政策中的调控法则单独列出,并把分配秩序提高到与增长、差距、分配同等重要的位置上来。其中特别提到,要规范收入分配秩序,要纠正收入分配领域底数不清、政策方向不明、政策实施偏向和收入分配秩序混乱的问题。

第二节 中国特色的收入分配改革方式

一、摸着石头过河

伴随着经济增长和社会发展,收入分配改革也相应走过了70年历程。回顾这70年,中国式收入分配改革几乎是完全摸着石头过河走过来的。在新中国成立初期,既没有系统的改革方案设计,也没有成熟的收入分配理论,更没有前期系统论证收入分配工程的路线图和时间表,由此我国轰轰烈烈的收入分配改革就在实践上拉开了。边干边学,遇到问题且不断解决问题,一步一步走过了收入分配改革的70年。

最早在20世纪50年代社会主义建设初期,新中国成立后我们完全照搬苏联计划经济,完全按照马克思主义经典著作的方式来建设社会主义,在经济上则几乎全盘引进以人民公社、大锅饭制和完全平等的理想社会主义分配模式;而在1950年至20世纪70年代之间,社会成员几乎享有完全一样的经济权利和分配结果,因此以基尼系数衡量的收入分配差距基本都较小,甚至在最明显的60年代都在0.3以下,实现了人人完全平等的分配结果。当然,这种以结果公平为中心的分配方式极大地扭曲了工人的劳动激励,降低了劳动者的生产效率。即当收入分配完全以结果公平为中心时,则出现了"干多干少一个样,干好干坏一个样"的现象,"搭便车"现象普遍存在。

为调动人民群众进行社会主义现代化建设的积极性,1977年至1978年间,中国经济学界连续举行了四次按劳分配讨论会,此次思想解放运动改变了长期以来占据统治地位的"左"倾理论,接受按劳分配、允许适度差距的做法也逐渐成为现实,也为党的工作重心转移到经济建设上奠定了基础。国务院于1978年5月7日发出了《关于实行奖励和计件工资制度的通知》。对企业工资制度进行调整,以图通过奖励制度的建立和计件工资的试行,打破分配上的平均主义,这也是"文化大革命"以来针对企业职工分配问题的第一个体现"按劳分配"原则的中央文件。为进一步打破当时盛行的平均主义"大锅饭",打破旧经济体制的禁锢,调动劳动者的生产积极性,解放和发展生产力,邓小平同志提出"鼓励一部分地区、一部分人先富裕起来,也正是为了带动越来越多的人富裕起来,达到共同富裕的目的"。[①] 这一政策不仅符合我国各地生产力发展严重不平衡的现状,也有利于在社会主义初级阶段的中国,在商品经济尚不发达、客观条件千差万别、人们的能力和贡献有大有小的情况下,迅速地调动劳

---

① 《邓小平文选》第三卷,人民出版社1993年版,第142页。

动者的工作积极性,也明显地增加了社会财富,提高了人民的生活水平。因而,很快就被实践证明是一项正确的、符合我国基本国情的政策。

在这一政策的带动下,整个20世纪80年代和90年代我国收入分配差距水平开始不断上升,少数利用制度漏洞、投机倒把的分子成为先富群体,而研究导弹的反倒不如卖鸡蛋的,由此也逐渐引起了社会对收入分配的不满。少数人甚至怀疑先富带后富是否能够实现,针对这个情况,邓小平同志在1992年的南方谈话中,进一步阐述了由"先富"带动"后富"的途径,即"社会主义制度就应该而且能够避免两极分化。解决的办法之一,就是先富起来的地区多交点利税,支持贫困地区的发展……发达地区要继续发展,并通过多交利税和技术转让等方式大力支持不发达地区。"①

当然,正是20世纪80年代后期开始的收入分配改革,启动了我国收入差距不断扩大的过程,虽然这种收入差距的扩大一方面提高了市场主体的经济激励,但同时也带来越来越多的社会问题。因此,我国在2000年之后制定了一系列的收入分配调节政策,如在初次分配领域的最低工资制度(2004年)、工资集体协商制度(2000年)和劳动合同法(2008年),在再分配领域的最低生活保障制度(城镇1996年、农村2006年)、新修订个人所得税制度(1994年)及扩大中央再分配力度的财政分税制(1994年)、全面取消农业税(2006年)等等。除了直接干预劳动力市场的初次分配政策,近些年不断完整的税收、财政转移支付和社会保障政策体系也逐渐成为我国再分配制度中的重要支柱。从这个角度来说,我们70年收入分配改革的过程,实际上就是在摸着石头过河,直面解决现实中所出现的各种问题,最后达到经济增长效率和实现社会收入分配公平的过程。

二、从农村到城市

在新中国成立初期,为了实现迅速赶英超美的发展战略,在保障国家安全和重工业优先发展的战略下,我国实行了农村补贴城镇、农业收益补

---

① 《邓小平文选》第三卷,人民出版社1993年版,第374页。

贴工业的政策。无论产量多少，农民能够从中获得的只有基本生活口粮，农民的生活水平总体很差，由此使得农民不得不进一步增加劳动时间、提高劳动强度以获得必要的生活水准，由此也从侧面激励了农业劳动力，激活了农村劳动力市场，加强了农民获得的收入与其劳动生产率之间的关系，从而大幅提高了农民的劳动生产率，同时也使得城市和重要工业实现了快速赶超。

然而，通过压榨农民、剥夺农村的策略，使得农民利益受损，甚至在一些地方农民连基本的温饱都难以保证，因此要求改变分配模式、激励农户生产的政策呼声就日渐高涨，以"交够国家的，留足集体的，剩下都是自己的"为代表的家庭联产承包责任制也呼之欲出。以包产到户、分田到户为典型特征的大包干制度，在20世纪80年代初期正式在广大农村得以推行，这也是我国农村土地制度的一项重大转折。这使得农民获得了充分的剩余索取权，并得到足够的额外收益，因此也极大地激发了农民的积极性，并显著提高了农业劳动生产率。在我国农村人多地少的背景下，劳动生产率的提高使得农村劳动力出现了过剩，新产生的大量农村剩余劳动力也逐渐成为隐形失业群体。

随着户籍制度和迁移政策的逐渐放松，大量农村剩余劳动力在拉力和引力的双重作用下，得以涌入到城市并成为新的城市产业工人。在城镇劳动力市场上，长期工作在城市且无法拥有本地户籍、无法享有本地公共服务的群体，甚至还拥有了一个特定的称谓，即农民工。虽然农民工仍然受到较多的就业和收入歧视，但是相比在农村，农民工的工资水平仍然有了很大提高，农村居民的收入由于农民工汇款等也得到明显提高，因此城乡收入差距水平也在2007年之后逐渐回落。最重要的是，到目前为止中国拥有将近2.8亿从农村迁出的农业户籍人口聚集在城镇劳动力市场上，这也对城镇地区的发展产生了重大影响。由于农民工接受了较少的教育程度、拥有较低的技能水平、劳动生产率和劳动附加值也相对较低，这使得我国城市产业总体上不得不走一条低工资水平和高要素投入的发展道路。在劳动要素巨量投入、知识附加值相对较低的情况下，劳动供求也就决定了我国产业工人的工资水平整体上仍然偏低，决定了劳动要素相对资本要素地位愈发弱势,也决定了资强劳弱的局面愈发严重。

从收入分配的角度看,虽然最早的农村制度改革,使得农村居民收入快速增长,使得城乡差距水平逐渐缩小,但是它也间接导致了我国城镇劳动力市场上城市普通工人与高技能工人工资水平的快速扩张,并使得资本要素在整体收入分配中的份额持续扩大,而普通劳动者的相对收入占比则在持续下降。虽然从2007年起我国也出台了不少政策来提高居民收入在国民收入分配中的比重、提高劳动报酬在初次分配中的比重,但是在农村剩余劳动过多供给的大背景下,这些政策并没有实现居民收入和经济增长的"两个同步";或者说,在城乡二元分割且城乡居民仍没有完全一体化的背景下,城乡居民收入水平要和经济增长同步、劳动者报酬要和生产率提高同步的政策很难有效实现。

三、从局部到全国

受农村家庭联产承包责任制的启发,之后1981年在城镇国有企业中也开始了所有制改革的试点。首都钢铁公司改革初期在全国大中型企业中率先实行了承包制,成为国有企业改革的领头羊。1979年3月,首钢公司向北京市委、市政府和冶金部上报《关于在首钢进行扩大企业权限试点的请示报告》,申请把首钢作为经济体制改革的试点,提出要扩大企业的计划权、物资权、财务权、直接外贸权和劳动工资管理权。自此,首钢被列入第一批国家经济体制改革试点企业,从1981年至1995年一包15年不变,它改变国家与企业分成的办法,实行定额包干的承包制,承包期内,包死基数,确保上缴,超包全留,欠收自补。总的来看,首钢的承包试点,极大地调动了工人的积极性,劳动生产率大幅度提升。由于有了与责、权、利相结合的内部承包机制,使企业对国家承包指标的实现有了可靠的保证和坚实的基础,国家和企业的经济效益都持续增长,企业1979年至1988年的利润平均增长20%。在承包前提下,剩余产品通过自销进入市场,由此承包后的职工收入和福利待遇也大大超过北京市一般工业企业的平均水准。首钢改革试点的成功,促进了企业的生机和活力,探索出了一条建设有中国特色社会主义国有企业的新路子,为搞活国有大中型企业提供了宝贵的经验，在北京市乃至全国都产生了巨大的影响力，之后这种承包模式在全国范围内迅速推广。

中国于1992年开始在个别城市试点最低工资标准，最早从1992年开始深圳市就试点最低工资标准，之后于1993年扩大试点至广州市、珠海市。由于最低工资制度针对的是低工资劳动者人群，其主要目的是保障低工资劳动者的基本生活水平，缓解其生活贫困状态，因此在深圳、广州、珠海这些相对发展较快城市来试点最低工资制度，最容易为政府、企业和劳动者所接受，因此也受到了一致的好评。在前期试点的基础上，1993年总结了试点经验并颁布了《企业最低工资规定》，并于1994年把最低工资标准应用到全国所有的城市，由此在全国范围内确立了最低工资制度的法律地位。但政策经过几年的执行后，一些问题也逐渐浮现出来。如由于劳资双方力量对比的差异，一些企业会通过各种方式来规避法律和劳动部门的监管，而且制度也没有详细规定违背最低工资制度后的处罚措施，在该法实施后仍然有大量工人的工资水平低于政府规定的最低工资标准。在意识到这些问题后，政府于2004年在全国范围内重新修订并实施了新的《最低工资规定》，其中明确规定用人单位依法应支付的最低劳动报酬，它也强调不包括加班工资、特定工作环境下的补贴等，而且也明确要求最低工资标准每两年必须至少调整一次等。

在市场经济国家，企业工资由市场决定，国家不干预企业的工资分配，即由劳动力市场形成的劳动力价格决定企业各类劳动者的工资水平，由劳资双方的工资集体谈判确定工资增长幅度，国家对劳资双方集体谈判用立法的形式加以规范和管理。然而，由于农民工涌入城市劳动力市场，员工工资收入严重偏低，不少企业没有兑现或者变相不兑现最低工资，用工单位通过搞变通，增加劳动时间、提高劳动强度、减少津贴福利等，使得资本侵蚀劳动、企业凌驾于劳动者之上的现象比较普遍，因此政府在2000年开始试点工资集体协商制度，出台了《工资集体协商试行办法》，经过在北京、郑州和武汉的三年试点后，迅速把这一政策推广到全国。总结来看，工资集体协商制度能够维护一线职工的权益，使工资增长与企业效益提高相适应，确保每个职工分享企业发展的成果。另外，在我国收入分配差距快速扩大的背景下,在市场上直接干预初次分配也成为调节收入分配的有效工具,这对于完善收入分配调节工具、解决收入差距过分扩大问题具有显著重要的含义。

为促进中低收入者增收,国务院于 2016 年发布《关于激发重点群体活力带动城乡居民增收的实施意见》,其中提出了七类重点群体,包括技能人才、新型职业农民、科研人员、小微创业者、企业经营管理人员、基层干部队伍、有劳动能力的困难群体等。其中明确要求:"选择部分省(自治区、直辖市)开展城乡居民增收综合配套政策试点、选择部分地区和科研单位开展专项激励计划和收入监测试点。"为推动实施城乡居民增收试点工作,各地积极开展调查研究,结合本地实际,探索创新政策举措,在河北省、贵州省、山东省青岛市等 3 个地方开展了城乡居民增收综合配套政策试点,在上海市黄浦区、重庆市渝北区等 17 个地方和单位①开展了专项激励计划和收入监测试点。两年多来,各试点地区和单位大胆探索,率先试验,结合当地实际情况和已有工作基础灵活施策,努力形成激发重点群体活力的新体制新机制。目前,在试点地方和单位在前期探索和实践的基础上,中央总结梳理了试点地区落实中央决策部署、推动重点群体增收的好做法好经验,如用土地质押等手段引导新型职业农民、利用金融杠杆激励农民工返乡创业方面取得了很好的经验,由此发挥好试点试验田作用,并不断完善促进城乡居民增收的长效机制。

第三节　我国收入分配领域的主要成就

一、城乡居民收入水平极大增长

新中国成立初期,我国城乡居民收入很低,1949 年城乡人均收入分别仅为 95 元和 44 元(除明确说明外,以下实际收入都是以 1949 年为基

---

① 17 个地方和单位为:上海市黄浦区、上海市嘉定区、上海市金山区、重庆市渝北区、福建省永安市、四川省眉山市彭山区、山东省青岛市平度市、贵州省黔东南州凯里市、贵州省贵阳市清镇市、四川省绵阳市、中国科学院近代物理研究所、江苏省徐州市睢宁县、陕西省安康市平利县、山东省泰安市新泰市、河北省廊坊市固安县、江西省抚州市临川区、江苏省宿迁市。

准来调整的实际收入),绝大部分居民都入不敷出;到 1977 年,城乡居民的人均实际收入分别提高到 259 元和 88 元;在 1949—1977 年的近 30 年间,城乡居民实际收入年均增长率分别为 3.6% 和 2.5%,同期人均实际 GDP 增长 3.3%。但改革开放之后,我国城乡居民收入则经历了持续强劲的增长,到 2018 年城乡人均实际收入分别达到 3963 元和 1476 元,在 1978—2018 年的 40 年间,城乡居民收入的年均实际增长速度分别达到 7.4% 和 7.3%,年人均 GDP 增速为 8.5%,其增速远超过 1949—1977 年间。平均来看,在新中国成立后的 70 年内,我国城乡居民实际收入的增长趋势是非常显著的,1949—2018 年间的实际年均增长率分别达到 5.6% 和 5.2%,而实际人均 GDP 增长率为 6.4%。从名义值来看,1949 年城乡居民人均名义年收入分别为 95 元和 44 元,1977 年分别为 390 元和 132 元,1978 年分别为 343 元和 134 元,2018 年分别为 39251 元和 14617 元。城乡居民名义年人均增长率分别为 9.1% 和 8.8%,而名义人均 GDP 增长率为 10.0%。分时段来看,改革开放以后的增长更加明显,如新中国成立后 30 年间城乡居民名义增长率分别为 5.1% 和 4.0%;进一步看改革开放以后的 1978—2018 年间,城乡居民收入年名义增长率则分别高达 12.6% 和 12.5%,都远超过新中国成立后的 30 年期间(见表 3-1)。

表 3-1　城乡居民 70 年名义和实际年平均收入增长率　　(单位:%)

	名义增长率			实际增长率		
	1949—1977	1978—2018	1949—2018	1949—1977	1978—2018	1949—2018
城镇	5.1	12.6	9.1	3.6	7.4	5.6
农村	4.0	12.5	8.8	2.5	7.3	5.2
人均 GDP	4.9	13.7	10.0	3.3	8.5	6.4

资料来源:其中 1949—1956 年城乡居民收入数据来自消费数据,1957—1977 年数据来自《新中国六十年统计资料汇编》,1978—2018 年数据来自《中国统计年鉴》。

二、计划和平均主义的分配模式已荡然无存

70 年收入分配改革的首要成功之处,就是打破了大锅饭的分配模

式,承认个体间的资源禀赋差异,允许少数人先富起来,默认收入差距水平的快速扩大,并鼓励辛勤劳动、先进技术、前沿管理和企业家才能也参与到收入分配中来,由此极大地激发了各种生产要素的积极性,激发了企业和居民的生产活力,让社会主义市场经济的活力得以完全释放,由此也开启了我国长达70年的高速经济增长。被大家一致认可的"人类有史以来最为强劲的增长奇迹",在很大程度上就是收入分配制度的这个成功要素所带来的。因此我们说,70年的收入分配改革,其首要成功之处就在于打破了平均主义的分配模式,建立了与社会主义市场经济相吻合的收入分配模式。而且推动了计划经济体制向市场经济体制的转化,成为我国经济社会战略得以顺利实施的重要推手,同时也是改革开放战略中最为成功的领域之一。与此同时,也带来中国特色的显著城乡二元分割问题,城镇居民收入远高于农村居民收入(Wan 和 Li,2019),而且这种显著差距在过去70年的变迁中始终保持高度稳定(见图3-1),这也从侧面验证了居民收入分配方式完全脱离了平均主义的分配模式,而逐渐走向收入差距较大的分配模式。

(单位:倍数　农村=1)

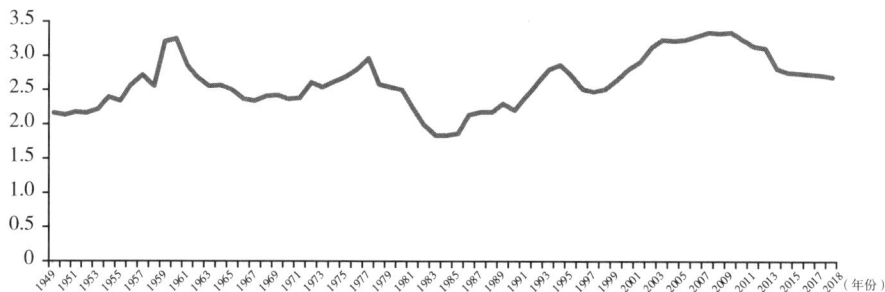

图3-1　新中国70年城乡二元分割

资料来源:其中1949—1956年城乡居民收入数据来自消费数据,1957—1977年数据来自《新中国六十年统计资料汇编》,1978—2018年数据来自《中国统计年鉴》。

三、现代意义上的收入再分配政策体系完全建立

一是过去70年来,我国收入再分配政策体系不断健全,逐步建立起税收、社会保障、转移支付和基本公共服务均等化等协同发展的政策调节

体系。总体来看,收入再分配制度框架基本建立,并在调节收入差距方面发挥了积极作用(万海远等,2018)。如财政转移支付力度不断加大,社会福利、社会救助和抚恤等转移支付支出总规模不断升高,享受转移支付的群体和对象不断增加。二是70年来我国税收制度改革稳步推进,税收再分配功能不断增强。以"营改增"为代表的一系列税制改革稳步推进以及减税政策的实施,有效实现企业税负降低;综合与分类相结合的个人所得税制度加快推进。三是用20年左右的时间,社会保障制度从无到有、从少到多,逐步实现了制度的全覆盖。目前我国基本养老保险覆盖人数达到9.1亿人,覆盖面约85%。全民医保体系确立并不断完善,参保率稳定在95%以上;最低生活保障基本实现应保尽保。四是基本公共服务体系初步构建。各类基本公共服务设施不断完善,国家基本公共服务项目和标准得到全面落实;九年义务教育巩固率达到93%;公共就业创业服务和职业培训不断强化(国家发展改革委和北京师范大学,2017)。可以说,仅用20年左右时间,我国就把现代意义上的所有政策体系逐渐建立并完善,已经是国际上惊人的政策成就,它在保障和改善民生、完善和调节收入分配体系中发挥着非常重要的作用(李实和万海远,2018)。

四、收入分配制度的微观基础基本形成

经过70年的收入分配制度改革,以个体或家庭为基础的分配体系基本建立,企业和居民的经济行为都按照市场法则来运行。过去70年中,通过市场化的定价模式、采用市场化的调控方式,改变经济发展过程中的技术结构,使之与我国社会中劳动力禀赋丰富的基本背景相一致,从而提高劳动力要素在生产过程中的回报,增加就业机会以提高劳动报酬在初次分配中的比重,并提高居民收入在国民收入中的比重。在企业内部,以市场为定价基础的工资分配制度,让职工看得明白、算得清楚、拿得服气,从而能最充分、最直接地调动他们的工作积极性。特别是改革开放以来劳动者和居民收入水平普遍有很大幅度提高,发挥了调动劳动者积极性、主动性、创造性的作用。在过去的70年中,由于坚持市场机制导向,劳资平等协商,企业自主分配,政府指导调节,真正落实按劳分配的原则;特别

是在权责分明、产权明晰和收入保护的制度安排下,职工通过辛勤劳动而积累财富的积极性被极大释放,由此适应市场、激励有效的工资决定机制和增长机制也完全建立,整体上收入分配制度的微观基础也基本形成。

五、收入分配对经济增长的促进保障作用得以很好体现

在过去70年中,与社会主义市场经济相适应的按劳分配为主体、多种分配方式并存的分配制度基本确立,包括各类企业多种多样的薪酬分配制度,机关事业单位工资分配制度,多种形式的经营性收入、资产性收入分配制度等,农村家庭联产承包责任制等也已建立;以税收、社会保障、转移支付为主要手段的再分配调节框架初步形成,包括个人所得税、五险一金、企业年金、职业年金、补充医疗保险、城乡居民最低生活保障等社会保险福利制度均已建立。另外,收入分配改革也拓展了劳动者和居民的增收渠道和途径,包括工资性收入、经营性收入、财产性收入、转移性收入等多种渠道和途径,各类生产要素按贡献参与分配的格局大体形成(苏海南,2018)。进一步看,随着居民收入的不断增长,由此带来的各种消费需求在不断上升,居民消费结构持续升级,居民消费能力和消费意愿的提高也直接促进国内需求,从而又反过来进一步刺激经济的持续增长,1949—2018年间的年均实际增速为6.4%(图3-2表明居民收入与人均GDP都保持了加速增长的态势)。总体上看,居民收入提高与经济发展、劳动报酬增长与劳动生产率提高"两同步"逐步达成,组织和个人收益与所作贡献基本匹配,与经济增长、劳动生产率提高并与组织、个人实际贡献相联系的收入调整机制完全建立,总体上收入分配对经济增长的促进保障作用得以完全体现。

六、收入分配领域的基本矛盾发生根本性改变

经过70年的改革发展,我国收入分配领域的基本矛盾也发生了根本性的改变,主要包括三个方面:一是我国居民收入水平从生存型过渡到发展型阶段。从平均主义模式带来劳动生产率低下并引致普遍意义上的贫

（单位：元）

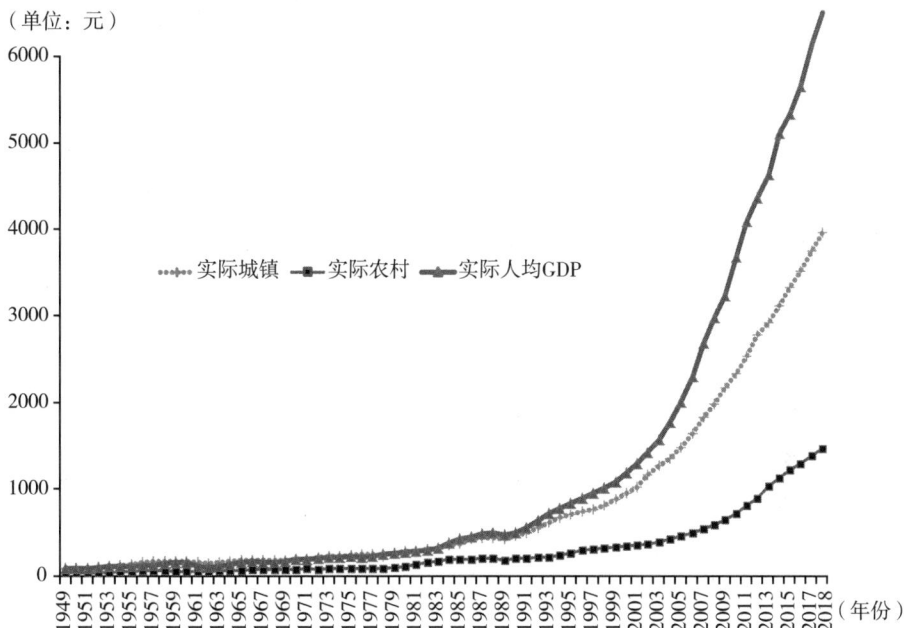

图 3-2　新中国 70 年经济增长与城乡居民实际收入增长趋势（1949=100）

资料来源：其中 1949—1956 年城乡居民收入数据来自消费数据，1957—1977 年数据来自《新中国六十年统计资料汇编》，1978—2018 年数据来自《中国统计年鉴》。

困，到收入分配改革激发劳动者积极性并带来居民收入水平的持续提高。二是我国收入分配领域的主要矛盾，从居民收入水平的普遍增长到收入差距的急速扩大，目前属于全球收入差距水平最高的国家之一。三是当前收入分配主要矛盾从经济增长转向社会稳定问题。收入差距本身不仅和经济效率相关，而过度的平均主义和过大的收入差距还会影响到经济效率，更重要的是过大的收入差距还会影响到整个社会的稳定。大量的发展中国家的例子都表明，收入差距的扩大是导致社会和政治不稳定的重要因素，而这种不稳定反过来又影响到整个经济的发展过程（Wan 和 Li，2019）。总体来看，在当前我国社会主要矛盾已经转化为人民日益增长的美好生活需要和不平衡不充分的发展之间矛盾的背景下，既要坚持发展，做大蛋糕，也要解决好发展的不均衡性，让收入分配改革从保证经济增长，到走向共享发展成果和逐步实现共同富裕的正确道路上。

七、收入差距快速扩大的同时还保持了社会的相对稳定

过去收入分配改革的70年,几乎都伴随着收入差距水平的全方位提高,无论是城镇内部、农村内部还是全国总体,其收入差距水平都在持续上升并保持高位(见图3-3),但我国经济社会发展仍然保持相对稳定的状态,这很大程度上得益于以下几点。首先,是中国特色的人口流动制度,在中国特色的城乡分割体系中,候鸟式就业的农民工几乎起到了蓄水池作用,在经济发展水平好的时候,农民工纷纷离开土地进入城市劳动力市场,而当经济形势不好的时候,农民工或农村居民在失业或找不到工作时,则回到农村土地上并获得较低水平的生活保障。纵然收入差距在持

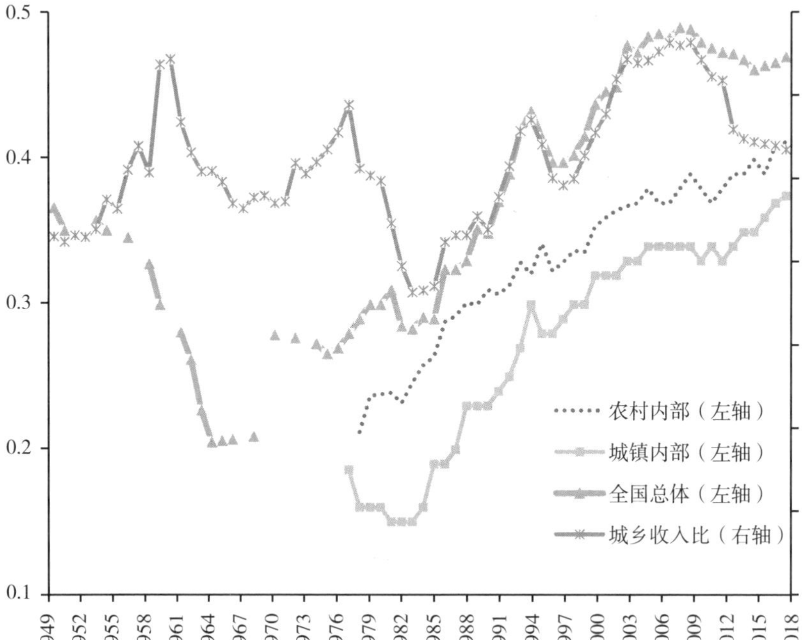

图3-3　新中国70年收入差距演变趋势

资料来源:全国基尼系数来自世界银行(1981—2001年)、收入分配课题组(2002年)和国家统计局(2003—2017年)的估计结果。农村和城镇的基尼系数来自历年的《中国居民收入分配年度报告》。2012—2017年农村及2011—2017年城镇内部数据来自省份加权计算结果。1978—1980年全国基尼系数来自省份加权并调整的结果。1949—1977年全国总体、城镇内部、农村内部差距,都来自 UNU-WIDER 数据库。

续扩大,农民获得的社会收入份额在下降,但是他们至少还有土地来应对出现的外生冲击,从而保证了最起码的收入水平(万海远,2017)。其次,还得益于强劲经济增长带来收入水平的绝对稳定增长。虽然与富人横向比较看,穷人收入份额出现持续下降,但是穷人自己纵向比较来看,在经济强劲增长的带动下,其收入水平仍在持续稳定提高,因此让他们有安居乐业的最起码理由。最后,过去70年虽然收入的差距在持续扩大,但是居民最起码的机会公平仍然有相当程度的保证。

第四节 我国收入分配制度改革的主要经验

一、改革浪潮为收入分配制度调整提供契机

1949—1978年的30年间,因为实现人人平等、户户在人民公社或公共食堂集中生产消费的年代,个体之间几乎没有经济收益差距,个体的生产消费积极性也几乎完全禁锢,不但国民经济日益走向崩溃的边缘,甚至个体的生产生活也受到了极大的约束。

但经历了新中国成立以后近30年的禁锢,我国终于在1978年迎来了改革开放的大浪潮。"人人思变、个个向前"的大氛围,让"改革"一词瞬间成了流行词汇。"人人谈改革、处处真改革"的大环境,更是让全体人民在发展中不断思考收入分配制度的大调整,各种收入分配政策措施也在各个地方不断迸发出来。过去70年来,社会各界对收入分配改革的呼声和期待一直居高不下,在收入分配重点领域和关键环节加快推进牵一发而动全身的重大改革的时间窗口一直打开。因此,收入分配领域改革的一小步,都会增强广大干部群众对推进改革的信心,各阶层参与和支持收入分配改革的积极性也空前高涨。放开垄断性国有企业带来行业差距的扩大、激励劳动者积极性带来收入差距的持续扩大、低收入群体接受收入水平的微弱增长、配套政策不健全带来收入分配秩序的失衡等,都是收入分配改革70年过程中所带来的代价,但是在提倡改革开放、拒绝安于现状、宽容改革失误的大背景下,我国收入分配改革仍然在有条不紊地

持续进行,中间也没有带来经济发展的大问题,更没有对社会稳定带来明显的负面冲击。

二、经济增长为收入分配改革提供宽松环境

在收入分配改革和收益再调整过程中,一定会带来部分人受益、部分人受损的过程,如果没有强劲的宏观经济增长环境,没有经济和社会发展对受损群体的最低线保护,那么收入分配改革就不可能再继续下去。在收入差距持续提高的背景下,我国社会还整体上保持相当稳定的态势,这很大程度上来自经济的持续稳定增长。与其他群体比较,低收入居民的相对收入份额虽然一直在持续下降,但是其绝对收入值却随着经济的发展而持续增长,因此对于低收入居民来说,他们的收入与过去相比还是保持了稳定增长,从而对持续扩大的收入差距水平保持了较高的容忍度。换句话说,正是因为国民经济的持续强劲增长,让部分低收入居民仍然可以接受不断扩大的收入差距水平,也仍然可以忍受相对混乱的收入分配秩序,我国收入分配领域的改革也才得以稳步前进。

三、行政集中体制为收入分配改革保驾护航

在收入分配改革早期,我国还处于一个资本积累初期,只有把有限的资源集中起来,倾斜到一定的方向上,才能发挥最大的效力。在国家资源的分配上,体现为集中倾斜到城镇重要行业和领域,运用国家力量支持商业资本的发展,在个人财富的分配上,则体现为"让一部分人先富起来"。而要完成这种资源的短期内动员、集聚和分配,只有中国特色的社会主义政府也只有中国特色的行政集中体制才能完成。在资本初期积累完成之后,即资源的集中式分配的边际效益已显著降低之后,就开始注重分散地、多层次地、全面地分配资源,挖掘资源在其他方向、层次的利用效率(Dick,1974)。比如,由于早期的资源集中式发展,导致区域经济发展不平衡,现在则把资源集中到落后地区使其也发展起来,而这种先富带动后富的方式也只有在中国特色的行政集中体制下才能完成。更重要的是,在收入分配改革过程中,出现的各种问题也被控制在一定范围内,民主后

的集中,一定程度的舆论管控等等,都为收入分配改革创造了良好环境,并为各领域的收入分配改革保驾护航。如在收入分配改革初期,出现研究导弹的不如卖鸡蛋的,物价飞涨带来收入水平的严重缩水,侵占国有资源而瞬间暴富的情况比较普遍,在这种情况下,以市场为导向的收入分配改革遇到了市场化机制所不能克服的制度难题。在这种情况下,在中国特色的行政集中体制下被及时强势叫停了,从而对收入分配领域出现的各种乱象进行了纠正,并让收入分配改革又回到正确的道路上来。

四、问题导向型收入分配改革路线

收入分配改革 70 年中,最为成功的另一条经验就是,所有的改革都是问题导向式、渐进性、试点型改革。如 1994 年的最低工资政策,就是在 1992 年深圳试点、1993 年广州和珠海试点,并最后于 1994 年推广到全国的;如 2016 年激发重点群体活力带动城乡居民增收的政策(国发〔2016〕56 号),也是选取了河北、内蒙古、江苏、贵州等省份及青岛市和上海黄浦区进行试点,并在 2017 年进行了全国层面的推广。而且在试点过程中,改革的总体方案与路线图的设计都充分考虑了不同区域的差异性,发挥了地方和基层组织的能动性和创造性,给地方先行先试留出空间,先试点后推广,并允许犯错,积累经验。比如在改革开放初期,我们提出分配领域坚持"效率优先,兼顾公平"的指导思想,这对于打破当时平均主义和"大锅饭"的分配体制是有积极意义的。如果当时不在分配领域中强调效率原则,就不可能改变人们的传统分配观念,也就不可能打破传统的收入分配体制。然而,随着经济体制的进一步转型,对公平原则的过度忽视会带来另一个层面的问题,即收入差距过大和收入分配不公的问题。为了解决分配中的不公平问题,我们又开始强调"初次分配讲效率,再分配注重公平",其主要的考虑是想通过再分配来纠正初次分配中的不公平问题。总的来看,在过去 70 年中,收入分配改革不断犯错不断改进,不断改革又不断犯错,在改革试错过程中,最终实现收入分配改革的目标。

第四章　织就世界最大社会保障网

新中国成立 70 年来,与经济体制的变革相适应,我国社会保障制度也经历了跌宕起伏、波澜壮阔的改革与发展历程。20 世纪 50 年代建立的劳动保险制度曾为打下我国的工业化基础提供了必要保障。改革开放 40 年来,社会保障制度改革不断推进,从 20 世纪 90 年代局限于国有企业改革的配套措施,提升为构建覆盖城乡全民的社会保障网络,覆盖面大大扩展,保障水平稳步提高,体制机制逐步完善,经办管理能力不断增强,保障了我国在深刻体制变革和高速经济发展中的社会总体稳定。同时也应当看到,由于受经济社会发展阶段限制,我国社会保障体系建设还存在不平衡、不充分的问题,构建更加公平、可持续的社会保障体系仍然任重而道远。

第一节　传统社会保障制度的沿革与评价

中国共产党在未取得全国政权之前,在革命根据地就实施过保护劳动者的保障制度,如 1931 年在中央苏区颁布的《中华苏维埃共和国劳动法》;1940 年前后各革命根据地颁布的《陕甘宁边区劳动保护条例(草案)》《苏皖边区保护工厂劳动暂行条例》《晋、冀、鲁、豫边区劳动保护暂行条例》;1948 年东北行政区颁布的《东北公营企业战时暂行劳动保险条例》,等等。在此基础上,新中国成立不久就颁布了《中华人民共和国劳动保险条例》(以下简称《劳动保险条例》),在全国范围内逐步建立起了以国家保障为主要方式,以全民所有制单位职工为主要对象,以企业和机关事业单位为基本管理层次的社会保障制度。

一、传统社会保障制度沿革

新中国面临着百年战乱后百废待举的局面。旧中国遗留下来的经济萧条、通货膨胀、工人失业等问题十分严重。政府在集中人力、财力、物力进行大规模经济建设的同时,颁布实施了一系列社会保障法律法规,对保障职工生活、稳定职工情绪、继而调动职工的社会主义建设积极性起了巨大的作用。1951 年 2 月颁布了《劳动保险条例》,具体规定了职工在疾病、伤残、死亡、生育以及养老等方面享有的保险待遇。考虑到当时多种所有制经济形式并存的情况,《劳动保险条例》在制定实施范围时,是从企业职工人数出发的,没有局限于企业的所有制性质。该条例规定,开始只在 100 人以上的国营企业、公私合营、私营及合作社经营的工厂、矿场及其附属单位和铁路、航运、邮电三个产业的各企业、附属单位实行。暂不实行《劳动保险条例》的企业,则可以采取由企业行政或资方与工会协商、签订集体合同的方式,规定适当的保险待遇。除失业保险外,《劳动保险条例》对养老、工伤、疾病、生育、遗属等保险项目都做了具体规定,构筑了中国社会保险制度的基本框架,是中国社会保障制度发展演变的源头。新中国成立之初,失业情况非常严重,党和人民政府高度重视解决城市失业问题,从 1950 年至 1956 年,我国实行了失业救济制度,通过多种渠道筹集救济基金,并向失业工人发放救济金,减轻失业工人生活困难,并帮助其逐渐就业、转业。失业救济制度实施时间不长,但从制度设计和实施来看,已经具备失业保险制度的构成要素,可以说为改革开放以后的待业保险制度和失业保险制度做了早期探索。

1953 年 1 月,随着恢复国民经济任务基本完成,财政经济状况有了很大好转,为了适应第一个五年计划即将开始的大规模经济建设,政务院修订了《劳动保险条例》,劳动部颁布了《中华人民共和国劳动保险条例实施细则修正草案》。与 1951 年的《劳动保险条例》相比,修订后的条例和实施细则草案把实施范围扩大到一般工厂、厂矿和交通事业的基本建设单位、国营建筑公司;同时提高了部分劳动保险项目的待遇水平。还规定合作社经营的工厂、矿场及其附属单位按国营企业办法,实施劳动保险待遇。后来许多社会保障方面的法规规定集体企业参照国营企业执行,可以说是这一条款的模本。1956年,在国民经济进一步好转的情况下,企业社会保险的实施范围扩大到商业、外贸、粮食、供销合作社、金融、民航、石油、地质、水产、国营农场、造林等13个产业和部门,社会保险覆盖了当时各类企业职工的94%。

在企业社会保险建立的同时,适用机关事业单位的社会保险也逐步建立起来。如1952年政务院颁布的《中央人民政府政务院关于全国各级人民政府、党派、团体及所属事业单位的国家工作人员实行公费医疗预防的指示》、1955年国务院颁布的《国家机关工作人员退休处理暂行办法》和《国家机关工作人员退职处理暂行办法》、1956年颁布的有关女工保护条例等,使养老、疾病、死亡、生育等主要社会保险项目基本建立起来。

此外,在社会救济、社会福利和优抚安置等方面也有一系列的制度建设,如1950年内务部公布的有关革命军烈属优抚工作的5个条例、1950年颁布的《中华人民共和国工会法》中对工会在改善职工福利方面的有关规定、1956年全国总工会颁布的《职工生活困难补助办法》、1957年发布的《国务院关于职工生活方面若干问题的指示》,等等。到1957年年末,中国社会保障制度建设取得了重大进展,社会保险和社会救济、社会福利、优抚安置等一系列法律法规都基本建立起来,对当时保障职工权益、稳定社会生活、促进社会主义建设起了重要的作用。

1957年到1965年是传统社会保障制度发展和完善时期。其间虽然受到"大跃进"和三年自然灾害的干扰,总的来看,社会保障制度还是不断发展和完善的。这一阶段,中国社会保障制度建设基本遵循20世纪50年代初期建立社会保障制度时确定的原则,但在一些方面做了更符合中国实际的改变。

在养老保险方面,1957年通过了《国务院关于工人、职员退休处理的暂行规定》,制定了职工因工作致残完全丧失劳动能力后退休的待遇;增加了因身体衰弱经医生证明可以提前退休的规定;适当放宽了退休的一般工龄;对有特殊贡献职工的退休待遇提高5%;进一步把退休制度扩大到供销合作社和部队无军籍职工。此外,1958年还制定了《国务院关于工人、职员退职处理的暂行规定(草案)》,统一了工人和职员的退职条件和退职待遇标准。这两个规定统一了企业、事业、国家机关职工的退休、退职制度,解决了企业和机关退休、退职办法中的矛盾,对当时精简机构、提高生产工作效率起到了积极作用。

在医疗保险方面,1965年中央在批转卫生部党委《关于把卫生工作重点放到农村的报告》的批示中指出:"公费医疗制度应作适当改革,劳保医疗制度的执行也应适当整顿。"其后,卫生部和财政部发出了《关于改进公费医疗管理问题的通知》,劳动部和全国总工会发出了《关于改进企业职工劳保医疗制度几个问题的通知》。这两个文件开始着手解决传统医疗保险存在的严重浪费问题,规定看病要收挂号费,营养滋补药品费用一般自理,职工因工负伤和因职业病住院本人要负担膳费等。另外,1963年,国务院在批转劳动部的有关报告中,对硅肺病人的生活待遇和保险福利等做了具体规定。

在社会救济、社会福利和优抚安置方面,1963年将国家机关工作人员的福利费从1958年按工资总额的1%提取提高到2%;20世纪60年代初期,国家有关部门要求整顿安置残疾人员的福利工厂;1962年内务部和财政部颁发了《抚恤、救济事业费管理使用办法》,对合理使用抚恤、救济事业费起了很大作用;1965年国务院发出通知,要求对精减回乡的职工进一步做好生活困难救济工作;等等。

1966年到1976年是新中国历史上的特殊时期。中国的政治、经济、文化和社会生活各方面都遭到了严重的破坏。社会保障事业也不例外,经历了长达十年的停滞、破坏阶段。一是各项管理机构被撤销,如当时负责职工社会保险事务的工会被停止活动,负责社会保障行政管理的劳动部、民政部、卫生部和人事部长期处于瘫痪状态,社会保障工作基本无人管理。二是新中国成立以来建立的各种社会保障法律法规和制度实际被废止,有的被批判为资本主义,有的被批判为修正主义,社会保障工作无章可循。三是退休费用的社会统筹被取消,1969年财政部颁发《关于国营企业财务工作中几项制度的改革意见(草案)》规定:"国营企业一律停止提取劳动保险金,企业的退休职工、长期病号工资和其他劳保开支,在营业外列支。"从此逐步形成了"企业自保"的格局,社会保险的统筹调剂、社会共济的作用难以发挥,致使中国社会保障事业大幅度倒退。

二、传统社会保障制度评价

回顾中国计划经济体制下的社会保障制度,既要肯定20世纪50年代和60年代初这一制度对稳定社会、发展经济所发挥过的积极作用,更要清醒地认识到,传统社会保障制度是计划经济的产物,在中国确定了从计划经济转向社会主义市场经济后,传统社会保障制度的弊端就日益显露,大致可归纳为以下四个方面。

第一,覆盖范围狭窄。从所有制角度看,新中国成立初期社会保障制度的覆盖面并不狭窄,但工商业社会主义改造完成后,社会保障的覆盖面就主要集中在全民所有制企业了。20世纪60年代中期以后,在"以阶级斗争为纲"的"左"倾思想指导下,私营企业不复存在,个体工商业被当作"资产阶级的尾巴"割掉,在这种政治经济背景下,传统社会保障的覆盖范围,必然也只能主要局限于国有企业和部分集体企业。改革开放以来,私营企业、个体经济组织和外商投资企业以及各种混合所有制企业迅速发展,已成为社会主义市场经济的重要组成部分,再把社会保障覆盖面局限在国有企业和部分集体企业,显然不适应多种经济成分共同发展的需要,也不利于劳动者在不同所有制之间流动,更不利于国有企业同其他经济类型企业的平等竞争。

第二,保障层次单一。计划经济下的分配理论认为,职工工资中不包含社会保障的费用,养老、医疗等社会保障费用是被国家在确定职工工资前就扣除了的,社会保障费用自然应当全部由国家或国家通过国有企业来承担。计划经济下的按劳分配,是指国民收入做了6项扣除之后的个人消费基金,它并不包括社会财富分配的全部关系。一定数量的社会财富是通过社会消费基金提供给社会成员的。社会消费基金的分配特点是社会全体成员,均可以从社会消费基金中得到自己应得的养老、医疗、残疾、遗属以及教育等福利,而且是免费的。事实证明,职工不投保,社会保障费用都是国家支出,长期这样搞,职工必然缺乏自我保障意识和费用节约意识,造成社会保障支出,例如药品等支出的严重浪费。此外,这种单一国家保障的模式还难以避免由高度中央集权带来的种种问题,如国家负担过重、平均主义盛行、运转机制僵化等。

第三,缺乏社会共济。本来国家保障方式是在全社会分担社会保障的风险,应当说共济性很强。之所以 20 世纪 60 年代中期形成的"企业自保"模式可以维持多年,就是因为在计划经济条件下,国有企业是政府机构的附属物,盈利上缴国家,亏损政府补贴,企业吃国家的"大锅饭"。国有企业的社会保障负担最终还是国家的负担,只不过是由企业代为管理这部分资金,国家仍然起着在盈利和亏损企业之间调剂社会保障费用余缺的作用。但是,随着国有企业改革的深化,企业成为自主经营、自负盈亏的经济组织,"企业自保"就会造成新老企业间社会保障负担畸轻畸重,亏损企业无法保证职工的基本社会保障待遇。这就使得本来应当通过社会保障共济作用加以缩小的工资分配差距,由于行业或企业间社会保障待遇水平悬殊而进一步扩大了。这违背了国家举办社会保障事业的初衷。此外,保障费用和管理服务工作由企业承担,促成企业办社会,影响企业集中力量从事生产经营。

第四,保障项目不全。社会保障应当包含哪些项目,各国并不一致。1952 年,国际劳工组织通过的《社会保障最低标准公约》对医疗、疾病、失业、养老、工伤、生育、残疾、遗属和家庭津贴等 9 个项目作出了规定,应当说,这些是最基本的社会保障项目。中国的社会保障项目比这一国际公约更宽,如包括了社会救济、社会福利、优抚安置等。可是,长期以来中国社会保障中缺少失业保险项目,这不仅使中国社会保障体系不全,更重要的是在社会经济生活方面造成了严重的后果。传统的社会保障体系中没有失业保险,一方面使国有企业职工增易减难,逐步积累起大量的冗员,成为国有企业的沉重负担;另一方面使职工形成终身就业的观念,缺乏自我择业、创业的意识。

第二节 改革开放 40 多年社会保障制度的沿革

改革开放以来,我国社会保障制度发展历程大致可以分为四个阶段:

初步探索阶段（1978—1992年）、制度框架构建阶段（1993—2002年）、全面建设阶段（2003—2011年）、全面深化改革阶段（2012年至今）。

一、初步探索阶段（1978—1992年）

1984年，党的十二届三中全会通过了《中共中央关于经济体制改革的决定》，以国有企业改革为中心的城市经济体制改革拉开序幕。把国有企业推向市场，使之成为自主经营、自负盈亏的商品经济主体，长期以来实行的"企业自保"模式就搞不下去了。当时许多地方相继出现一些老企业甚至整个行业都发不出养老金、报销不了医疗费的情况，酿成众多群体性事件。这一阶段社会保障制度改革主要集中在与国有企业改革紧密相关的养老、失业、医疗领域。

（一）探索企业养老保险社会统筹

1984年5月，劳动部会同国家经委、财政部、中国工商银行、全国总工会等部门向国务院提交了《关于统筹全民所有制单位退休基金的报告》。与此同时，结合劳动制度改革，首先在广东省、四川省、江苏省、辽宁省一些县（市）开始进行退休费用社会统筹试点，随后在全国逐步推开。1988年年底，全国实行企业退休费用统筹的县（市）达到2200个，占全国2367个县（市）总数的93%，参加统筹的职工5000万人，离退休人员900多万人。

1991年6月，国务院在总结前一段时间各地养老保险改革经验的基础上，下发了《国务院关于企业职工养老保险制度改革的决定》。该决定提出，要逐步建立起基本养老保险与企业补充养老保险和职工个人储蓄性养老保险相结合的制度；基本养老保险费用实行国家、企业、个人三方共同负担；基本养老保险费实行社会统筹；基本养老保险基金按照以支定收、略有结余、留有部分积累的原则统一筹集。在该决定的推动下，我国企业养老保险事业取得了突破性进展。一是退休费用社会统筹得到迅速发展，极大地发挥了养老保险制度的互济作用和保障功能，均衡了企业的费用负担。二是选择了部分积累的养老保险基金筹集模式。三是普遍实行了城镇企业职工个人缴费制度，提高了职工的自我保障意识，城镇企业职工养老保险实现了从"企业保险"向"社会保险"的初步过渡。四是明确了建立多层次养老保险体系的方向。

（二）探索医疗保险制度改革

20世纪80年代初始，一些企业和地方就开始自发地对传统的劳保医疗制度和公费医疗制度进行改革。如医疗费用定额包干或仅对超支部分按一定比例报销，以及实行医疗费用支付与个人利益挂钩的办法等。1984年4月，卫生部和财政部联合发出《关于进一步加强公费医疗管理的通知》，提出要积极慎重地改革公费医疗制度。当时一些地方政府的主要做法是通过社会统筹对费用进行控制。例如，河北石家庄地区自1985年11月起，先后在6个县（市）开展离退休人员医疗费用社会统筹试点；1987年5月北京市东城区蔬菜公司首创"大病医疗统筹"，对解决巨额医疗费用的棘手问题提供了一种比较容易操作的思路。1988年3月25日，经国务院批准，成立了由卫生部牵头，国家体改委、劳动部、卫生部、财政部、国家医药管理总局等8个部门参与的医疗保险制度改革研讨小组并对医疗改革试点进行指导。同年7月，该小组推出《职工医疗保险制度改革设想（草案）》。1989年，下发《卫生部、财政部关于印发〈公费医疗管理办法〉的通知》，在公费医疗开支范围内对具体的13种自费项目进行了说明。同年3月，国务院批转了国家体改委《1989年经济体制改革要点》，提出在丹东、四平、黄石、株洲进行医疗保险制度改革试点。在相关政策的指引下，一些地方政府积极探索了医疗保险制度改革。例如，四平市1990年4月出台公费医疗改革方案、海南省1991年11月颁布了《海南省职工医疗保险暂行规定》、深圳市1992年5月颁布了《深圳市职工医疗保险暂行规定》及《职工医疗保险实施细则》等。

（三）探索建立失业保险制度

20世纪80年代中期，国有企业改革迫切要求改变制约企业发展的固定工制度。为此，国务院决定对国有企业新招工人实行劳动合同制度，并允许企业辞退违纪职工。同时，一些企业因经营不善、缺乏竞争活力，不可避免地走向破产或濒临破产。为适应国有企业经营机制的转换和劳动制度的重大改革，保障职工失业后的基本生活，1986年7月国务院颁布了《国营企业职工待业保险暂行规定》。规定主要覆盖四类人:宣告破产的企业的职工;濒临破产的企业法定整顿期间被精减的职工;企业终止、解除劳动合同的职工;企业辞退的职工。以此为标志,我国的失业保险制度初步建立。此后,国家有关部门相继发布了近10个失业保险相关规定,对失业保险制度建设进行了有益探索。1989年劳动部发布了《国营企业职工待业保险基金管理办法》,对失业保险基金筹集、管理等进行了细化规定。1990年,劳动部发布《关于使用职工待业保险基金解决部分关停企业职工生活问题的通知》,对治理整顿期间关停企业的职工生活进行了妥善安排。1991年,《劳动部、国务院生产办公室对关停企业被精简职工实行待业保险的通知》要求对经省、自治区、直辖市人民政府或其授权的市(设区的市或相当于设区的市一级)人民政府,或国务院有关产业主管部门批准关停的,已缴纳待业保险基金的企业中被精减的职工,比照1986年国务院《国营企业职工待业保险暂行规定》有关对濒临破产企业法定整顿期间被精减职工的规定,实行失业保险。

回顾这一阶段的社会保障制度改革,从总体上看,是国有企业改革迫切要求养老保险制度、医疗保险制度进行改革,并推动建立失业保险制度。主要成绩是在与企业改革紧密相关的一些项目上突破了计划经济的束缚,如企业养老保险和职工医疗保险实行社会统筹、实际上承认社会主义初级阶段存在失业、探索建立失业保险等,在为国有企业改革排忧解难的同时,也揭开了社会保障制度改革的序幕。

这一阶段存在的主要问题是社会保障改革的理论准备不足。党的十二届三中全会通过的《中共中央关于经济体制改革的决定》把国有企业改革确立为经济体制改革的中心环节,这在当时历史条件下是完全正确的。但从中很难找到有关社会保障制度改革的指导思想、大政方针。社会保障制度改革处于被动状态,有的项目还走了较大的弯路。如1984年曾决定全民所有制企业职工养老保险由劳动部管理,城镇集体所有制企业职工养老保险由中国人民保险公司管理。事实证明,这种以所有制为标准区分社会保障管理体制的思路是不妥的,为解决这一问题,又花了近10年的时间。

二、制度框架构建阶段(1993—2002 年)

1993 年,党的十四届三中全会通过的《中共中央关于建立社会主义市场经济体制若干问题的决定》将社会保障制度作为构筑我国社会主义市场经济的五大子体系之一,提出建立包括社会保险、社会救济、社会福利、优抚安置、社会互助和个人储蓄保障的多层次社会保障体系,社会保障制度改革进入体系框架构建阶段。这一阶段改革的重点是养老保险、医疗保险、工伤和生育保险、城市居民最低生活保障和失业保险。

(一)建立统账结合的企业职工养老保险制度

1995 年 3 月,下发《国务院关于深化企业职工养老保险制度改革的通知》,借鉴和吸收当时国际上养老保险三种主要模式的优点,对企业职工养老金待遇发放办法进行了全面改革,提出了"社会统筹+个人账户"相结合的模式,并拟定了两个具体实施办法,供各地选择实施。在贯彻实施过程中,暴露出一些问题,主要是各地在设计社会统筹和个人账户比例时,由于对公平和效率的强调不一样,出现社会统筹和个人账户比例相差较大的情况,这对劳动力自由流动非常不利。为此,国务院决定统一企业职工基本养老保险制度。1997 年,颁布《国务院关于建立统一的企业职工基本养老保险制度的决定》,其核心内容主要有以下几个方面:统一规范了企业和职工个人缴纳基本养老保险费的比例;统一了企业职工的个人账户规模;统一了基本养老金的计发办法;提出了"老人老办法、新人新办法、中间人逐渐过渡"的过渡方案。至此,统一的、统账结合的城镇企业职工养老保险制度正式确立。2000 年,《国务院关于印发完善城镇社会保障体系试点方案的通知》决定,首先在辽宁省试点,将个人账户从 11%调整为 8%,全部由职工缴费。由于历史等原因所产生的个人账户基金缺口,由中央财政和地方财政按 75∶25 的比例给予补助。

(二)建立统账结合的职工基本医疗保险制度

1994 年,国家体改委、财政部、劳动部、卫生部共同制定了《关于职工医疗制度改革的试点意见》,经国务院批准,在江苏省镇江市、江西省九江市进行"两江试点"。在"两江试点"的基础上,国务院职工医疗保险改革领导小组决定在全国扩大试点,进一步探索统账结合的具体方式和运行机制。1997年医疗保险试点工作在全国范围内选择了58个城市。除了"两江试点"的"三通道式"的统账结合模式外,统账结合的具体模式还有:深圳的"混合型模式"、海南的"双轨并行"模式、青岛的"三金"型模式等。在总结各地经验的基础之上,1998年12月,发布了《国务院关于建立城镇职工基本医疗保险制度的决定》,明确了医疗保险制度改革的目标任务、基本原则和政策框架,要求1999年在全国范围内建立覆盖全体城镇职工的统一的职工基本医疗保险制度。同时,各地职工医疗保险改革的实践证明,医疗保险支出在很大程度上受制于医疗服务机构和医生的行为,而长期实行的"以药养医"的财务机制既不符合公立医疗机构的行为需求,也与统账结合的职工基本医疗保险制度相悖。为此,2000年国务院转发了国务院体改办等8个部门《关于城镇医药卫生体制改革的指导意见》,决定同步推进医疗保险体制与医疗卫生体制、药品生产流通体制的改革。

在构建城镇职工医疗保险制度框架的过程中,农村因病致贫、因病返贫问题突出反映出来,为此,1999年,国务院组织有关部门对农村卫生状况进行深入调研,2002年10月,中共中央、国务院作出《中共中央国务院关于进一步加强农村卫生工作的决定》,提出中央财政补助10元、地方财政补助10元、农民自己出资10元,建立新型农村合作医疗制度,并开始在一些省区市进行试点。

(三)建立工伤和生育保险制度

改革开放后,企业仍然沿用《劳动保险条例》中规定的企业职工工伤补贴制度,但随着经济体制改革和劳动用工制度改革,原有工伤保障制度明显无法适应新形势需要,主要表现在:一是覆盖范围过窄,只限于国有企业和城镇集体企业,无法适应多种经济成分共同发展的局面。二是缺乏抗风险能力,主要还是企业自保,没有实现社会共济。三是工伤待遇项目不完整,标准低。四是政策和管理不规范,缺乏科学的评残等级标准和健全的劳动能力鉴定制度。五是工伤预防机制未建立,只局限于事故后的赔偿。1996年3月,国家技术监督局颁布了《职工工伤与职业病致残程度鉴定标准》,明确规定了适用范围、分级原则和伤残等级。同年8月,在总结各地试点经验的基础上,劳动部发布了《企业职工工伤保险试行办法》,首次把工伤预防、工伤康复和工伤补偿三项工伤保险的任务结合起来,变企业自保为社会保险,扩大覆盖范围,规范待遇项目和标准,并实行行业差别费率和企业浮动费率。

改革开放后,生育保险同样面临企业自保的诸多弊端,20世纪80年代末90年代初,各地分别进行了试点探索。在试点基础上,1994年12月劳动部发布《企业职工生育保险试行办法》,对生育保险的基本原则、实施范围、待遇标准、基金管理、监督机制等作出明确规定,使生育保险的内容、标准、形式等初步规范。

(四)建立城市最低生活保障制度

社会救济制度是社会保障体系中的最后一道安全网。20世纪90年代以后,一些企业严重亏损,下岗职工大量增加,面对新的贫困群体,传统的社会救济制度难以发挥作用。为此,在一些地方政府探索改革传统社会救济制度的基础上,国家逐步建立和完善了城市居民最低生活保障制度。1993年6月,上海市出台《关于本市城镇居民最低生活保障线的通知》。1994年召开的第十次全国民政工作会议提出,要对城市社会救济对象逐步实行按当地最低生活保障线标准进行救济。其后青岛、厦门、大连、广州、无锡、海口等开始试点。1997年9月,国务院下发《关于在全国建立城市居民最低生活保障制度的通知》,要求1997年年底以前,已建立这项制度的城市要逐步完善,尚未建立这项制度的城市要抓紧做好准备工作;1998年年底以前,地级以上城市要建立起这项制度;1999年年底以前,县级市和县政府所在地的镇要建立起这项制度。1999年9月,国务院颁布《城市居民最低生活保障条例》,标志着城市低保走向规范化、法制化。2001年,国务院办公厅下发《关于进一步加强城市居民最低生活保障工作的通知》,要求增加投入,将符合条件的对象全部纳入保障范围。全国城市低保对象从2000年的403万人,迅速增长到2002年的2065万人,增长412%。此后城镇享受低保的人数长期保持在两千万人左右。

(五)完善失业保险制度

1993年国务院颁布《国有企业职工待业保险规定》,与1986年的《国营企业职工待业保险暂行规定》相比,该规定主要是覆盖范围增加了按照国家有关规定被撤销、解散的企业的职工及按照国家有关规定停产整顿企业被精减的职工两类。20世纪90年代中后期,国企改革进入了攻坚阶段,迫切要求失业保险能担当起保障国有企业富余职工进入市场以后的基本生活的重任。国家通过建立下岗职工基本生活保障制度、失业保险制度、城镇居民最低生活保障制度,即"三条保障线"来保障下岗、失业职工的生活。为了克服失业保险制度建设的不足,1999年1月,国务院发布了《失业保险条例》,首次在法规上明确将待业保险正名为失业保险,待业救济金正式改为失业保险金,进一步将保险对象扩大到城镇所有企业事业单位及其职工。该条例在体现失业保险的性质、完善失业保险制度、强化失业保险的保障功能、建立三方筹资机制、保障职工合法权益、促进再就业功能等方面有很大的进步。

回顾这一阶段的社会保障制度改革,构建制度框架是突出成果。20世纪90年代中后期,探讨社会保障制度改革的文章、专著大量涌现,国外社会保障理论与政策被广泛介绍,有关国际组织参与的社会保障研讨会多次举办,在建立适应社会主义市场经济要求的社会保障体系框架方面,理论研究取得明显进展。实际工作中,建立社会保障制度曾连续几年列为国务院重点工作的第一、二位,城镇职工养老、医疗、失业保险和城镇居民最低生活保障制度的建立,生育保险、工伤保险制度进一步完善,标志着我国城镇社会保障体系的制度框架基本形成。

同时应看到,这一阶段虽然理论上明确了社会保障制度是社会主义市场经济的一个独立的子体系,实际工作仍延续以国有企业改革为中心环节的改革路径,把它作为国有企业改革的配套措施。在打国有企业改革攻坚战的历史条件下这是正确的,但在社会保障领域长期坚持国有企业改革中心论难免产生以下弊端:一是政府以及各方面的注意力主要集中在国有企业职工身上,对城镇其他人员顾及不足,造成城市中不同人群基本保障待遇不平等。二是国有企业绝大多数设在城镇,农村的社会保障制度建设长时期难以进入视野。这两个重大问题,使社会保障最基本的原则——公平性未得到体现,也造成社会保障的覆盖面狭窄。

三、全面建设阶段(2003—2011 年)

党的十六届三中全会之后,中央明确提出了以人为本,全面、协调、可持续的科学发展观。以国有企业改革为中心环节的提法逐步淡出,政府职能转变日渐成为改革的主线。在这一大背景下,社会保障体系建设突破了长期以来作为国有企业改革配套措施的局限,进入以政府基本公共服务均等化为主线的全面建设阶段,覆盖面扩展到城乡居民。

(一)建立覆盖城乡的养老保险制度

一是完善城镇企业职工养老保险制度。为解决覆盖范围不够广、个人账户没有做实、基本养老金计发办法有欠缺、养老金调整机制不健全、统筹层次低等问题,2005 年 12 月,下发《国务院关于完善企业职工基本养老保险制度的决定》,统一城镇个体工商户和灵活就业人员参保缴费政策,以非公有制企业、城镇个体工商户和灵活就业人员参保为重点,扩大基本养老保险覆盖率;逐步做实个人账户,完善社会统筹与个人账户相结合的基本养老保险制度,实现由现收现付制向部分积累制的转变,将个人账户比例统一由 11% 调整为 8%;改革基本养老保险金计发办法,将缴费时间长短和数额多少与待遇水平相挂钩,建立参保缴费的激励约束机制。

二是建立覆盖城乡居民的社会养老保险制度。从 2003 年开始,各地在总结"老农保"经验的基础上,开始探索新型农村养老保险制度。2006 年中央"一号文件"指出,按照城乡统筹发展的要求,逐步加大公共财政对农村社会保障制度建设的投入。探索建立与农村经济发展水平相适应、与其他保障措施相配套的农村社会养老保险制度。2007 年 10 月,党的十七大报告更是明确将"覆盖城乡居民的社会保障体系基本建立,人人享有基本生活保障"作为 2020 年实现全面建成小康社会的奋斗目标之一。2009 年 9 月,出台《国务院关于开展新型农村社会养老保险试点的指导意见》,决定从 2009 年开始在 10% 的县(市、区、旗)实行新型农村社会养老保险的试点。"新农保"与"老农保"的主要区别是,政府在一定程度上开始承担起对广大农民的养老责任,由此推动了新农保制度的持续快速发展。城镇居民养老保险制度也随后开展试点。2011年6月,国务院下发《关于开展城镇居民社会养老保险试点的指导意见》,决定在全国逐步推行城镇居民养老保险。这标志着在制度设计层面上,实现了人人"老有所养"的全覆盖。

(二)建立覆盖城乡的医疗保障制度

一是扩大城镇职工医疗保险制度覆盖扩面。劳动和社会保障部于2003年5月出台了《关于城镇灵活就业人员参加基本医疗保险的指导意见》,并于次年5月又出台了《关于推进混合所有制企业和非公有制经济组织从业人员参加医疗保险的意见》,将灵活就业人员、混合所有制企业和非公有制经济组织从业人员以及农村进城务工人员纳入医疗保险范围。从2006年开始,医疗保险制度将农民工列为覆盖人群。2006年5月,劳动和社会保障部发布了《关于开展农民工参加医疗保险专项扩面行动的通知》,提出"以省会城市和大中城市为重点,以农民工比较集中的加工制造业、建筑业、采掘业和服务业等行业为重点,以与城镇用人单位建立劳动关系的农民工为重点,统筹规划,分类指导,分步实施,全面推进农民工参加医疗保险工作"。

二是建立覆盖城乡居民的社会医疗保险制度。2003年1月,国务院办公厅转发了卫生部、财政部和农业部的《关于建立新型农村合作医疗制度的意见》,要求从2003年起,各省、自治区、直辖市至少要选择2—3个县(市)先行试点,取得经验后逐步推开。新型农村合作医疗制度一般采取以县(市)为单位进行统筹,实行个人缴费、集体扶持和政府资助相结合的筹资机制。2006年1月,卫生部等七部门联合下发《关于加快推进新型农村合作医疗试点工作的通知》,要求各地认真总结试点经验,扩大新型农村合作医疗试点,2010年实现新型农村合作医疗制度基本覆盖农村居民的目标。2007年7月,发布《国务院关于开展城镇居民基本医疗保险试点的指导意见》,填补了我国基本医疗保险制度的最后一块空白。这标志着在制度层面上,实现了人人"病有所医"的全覆盖。

在城乡居民医疗保险制度相继建立的同时,作为托底作用的医疗救助制度也逐步建立起来。2003 年 11 月,民政部、卫生部、财政部下发《关于实施农村医疗救助的意见》,要求各省、自治区、直辖市全面推行农村医疗救助制度。2005 年 2 月,国务院办公厅转发了民政部、卫生部、劳动和社会保障部、财政部发布的《关于建立城市医疗救助制度试点工作的意见》,指出从 2005 年开始,用 2 年时间在各省、自治区、直辖市部分县(市、区)进行试点,之后再用 2—3 年时间在全国范围内建立起管理制度化、操作规范化的城市医疗救助制度。

(三)建立覆盖农村的最低生活保障制度

20 世纪 90 年代以来,一些地方在定期定量救助制度的基础上,开始探索建立农村低保制度。上海、广东、浙江、福建等沿海地区较早起步。例如,到 1997 年 9 月,广东省 142 个县(市、区)中已有 127 个建立了农村低保制度。进入 21 世纪以后,农村低保制度逐步向中西部地区延伸。截至 2006 年年底,全国共有 25 个省(自治区、直辖市)的 2133 个县(市、区)实行了农村最低生活保障制度。鉴于农村低保制度已在较大范围内实行,其他没有实行低保制度的地方也有多年的定期定量救助经验,2007年,颁布《国务院关于在全国建立农村最低生活保障制度的通知》,决定在全国范围内建立农村低保制度。这标志着覆盖城乡的最低生活保障制度得以建立。

(四)进一步完善失业保险、工伤保险制度

2005 年,《国务院关于进一步加强就业再就业工作的通知》颁布,制定了新一轮积极就业政策,并要求进一步发挥失业保险制度促进再就业的功能。东部地区在认真分析失业保险基金收支、结余状况,统筹考虑地方财政就业再就业资金安排的前提下,可以结合本地实际,适当扩大失业保险基金支出范围试点。2006 年 1 月,经国务院同意,劳动保障部和财政部下发了《关于适当扩大失业保险基金支出范围试点有关问题的通知》,决定在北京、上海、江苏、浙江、福建、山东、广东 7 个省市开展适当扩大失业保险基金支出范围试点。试点重在发挥了失业保险制度促进再就业的功能,为全面落实积极就业政策提供了资金支持,完善了促进就业与

失业保险联动的机制,提高了就业服务质量。

2003年4月,国务院常务会议讨论通过了《工伤保险条例》。2010年12月,颁发《国务院关于修改〈工伤保险条例〉的决定》,对《工伤保险条例》若干条目进行了修改,并自2011年1月1日起施行。《工伤保险条例》提高了工伤保险的立法层次,增强了强制力和约束力;扩大了覆盖范围,将境内各类企业和有雇工的个体工商户纳入其中;把以往一些行之有效的政策措施以法规的形式固定下来;明确了用人单位和职工的责任,科学地规范了相关的标准和工作程序。

回顾这一阶段的改革,以社会保险、社会救助、社会福利为基础,以基本养老、基本医疗、最低生活保障制度为重点,以商业保险为补充,建立覆盖城乡居民的社会保障体系取得了重大进展。其间社会保障法制建设也取得了突破性进展。2010年全国人大常委会通过了《中华人民共和国社会保险法》,将公民的社会保险权利、义务以法律形式固定下来,保障了全体人民享有社会保险的合法权益,是社会保障法制建设的一个里程碑。

同时也应看到,由于在不同时期按不同群体分类建立各项社会保障制度,不同群体之间的法定社会保障水平不够平衡,管理方式不够衔接。如城镇企业职工与机关事业单位职工的基本养老保障水平差距较大,又如为城乡居民建立了养老和医疗保险制度,但在制度设计上仍然采用城乡分立的做法,尤其是城乡居民医疗保险制度由不同部门管理,与城乡统筹发展的要求还有一定的距离。

四、全面深化改革阶段(2012年至今)

党的十八大对全面深化改革进行了战略部署,党的十八届三中全会对全面深化改革的若干重大问题进行了专门研究,并出台了重要决定,党的十九大报告提出中国特色社会主义进入了新时代。在社会保障水平已经迈上一个大台阶的基础上,中央提出要统筹推进城乡社会保障体系建设,建立更加公平、可持续的社会保障制度。

（一）深化养老保险制度改革

一是统一城乡居民基本养老保险制度。2009 年和 2011 年，我国先后启动实施"新农保"和城市居民基本养老保险试点，由于两项制度是分别建立运行的，存在相关政策不一致、标准不衔接、管理资源分散等矛盾。为此，2014 年 2 月，国务院下发《关于建立统一的城乡居民基本养老保险制度的意见》，将现行新型农村社会养老保险制度与城镇居民社会养老保险制度合并实施，建立全国统一的城乡居民基本养老保险制度。统一主要体现在四个方面：统一制度名称、统一政策标准、统一管理服务、统一信息系统。全国统一的城乡居民基本养老保险制度，对于统筹城乡社会保障制度发展、推进基本公共服务均等化具有重要的意义。

二是统一机关事业单位和企业职工养老保险制度。随着社会主义市场经济的发展，机关事业单位退休制度与企业职工养老保险制度并行，逐步暴露出一些矛盾。随着城乡居民养老保险制度的全面铺开，机关事业单位职工和退休人员一直沿用传统的养老保险制度，与企业职工基本养老保险制度的差距越来越大，引发诸多社会矛盾。经过多年的调研，2015 年 1 月，国务院发布《关于机关事业单位工作人员养老保险制度改革的决定》，破除职工养老保障"双轨制"。这是在全面深化改革背景下的一个重大举措，有利于加快推进覆盖城乡居民的社会保障体系建设，有利于促进机关事业单位深化改革，有利于体现制度公平和规则公平。

三是衔接城乡养老保险关系转移接续。在制度分立、全国统筹未实现的情况下，为适应参保人员流动性需要，2014 年 2 月，人力资源和社会保障部、财政部下发《关于印发〈城乡养老保险制度衔接暂行办法〉的通知》。做好城乡养老保险制度衔接工作，有利于促进劳动力的合理流动，保障广大城乡参保人员的权益，对于健全和完善城乡统筹的社会保障体系具有重要意义。

四是建立企业职工基本养老保险中央调剂制度。实现基本养老保险全国统筹一直被视为养老保险制度改革的"牛鼻子"。为了均衡地区间企业职工基本养老保险基金负担，实现基本养老保险制度可持续发展，2018 年 6 月，国务院印发《关于建立企业职工基本养老保险基金中央调剂制度的通知》，明确养老保险基金中央调剂制度从 7 月 1 日起实施。中央调剂基金由各省份养老保险基金上解的资金构成，上解比例从 3% 起步，逐步提高。

（二）深化医疗保障制度改革

一是统一城乡居民医疗保险制度。由于历史原因，城镇居民基本医疗保险和新农合存在制度分设、管理分割、资源分散等问题，为此，党的十八届三中全会提出整合城乡居民基本医疗保险制度。2016 年 1 月，国务院下发《关于整合城乡居民基本医疗保险制度的意见》，提出要按照"统一制度、整合政策、均衡水平、完善机制、提升服务"的总体思路，突出整合制度政策、突出理顺管理体制、突出提高服务效能，实现统一覆盖范围、统一筹资政策、统一保障待遇、统一医保目录、统一定点管理、统一基金管理，从而建立起城乡统一的居民医疗保险制度。

二是医疗保险与生育保险合并实施。《中华人民共和国国民经济和社会发展第十三个五年规划纲要》明确提出，将生育保险和基本医疗保险合并实施。2019 年 3 月，国务院办公厅印发《关于全面推进生育保险和职工基本医疗保险合并实施的意见》，提出了推进生育保险和职工基本医疗保险合并实施的主要政策。从国外情况看，世界上绝大多数国家并未将生育保险列为独立险种，而是将其与医疗保险合并管理，主要是因为生育保险与医疗保险之间有着十分紧密的联系和共性，因此二者合并十分必要。

三是建立大病保险制度。2012 年 8 月，国家发改委、卫生部、财政部、人社部、民政部、保监会等六部委发布《关于开展城乡居民大病保险工作的指导意见》，明确针对城镇居民医保、新农合参保（合）人大病负担重的情况，引入市场机制，建立大病保险制度，减轻城乡居民的大病负担，大病医保报销比例不低于 50%。2015 年 7 月，国务院办公厅发布《关于全面实施城乡居民大病保险的意见》。

四是开展长期护理保险制度试点。2016 年 6 月，人力资源和社会保障部办公厅发布《关于开展长期护理保险制度试点的指导意见》，决定在河北省承德市、吉林省长春市等 15 个城市开展长期护理保险制度试点，并明确试点阶段原则上主要覆盖职工基本医疗保险参保人群,资金筹集可通过优化职工医保统账结构、划转职工医保统筹基金结余、调剂职工医保费率等途径,并逐步探索建立互助共济、责任共担的长期护理保险多渠道筹资机制。

五是实现异地就医直接结算。由于医保统筹层次低、医疗卫生资源地区分布不均衡等原因,患者异地就医需要垫资、手工报销,极大影响参保者获得感。2016年3月"两会"期间,李克强总理提出"2017年基本实现异地就医住院费用直接结算"。截至2019年2月底,跨省异地就医定点医疗机构数量为16029家,二级及以下定点医疗机构13385家,国家平台备案人数365万人。自2017年1月启动以来,累计实现跨省异地就医直接结算182万人次,医疗费用436.7亿元,基金支付256.8亿元,基金支付比例58.8%。基金支付超过1万元为69.0万人次,超过5万元为9.0万人次,超过10万元为1.5万人次。

六是深化医疗保障管理体制改革。2018年3月,十三届全国人大一次会议表决通过了《关于国务院机构改革方案的决定》,其中,将人力资源和社会保障部的城镇职工和城镇居民基本医疗保险、生育保险职责,国家卫生和计划生育委员会的新型农村合作医疗职责,国家发展和改革委员会的药品和医疗服务价格管理职责,民政部的医疗救助职责整合,组建国家医疗保障局,作为国务院直属机构。国家医疗保障局的成立,有助于提高医疗保障管理水平和保障水平,确保医保资金合理使用、安全可控,统筹推进"三医联动"改革,更好保障病有所医。

(三)深化城乡最低生活保障和社会救助制度改革

一是完善最低生活保障制度。2012年9月,《国务院关于进一步加强和改进最低生活保障工作的意见》颁布,适应新形势,对城乡享受低保人员的对象认定、标准制定、规范管理、能力建设等提出了明确要求。

二是完善社会救济制度。2014年2月,国务院颁布《社会救助暂行办法》,明确将最低生活保障、特困人员供养、受灾人员救助、医疗救助、教育救助、住房救助、就业救助、临时救助8项制度和社会力量参与作为社会救助的基本内容,构建了一个分工负责、相互衔接、协调实施、政府救助和社会力量参与相结合的具有中国特色的社会救助制度体系。该办法明确统筹城乡社会救助发展：在最低生活保障方面，规定城乡相同的制度安排和申请流程；在特困人员供养方面，将传统的农村五保供养制度与城市"三无"人员救助制度统一为特困人员供养制度；在医疗救助方面，对城乡作出相同的制度安排；在临时救助方面，规定了城乡统一的资格条件、申请审批流程和救助方法。为落实《社会救助暂行办法》相关规定，国务院及有关部门连续出台了《关于全面建立临时救助制度的通知》《关于进一步完善医疗救助制度全面开展重特大疾病医疗救助工作意见的通知》《关于进一步健全特困人员救助供养制度的意见》等文件，构筑了城乡统筹的社会救助制度，完善了中国社会保障体系的兜底保障。

（四）进一步完善工伤保险制度

着力扩大工伤保险覆盖面，全力保障劳动者权益。在继建筑业按项目参保，纳入工伤保险覆盖范围之后，2018年，人社部等相关部门出台《关于铁路、公路、水运、水利、能源、机场工程建设项目参加工伤保险工作的通知》，将工伤保险按项目参保扩大到工程建设项目，有力保障了广大农民工工伤权益。2018年12月29日，新修订的《公务员法》开始实施，从法律层面规定了公务员应当参加工伤保险，至此职工人群全部纳入工伤保险法定覆盖范围。同时，随着我国新经济新业态蓬勃发展，新的就业形态不断增多，以稳定劳动关系为基础的工伤保险制度无法覆盖这部分人群，国家正在研究探索建立新业态职业伤害保障制度，将职业伤害保障范围从职工人群扩展到职业人群。

（五）发展多层次社会保障体系

党的十八届三中全会通过的《中共中央关于全面深化改革若干重大问题的决定》提出，要制定实施免税、延期征税等优惠政策，加快发展企业年金、职业年金、商业保险，构建多层次社会保障体系。党的十九大报告明确提出，要全面建成多层次社会保障体系。2013年4月，人力资源和社会保障部等部门相继下发《关于扩大企业年金基金投资范围的通知》和《关于企业年金养老金产品有关问题的通知》，通过放开投资范围和投资比例,鼓励发展企业年金。同年 12 月,财政部、人力资源和社会保障部、国家税务总局联合发布《关于企业年金、职业年金个人所得税有关问题的通知》。2014 年发布的《国务院关于加快发展现代保险服务业的若干意见》也为企业年金发展提供了鼓励政策。2014 年 10 月,下发《国务院办公厅关于加快发展商业健康保险的若干意见》,提出要鼓励商业保险机构以出资新建等方式新办医疗机构等健康服务机构,完善健康保险有关税收政策,鼓励社会资本投资设立专业健康保险公司,营造良好社会氛围,为发展商业健康保险提供完善的政策支持。2017 年 12 月,人社部和财政部联合印发《企业年金办法》。同时,人社部按照国务院部署,会同财政部,协调相关部门,共同推进养老保险第三支柱的建设。

回顾这一阶段的社会保障制度改革,公平与可持续是深化社会保障制度改革的目标方向,整合、统筹、统一、合并等,成为社会保障制度改革的关键词。城镇职工在就业关联的社会保障项目上进一步统一制度,城乡居民在普遍关联原则的项目上进一步整合。养老保险、医疗保险、社会救助等都相继出台了制度整合办法,向城乡基本公共服务均等化迈出了坚实的步伐。这一阶段,适应经济从高速度发展转向高质量发展的要求,社会保障为减轻企业负担还作出了贡献,如降低企业的社会保险缴费率,加大失业保险支持就业的措施等。同时也应看到,全面深化改革正处在进行时,在人口老龄化、经济下行、贸易纠纷等背景下,我国社会保障制度的公平性和可持续性都面临挑战,需要进一步深化改革。

第三节　社会保障制度发展的成就与展望

新中国成立以来,适应我国经济体制改革,社会保障制度也发生了翻天覆地的变化,在不同发展阶段,为经济发展和社会和谐稳定发挥了巨大的保障作用。尤其是改革开放以来,社会保障制度快速发展,成就有目共睹。2016 年,国际社会保障协会(ISSA)在其第 32 届全球大会期间,将"社会保障杰出成就奖"授予中华人民共和国政府。这一奖项是对中国在社会保障方面作出的非凡承诺和杰出成就的世界性认可。

一、社会保障体系建设取得巨大成就

改革开放以来,中国发生了三重基础性转变:从计划经济体制向社会主义市场经济体制转变、从农业社会向工业服务业社会转变、从年轻人口结构向老龄人口结构转变。在这三重基础性转变造成的错综复杂的发展过程中,中国不仅保持了社会的总体稳定,还创造了举世瞩目的经济增长奇迹,社会保障制度改革和体系建设发挥了不可替代的作用。

(一)实现社会保障制度的伟大转型

改革开放以来,伴随着经济体制改革和政府职能的转变,我国实现了社会保障制度理念的更新和制度模式的根本转型,社会保障项目发生翻天覆地的变化,改革规模和力度都是前所未有、中外罕见。

在制度理念方面,我国实现了从单位保障向社会保障的转变。改革开放前,与高度集中的计划经济体制相适应,我国在城镇实行的是国家主导下的单位保障制,全面就业、低工资、高福利是主要特点,制度安排具有典型的国家负责、单位(集体)包办、板块结构、全面保障、封闭运行等特征。改革开放后,城镇原来封闭运行的单位保障板块结构被打破,更加强调社会共济,社会保障成为一个独立于企事业单位之外的社会系统。

在制度结构方面,我国实现了从单一层次、封闭运行的制度安排向多层次的社会化制度安排的转变。在养老保障方面,传统的退休养老制度只有国家提供的单一支柱,改革后则向基本养老保险、职业年金、企业年金等多层次发展。在医疗保障方面,传统的公费医疗、劳保医疗、合作医疗都是单一层次的制度安排,现在则转变成医疗救助、基本医疗保险、商业健康保险等多层次、相互配合的保障体系。

在制度设计方面,基本养老保险采取了社会统筹与个人账户相结合的财务机制,突破了传统制度安排的现收现付财务模式,这种制度创新是对世界养老保险制度的一大贡献。基本医疗保险也采取了社会统筹和个人账户相结合的财务机制,分别应付住院费用和门诊费用,激励约束机制不断增强。新的制度设计,改变了原有的责任分担状况,尤其是缴费型社会保险制度成为整个社会保障制度的主体,受保障者有缴费义务,加上用人单位或者雇主缴费与政府补贴,共同构成了社会保险的财政基础,从国家负责、单位包办全面实现了向责任分担的转变。

(二)适应社会主义市场经济的社会保障体系框架基本建立

经过 40 多年的改革发展,我国社会保障制度实现了根本转型,全新的体系框架基本建立,形成了以国家立法实施的社会保险、社会救助、社会福利、优抚安置为基础,以城乡基本养老、基本医疗、最低生活保障制度为重点,以慈善事业、商业保险为补充的多层次社会保障体系。不同层次的社会保障项目,在整个保障体系中分工明确,发挥不同作用。以城乡居民最低生活保障制度为核心的城乡社会救助体系基本形成,可视为保障体系中的第一层次,发挥兜底保障作用。社会救助体系包括最低生活保障、特困人员供养、受灾人员救助、医疗救助、教育救助、住房救助、就业救助、临时救助八项制度。社会保险制度发挥基本的作用,可视为社会保障体系框架的第二层次,也是主要层次,覆盖范围最广、受益面最大。社会保险体系主要包括养老、医疗、失业、工伤和生育五大险种,其中医疗保险延伸出了大病保险和长期护理保险。从覆盖人群来看,主要涵盖劳动者和居民。商业保险等发挥补充作用,在多层次社会保障体系框架中属于第三层次,满足部分人群更高的保障需求,国家通过各种政策来支持和鼓励其发展,主要包括职业年金、企业年金、商业健康保险等。

在不同的保障项目中,多层次的保障体系也初步建成。以最重要的养老保障和医疗保障为例:在养老保障体系中,最低生活保障、特困人员供养等制度发挥着保底作用,城镇企业职工基本养老保险制度、机关事业单位养老保险制度、城乡居民养老保险制度发挥着基本保障作用,职业年金、企业年金发挥着补充保障的作用。在医疗保障体系中,包括直接医疗救助和资助参保参合的医疗救助制度发挥保底作用,城镇职工基本医疗保险制度、城镇居民医疗保险制度和新农合制度发挥基本保障作用;为进一步发挥保障职能,城镇居民医疗保险制度和新农合制度中延伸出大病保险制度,商业健康保险制度等发挥补充保障作用。

（三）构建了世界上最大的社会保障网络

本着稳妥的原则,我国社会保障制度改革从为国企改革配套起步,通过试点探索,不断扩大社会保障人群,逐步向其他所有制用人单位和劳动者扩展,逐步从劳动者人群向居民人群扩展,逐步从城市向农村扩展,我国社会保障体系框架基本实现了对城乡各种人群的全覆盖。

截至2018年年底,我国基本养老保险、基本医疗保险、失业保险、工伤保险、生育保险参保人数分别达到9.43亿人、13.45亿人、1.96亿人、2.39亿人、2.04亿人。其中,基本养老保险和基本医疗保险覆盖人数实现重大进展,建立起全世界最大的养老保障网和医疗保障网,成就举世瞩目。居民最低生活保障享有人数,城市为1008万人、农村为3520万人,直接医疗救助人数3824.59万人,发挥了重要的托底保障作用(见表4-1)。

表4-1　2014—2018年我国社会保障覆盖人数情况　（单位:万人）

项目 ＼ 年份	2014	2015	2016	2017	2018
基本养老保险	84231	85833	88777	91548	94294
其中　城镇职工	34124	35361	37930	40293	41902
城乡居民	50107	50472	50847	51255	52392
基本医疗保险	133347	133582	—	—	134452
失业保险	17043	17326	18089	18784	19643
工伤保险	20639	21432	21889	22724	23874
生育保险	17039	17771	18451	19300	20435
城镇低保	1877	1701.1	1480.2	1261	1008
农村低保	5207.2	4903.6	4586.5	4045.2	3520
直接医疗救助	2395.3	2889.1	2696.1	3517.1	3824.59

注:数据来人社部、民政部等部门统计公报。基本医疗保险参保人数包括由原人力资源和社会保障部门管理的职工基本医疗保险、城乡居民基本医疗保险和原卫生计生部门管理的新型农村合作医疗。

在社会保险扩面过程中,各类重点群体参保成绩突出。以非公有制单位职工、灵活就业人员和农民工为重点的人群参加城镇各项社会保险制度人数持续增加,其中农民工群体尤为明显(见表4-2)。为解决农民工最迫切的风险,通过实施"平安计划""同舟计划"等专项行动,不断扩大农民工工伤保险覆盖面。

表4-2　2014—2018年农民工参加城镇基本社会保险人数情况

(单位:万人)

项目　　　　年份	2014	2015	2016	2017	2018
城镇职工基本养老保险	5472	5585	5940	6202	—
城镇职工基本医疗保险	5229	5166	4825	6225	—
失业保险	4071	4219	4659	4897	—
工伤保险	7362	7489	7510	7807	8085

数据来源:人力资源和社会保障部历年统计公报。

社会保险基金总体运行良好,基金规模不断扩大,安全性进一步提高,为社会保障制度有效运转提供了良好支撑。截至2018年年底,各项社会保险基金合计累计结余8.96万亿元,其中基本养老保险58152亿元、基本医疗保险23233.74亿元、失业保险5817亿元、工伤保险1785亿元、生育保险574.29亿元(见表4-3)。其中,失业保险和工伤保险基金的可支付月数均较大,为制度发展提供了充足空间。另外,为了应对人口老龄化高峰时的养老保险支出,我国在2000年8月成立全国社会保障基金,作为国家社会保障储备基金。根据年报数据,2017年年末,社保基金资产总额达到22231.24亿元。

表4-3　2014—2018年我国各项社会保险基金累计结存情况

(单位:亿元)

项目　　　　年份	2014	2015	2016	2017	2018
基本养老保险	35645	39937	43965	50202	58152.00
基本医疗保险	—	—	—	—	23233.74
失业保险	4451	5083	5333	5552	5817.00

年份 项目	2014	2015	2016	2017	2018
工伤保险	1129	1285	1411	1607	1785.00
生育保险	593	684	676	564	574.29

注:基本养老保险包括城镇职工基本养老保险和城乡居民社会养老保险;基本医疗保险包括城镇职工基本医疗保险、城乡居民基本医疗保险和新型农村合作医疗。

(四)社会保障待遇水平稳步提高

在社会保障覆盖面不断扩大的同时,各项社会保障项目的保障水平逐年稳步提高,有力地保障了广大人民群众的基本生活需要。

基本养老金:从 2005 年开始至今,我国对城镇企业职工养老金水平实现每年连续调整,企业参保退休职工基本养老金稳步增长,2016 年年底全国企业职工月均养老金达到 2373 元,比 2005 年上涨 240%,年均增长率达到 11.77%(见图 4-1)。

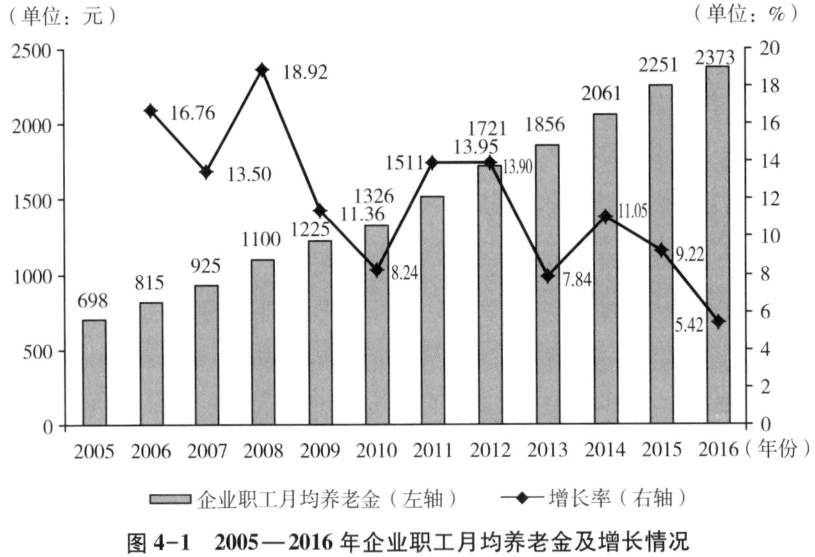

图 4-1 2005—2016 年企业职工月均养老金及增长情况

数据来源:企业职工月均养老金数据来源于尹蔚民主编:《民生为本 人才优先》,人民出版社 2012 年版,以及人社部历年统计报告。

基本医疗保险:增加财政补助,提高城乡居民基本医疗保险保障水平。2019 年,各级财政人均补助标准达到 520 元,比 2010 年增加了 400 元,居民人均缴费水平也从 2011 年的 50 元增加到 2019 年的 250 元(见图 4-2)。基本医疗保障制度的保障范围向重特大疾病倾斜,并普遍实行门诊统筹。政策范围内住院费用报销比例逐步提高。另外,通过医保用药目录调整、抗肿瘤药医保谈判等手段,扩大药品支付范围,提高基本医疗保险保障水平。

(单位:元)

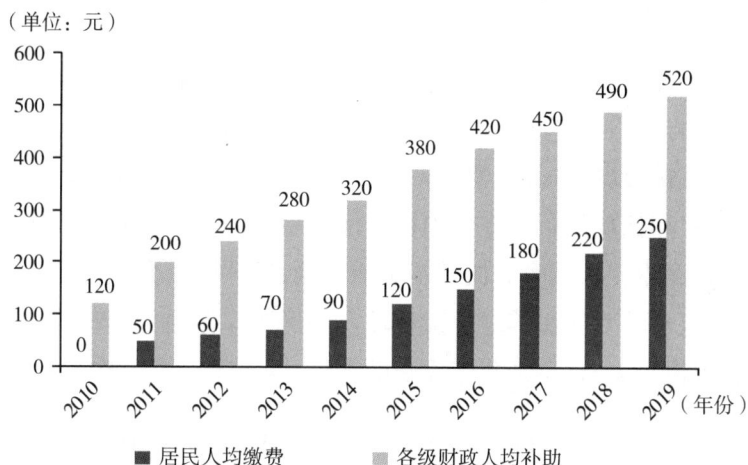

图 4-2　2010—2019 年城乡居民基本医疗保险筹资水平

数据来源:根据政府相关文件收集整理,其中 2011 年和 2012 年居民人均缴费指农民人均缴费水平,其他年份均为城乡居民和新农合个人人均缴费水平。

其他社会保障项目:进一步完善了失业保险金标准与物价上涨挂钩联动机制,失业保险金标准逐步提高。2018 年,全国平均每月失业保险金的水平是 1266 元,比上年增长 13.9%。全国一次性工亡补助金标准、伤残职工月人均伤残津贴、月人均生活护理费、供养亲属月人均抚恤金等待遇水平连年增加。城乡低保标准和补助水平也逐年提高,有效保障了城乡困难群体基本生活(见表 4-4)。

表 4-4　2014—2018 年我国部分社会保障项目待遇水平

项目 \ 年份	2014	2015	2016	2017	2018
失业保险金月人均水平(元)	852	960	1051	1111	1266
伤残职工月人均伤残津贴(元)	2134	2293	2676	2896	3003
人均生育待遇(元)	14456	16456	—	—	—

续表

项目 \ 年份	2014	2015	2016	2017	2018
城市低保平均标准(元/人/月)	411	451.1	494.6	540.6	579.5
农村低保平均标准(元/人/年)	2777	3177.6	3744.0	4300.7	4834.0

数据来源:根据人社部、民政部相关统计公报整理。

在社会保障水平稳步提高的背后,除了社会保障制度本身的待遇调整机制不断完善,使广大人民群众共享经济发展成果,国家加大对社会保障的财政支持力度,也是重要原因(见表4-5)。加大财政补助是我国短时间内建立和长期运行城乡各项社会保障制度的基础。它对于保证社会公平正义,保障广大城乡居民基本生活需要,发挥了巨大作用。尤其是全国各级财政对城乡居民养老保险和城乡居民医疗保险的财政补助表现最为突出,规模较大,且呈现每年增长的态势。

表4-5　2014—2017年全国财政对社会保障的补助　(单位:亿元)

项目 \ 年份	2014	2015	2016	2017
对企业基本养老保险基金的补助	3294.67	4162.28	4703.41	4641.79
对城乡居民养老保险基金的补助	1348.94	1853.48	1907.93	2130.78
补充全国社会保障基金	200	200	200	200
城市居民最低生活保障	737.47	753.81	716.25	572.24
农村最低生活保障	869	911.36	941.34	903.59
城乡医疗救助	202.61	230.29	259.16	284.14
城乡居民医疗保险	3408.51	4081.74	4421.99	4753.27

数据来源:财政部网站,历年全国公共财政支出决算表。城乡居民医疗保险包含城镇居民医疗保险和新型农村合作医疗。

(五)管理经办服务不断完善

构建覆盖14亿人口的社会保障网络,必须建设一支合格的社会保障经办服务机构。20世纪80年代由"企业自保"向社会统筹转变的初期,各地养老、医疗管理经办机构还要"说破嘴皮子、跑破鞋底子、撕破脸皮子"到企业收缴社会统筹费用,经过40多年的发展,从中央到地方已经建立了一支经得起考验的社会保障经办管理队伍。在社会保险方面,截至

2017年年底,全国县级以上社会保险经办机构有7986个,实有工作人员21.5万人。我国不断加大对基层劳动就业和社会保障服务平台的建设,着力提升基层服务基础设施和服务能力,有效改善了基层劳动就业和社会保障服务条件,提高了基层公共服务能力和办事效率。

随着科技的迅速发展,我国社会保障经办管理的信息化建设步伐加大。截至2018年年末,全国31个省份和新疆生产建设兵团均已发行全国统一的社会保障卡,覆盖所有地区。全国社会保障卡持卡人数达到12.27亿人,社会保障卡普及率88%。全国大部分地市全面开通102项社会保障卡应用。全国31个省份和新疆生产建设兵团均已建设机关事业单位养老保险信息系统。全国12333电话咨询服务全年来电总量为1.34亿次。在社会保障管理经办方面,还建立健全社会保险基金预算管理制度,规范基金收支,明确政府投入责任。2010年试行社会保险基金预算管理,2013年首次正式编制了全国社会保险基金预算,接受全国人大监督。

为了满足人民日益增长的对美好生活的需要,近年来社保部门主动作为,开展系统行风建设,清理证明事项,全面取消领取社会保险待遇资格集中认证,加强标准化信息化建设,努力"让信息多跑路,让群众少跑腿"。

(六)社会保障法律法规体系逐步建立

改革开放以来,与社会主义市场经济相适应的社会保障法律法规体系逐步建立,不断完善。目前,我国已经形成以《中华人民共和国宪法》为根本大法,以《中华人民共和国劳动法》《中华人民共和国社会保险法》《中华人民共和国慈善法》《中华人民共和国军人保险法》等为主干,以相关法律法规为配套,以相关部门规章为补充的社会保障法律法规体系,以立法形式总结和巩固了社会保障制度改革经验,为未来实际工作奠定了坚实基础。

《中华人民共和国宪法》明确规定国家应建立健全同经济发展水平相适应的社会保障制度,在第四十四条和第四十五条对社会保障制度作出总体规定。国家依照法律规定实行企业事业组织的职工和国家机关工作人员的退休制度。退休人员的生活受到国家和社会的保障。中华人民共和国公民在年老、疾病或者丧失劳动能力的情况下,有从国家和社会获得物质帮助的权利。国家发展为公民享受这些权利所需要的社会保险、社会救济和医疗卫生事业。

《中华人民共和国劳动法》的作用是保护劳动者的合法权益,调整劳动关系,建立和维护适应社会主义市场经济的劳动制度,在社会保障制度方面,主要是对与劳动者有关的社会保险和福利方面进行了法律规定。《中华人民共和国社会保险法》是中华人民共和国成立以来我国第一部社会保险制度的综合性法律,是党和政府履行"让人人享有社会保障"承诺的法律保证。它的内容涉及养老、医疗、失业、工伤、生育等多项社会保障制度,其中基本养老保险制度和基本医疗保险制度覆盖了我国城乡全体居民。

在行政法规方面,主要有《全国社会保障基金条例》《社会保险费征缴暂行条例》《失业保险条例》《工伤保险条例》《社会救助暂行办法》《城市居民最低生活保障条例》《农村五保供养工作条例》《自然灾害救助条例》等,这些法规对社会保障制度相关方面做了更加详细的规定。为落实相关社会保障法律、法规,有关部门相继出台了一系列部门规章,对具体的社会保障业务进行规范、指导。

二、我国社会保障制度面临的挑战

回顾70年来我国社会保障体系改革发展的进程,应当充分肯定它取得了历史性、里程碑式的成绩。展望这一体系未来的发展,就应当看到它还面临着严峻的挑战。

第一,人口老龄化对社会保障的压力日益增大。近年来,我国人口政策出现了较大调整,相继放开单独二胎、全面放开二胎,出生人口数量短期内有所增加,但2018年又出现较大回落。根据国家统计局数据,2014—2018年,我国出生人口数分别为1687万人、1655万人、1786万人、1723万人和1523万人。同时,随着经济社会发展,我国人口平均预期寿命不断增加,2015年达到76.34岁,比2000年增加4.94岁,比1981年增加8.57岁。因此,我国人口老龄化压力不断加大,截至2018年年末,中国60周岁及以上的老年人口高达2.49亿人,占总人口的17.9%(见图4-3)。65周岁以上人口1.67亿人,占总人口的11.9%(见图4-4)。15岁及以下人口只有2.486亿人,首次低于60周岁及以上人口数量。

（单位：亿人）

（单位：%）

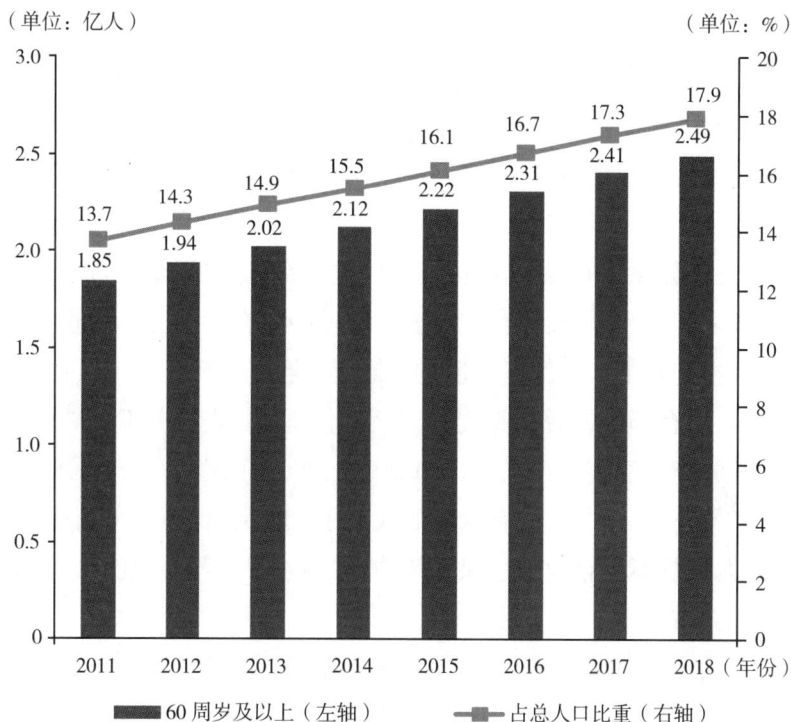

图 4-3　2011—2018 年我国 60 周岁及以上人口数量及比重

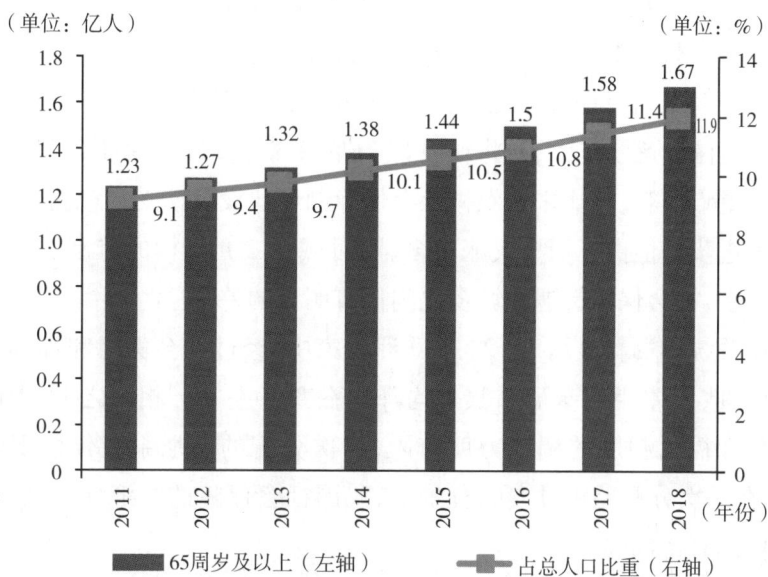

（单位：亿人）

（单位：%）

图 4-4　2011—2018 年我国 65 周岁及以上人口数量及比重

预计人口老龄化程度将不断加深,这将对我国养老、医疗以及相关社会保障的收支平衡构成极大压力。目前,我国基本养老保险和基本医疗保险虽然有大量结余,但是地区之间极不平衡,部分人口老化严重、老年人口抚养比高的多个省份,已经出现当期基金收不抵支,个别省份如黑龙江的基金累计结余已经为负数。

第二,社会保障的公平性有待提高。社会保障水平在不同群体之间、不同地区之间、城乡之间还存在不合理的差距。在不同人群之间,虽然我国已经基本实现了社会保障制度的全覆盖,但由于制度设计以及政策落实等原因,还有部分灵活就业人员、中小企业职工、进城务工人员、贫困地区农民等弱势人群游离在社会保障制度之外,从而产生了有保障和无保障之间的不公平。同时,在有保障的人群中,也存在保障水平高低有别的不公平,尤其是不同企业社会保险缴费基数做实与否的差别,以及补充保险制度建立与否的差别。

在不同地区之间,由于我国各项社会保障制度的统筹层次较低,社会保障待遇与当地经济发展水平、政府财政能力紧密相关。即使刨除掉生活成本等因素,地区之间仍然存在较大差距。总体来看,经济发展较好的北京、天津、上海、广东、江苏等省市的各项社会保障人均待遇水平远远高于广西、贵州、甘肃、宁夏等经济发展较为落后的省份。

在城乡之间,目前我国已经实现了农村社会保障制度的全覆盖和实际覆盖范围的逐步扩大,并将城乡社会保障统筹发展作为社会保障制度建设的重点内容,相比之前农村社会保障制度建设长期受到忽视,已经有了巨大进步。但由于历史欠账较多,同时城乡二元结构的体制机制障碍仍然存在,社会保障待遇在城乡之间仍有明显的差距。

相关统计资料显示,在22个欧洲国家中,经过社会保障和福利制度的调节,收入差距的基尼系数平均降幅在30%左右。相比之下,中国社会保障和福利制度的调节力度有限,初次分配的基尼系数仅仅下降了8%。在一次分配差距过大的背景下,我国社会保障的共济性明显不足,公平作用有待加强。

第三,多层次社会保障体系有待健全。在我国目前的多层次社会保障体系中,基本社会保险发展相对较快,补充社会保险、商业保险发展滞后、结构失衡、缺乏活力,导致社会保险制度以及政府财政责任过大,个人和企业自我保障的积极性不足,相关市场发展不起来,最终将影响到我国社会保障制度整体发展的可持续性。

多层次养老保障体系主要依赖于基本养老保险制度,第二支柱和第三支柱仍有很大的发展空间。2018年年末全国企业年金基金累计结存1.48万亿元,但只有8.74万户企业建立了企业年金,参加职工人数仅为2388万人。建立企业年金的主要是国有大型企业和外资企业,中小企业覆盖率低。

多层次医疗保障体系同样出现较为严重的结构失衡,基本医疗保险责任过重,医疗救助有待进一步加强,商业健康保险的作用未能完全发挥。我国健康险保费规模仍然较小。与保险业自身发展比,2018年,健康险在总保费中占比仅为14%,占人身险保费收入的大约20%。[1] 从支出结构看,2018年,全国基本医保基金支出总量达17607.65亿元(其中,城镇职工基本医疗保险基金支出10504.92亿元,城乡居民基本医疗保险基金支出6284.51亿元,新农合基金支出818.22亿元),同年,直接医疗救助资金为281.65亿元,健康险全年赔付支出为1744.33亿元。基本医保支出在医疗保障总支出中的比重在89.68%左右,社会救助和商业健康险合计支出占总支出比重的10.32%,其中商业健康险支出占总支出比重的8.88%。

第四,经济转型对社会保障的新挑战。经过40多年的经济高速增长,近年来我国经济发展进入新阶段,由高速发展转向高质量发展,这也明显表现在经济增长速度上。我国已经告别两位数的高速增长时代,近年基本稳定在6.5%—7.0%之间的增长速度。同样,一般公共预算收入从2014年开始也告别了两位数的增长速度,2014—2018年增长速度分别为8.6%、5.8%、4.5%、7.4%和6.2%。[2]

---

① 根据银保监会网站相关统计数据计算。
② 数据来源于财政部网站统计数据。

一方面,经济转型对社会保障产生了不利影响,短期内经济增长速度放缓将带来就业压力加大,影响社会保险基金收入,加大社会保险支出,同时财政收入增长减缓又削弱了财政对社会保障的支持能力。另一方面,社会保障制度具有反经济周期功能,越是在经济下行周期,越是需要发挥社会保障制度的兜底保障功能。为适应这一经济转型过程中,尤其是中小企业发展的需要,借鉴发达国家的经验,我国连续几年降低企业社会保险缴费率,并加大失业保险基金支持职工转业培训及扩大就业的力度。中美贸易摩擦前景不明朗,国际贸易分工体系受到冲击,国际局势纷繁复杂,未来经济发展的不确定因素较多。如何发挥好社会保障平抑经济波动功能的同时又兼顾中长期收支平衡,是社会保障体系建设面临的新挑战。

三、我国社会保障制度发展未来展望

习近平总书记在党的十九大报告中明确提出,要按照兜底线、织密网、建机制的要求,全面建成覆盖全民、城乡统筹、权责清晰、保障适度、可持续的多层次社会保障体系。未来我国社会保障制度应当根据中央确定的新的奋斗目标和重大部署,针对制度的薄弱环节和面临的挑战,加大改革和建设力度,以适应社会主要矛盾的变化,适应新时代的需要,再经过30年的努力,在新中国成立100年时,为实现中华民族伟大复兴作出应有的贡献。

第一,坚持社会保障的广覆盖。进一步完善就业关联型社会保险制度模式,健全参保缴费激励机制,不断扩大保险覆盖范围,全面实施全民参保计划,尤其是要将中小微企业和广大农民工、灵活就业人员等作为扩面重点。适应新经济新业态发展需要,针对新的就业形态,完善现有制度或建立新制度,使新就业形态人员可以纳入社会保障制度。保持并适当增加财政补助力度,增强激励约束机制,使城乡居民养老保险和城乡居民医疗保险稳步发展,巩固改革发展成果,使经济社会发展成果受惠广大人民群众。完善社会救助制度,坚持兜底保障,将所有符合条件人群纳入救助范围,实现应保尽保。

第二，提高社会保障的公平性。进一步完善企业职工基本养老保险基金中央调剂制度，最终实现基础养老金全国统筹。进一步完善基本医疗保险制度，不断推进异地就医实时结算政策，提高医疗保障水平，进一步突出生命健康权利人人平等原则。完善城乡居民养老保险制度，适时研究与企业职工基本养老保险制度的整合，建立国民年金制度。建立兼顾各类人员的社会保障待遇确定机制和正常调整机制，统筹确定好各类群体的待遇差距，发挥社会保障调节社会分配的功能，逐步形成各类人员社会保险待遇的合理关系。实现低保制度与其他专项救助项目之间的衔接与整合，增强专项救助的针对性，减少捆绑在低保制度之上的附加性福利制度，避免"福利陷阱"。加强城乡救助制度的整合，避免形成新的不公。

第三，构建多层次社会保障体系。针对我国基本社会保险制度责任过重、补充保障发展空间不足的问题，未来我国应当进一步完善基本社会保险制度建设，加快补充保障制度发展，充分发挥不同层次保障制度的功能，形成保障制度的最大合力，全面建成多层次社会保障体系。继续夯实社会保险制度"保基本"的功能定位和基础，适当提高统筹层次，并加大社会保险管理经办能力建设。在全力提高社会保险自身保障效率的同时，适时适当降低社会保险费率，为其他层次保障体系的发展留出空间。针对补充社会保险和商业保险，制定实施全国统一的、完整的免税、延期征税等优惠政策体系。进一步健全社会救助体系，加强与社会保险制度的衔接，真正发挥兜底作用。

第四，促进社会保障制度可持续。完善社会保险筹资机制，建立健全多缴多得、长缴多得的社会保险激励机制，引导和鼓励参保人员通过增加缴费年限和提高缴费基数获得较高的基本养老金。适时延长15年的最低缴费年限要求。研究制定渐进式延迟退休年龄政策，改善职工基本养老保险抚养比。通过增加政府补贴等措施，引导城乡居民早参保、多缴费和长缴费。通过健全财政支持机制，明确划分政府间的社会保障事权和支出责任，进一步完善转移支付制度，为社会保障事业发展提供更好的资金保障。财政投入的重点方向是解决城镇职工养老金制度转轨的隐性债务,提高对城乡居民养老保险和城乡居民医疗保险的补贴水平,提高城乡居民最低生活保障标准。划拨部分国有资本充实社会保障基金,为缓解基本养老保险基金收支压力、实现制度的可持续发展提供有力支撑。

第五章　全力解决"看病难" "看病贵"问题

　　习近平总书记指出,没有人民健康就没有全面小康,人民群众身体健康水平直接关系人民群众的生活质量,与全体人民群众的根本利益和生活感受休戚相关,是实现美好生活目标,提高生活幸福感、获得感和安全感的最基本依据和最关键指标。新中国成立以来,党和政府高度重视人民健康对于美好生活的支持和保障作用,深入推进医疗卫生体制改革,完善医疗保障制度,加快药品生产流通体制改革,提高医疗卫生服务供给水平和供给质量。

　　经过 70 年的努力,我国已经建立起完备的医疗卫生服务体系,基本医疗保险覆盖全民,公共卫生服务水平不断提高,公立医院改革走向深入,人民就医可及性有所改善,就医负担有所减轻,健康水平显著提高。确保人民群众病有所医、医有所保、药有所安,为提高全民健康水平、增进全民健康福祉打下了坚实的制度基础。

第一节　国家主导:计划经济卫生体系

　　1949 年,全国仅有医疗卫生机构 3670 家,主要为教会医院、军队医院和防疫所,每千人口有医疗床位和卫生技术人员数量分别仅为 0.15 张、0.96 人,服务提供能力非常有限,农村医疗卫生基本处于空白状态,再加上药品生产能力短缺,医疗卫生保障制度完全缺位,根本无力解决人民群众的基本健康需求,主要健康指标持续低位徘徊,人均预期寿命仅35 岁,婴儿死亡率和孕产妇死亡率分别高达 200‰和 1500/10 万。

针对医疗卫生服务体系一穷二白、缺医少药的现实,在1952年12月第二届全国卫生会议,明确提出了"面向工农兵、预防为主、团结中西医、卫生工作与群众运动相结合"。以提高医疗卫生服务覆盖面、可及性为中心目标,广泛依托宝贵中医资源,搭建了与当时经济社会发展制度相适应,覆盖全民的医疗卫生服务网络和多方筹资机制,在经济发展水平还不发达的阶段,以较低的医疗卫生投入,有力地保障了人民群众基本健康所需和传染病等重大卫生风险防范,实现了医疗卫生服务支出较高水平分担,初步解决了病有所医、医有所保、药有所安的目标。其中农村合作医疗制度,被世界卫生组织誉为"发展中国家解决卫生经费的唯一典范",为发展中国家搭建覆盖全民的初级医疗卫生网络提供了宝贵的经验。

一、大力开展群众性爱国卫生运动

1952年开始,我国把革命时期群众运动工作方法大规模应用于公共卫生事业,积极开展群众性爱国卫生运动,并将其作为我国人民卫生事业的重要组成部分,在各级政府下建立了爱国卫生运动委员会,指导各企事业单位和群众开展工作。爱国卫生运动在培养个人卫生生活习惯,消灭病虫害、传染病中介源,美化城乡生活环境和卫生条件等方面,取得了良好效果。

爱国卫生运动根据工作重点,大体可以分为三个阶段(见表5-1)。第一阶段从1952年开始,着重做好基层卫生防疫和卫生环境建设工作。截至1952年年底,全国就清除垃圾7400万担,疏通沟渠28万余公里,新建改建厕所490多万个,改建水井130多万方。在城市填平大量"龙须沟"改建为公园和居住新村,建设地下排水管网,较短时间内使旧中国遗留下来的不良卫生条件得到有效改善。同时,逐步实行全民免费接种牛痘和卡介苗,通过强制性接种和创建卫生环境,初步控制了鼠疫等恶性传染性疾病暴发。

表5-1　改革开放以前我国爱国卫生运动发展阶段及成绩

时间	重点工作	主要成绩
1952—1957	基层卫生防疫和卫生环境建设	有效控制了鼠疫、霍乱等恶性传染病,有效改善了不良卫生条件

续表

时间	重点工作	主要成绩
1958—1965	消除"四害"等疾病传染病中介媒介物,建立卫生制度,培养卫生习惯	鼠疫、疟疾、黑热病、血吸虫病、天花等恶性传染病疫情基本消灭或全面消灭
1966—1978	农村"两管""五改"和城市环境卫生整治	城乡环境卫生面貌得到了较好的保持,传染病防治等工作成果进一步巩固

1958 年开始,爱国卫生运动进入第二个阶段,工作目标为"除四害、讲卫生",以达到消灭疾病、人人振奋、移风易俗、改造国家的目的,具体包括消除"四害"等疾病传染病中介媒介物,建立卫生制度,培养卫生习惯等内容。这一阶段,我国针对恶性传染病等开展专项防治,大力发动群众消灭老鼠、苍蝇、钉螺等传染病媒介物和孳生物,"四害"密度大幅下降;并为脊髓灰质炎、麻疹、流行性乙型脑炎、白喉、破伤风、百日咳和结核病等展开免费计划接种,使主要恶性传染性疾病得到了全面控制;鼠疫、疟疾、黑热病、血吸虫病、天花等恶性传染病疫情基本消灭或全面消灭。其中天花全面消灭时间早于发展中国家平均水平 16 年。

在"文化大革命"期间,我国医疗卫生工作受到极大破坏,部分传染性疾病重新死灰复燃。为控制疾病流行,爱国卫生运动又一次作出重大调整,工作重心转向农村"两管"(管理粪便垃圾、管理饮用水源)、"五改"(改良厕所、畜圈和禽圈、水井、环境、炉灶)和城市环境卫生整治。到 20 世纪 70 年代末,全国 9 亿农村人口中超过 50%可获得比较清洁安全的饮用水,城乡环境卫生面貌得到了较好的保持,传染病防治等工作成果进一步巩固。

除群众性爱国卫生运动外,这一时期也搭建起正规化的公共卫生服务体系。一方面,各级卫生防疫站、妇幼保健站等公共卫生机构自上而下建立。各公立医院、企事业单位卫生室和农村基层卫生服务机构,也承担着包括预防接种、传染病防治、健康教育在内的公共卫生职能,与专门的公共卫生机构密切协作、相互配合。同时,针对皮肤病、肺结核等传染性疾病和血吸虫病、大骨节病、克山病等地方性疾病,建立了专门的防治机构,兼顾疾病预防和临床治疗。

二、建立起适应国情的卫生服务提供机制

新中国成立后,我国政府高度重视卫生事业发展。在城市以行政区划为依据,分级建立了综合性医院和中医医院,在民族自治地区建立民族医学医院,并要求机关事业单位普遍建立医务室,厂矿企业单位根据职工人数建立医务室、医务所或者医院,使城市居民可以就近享受到一定质量的医疗服务。同时,医疗机构专业技术水平大幅提升,在器官移植、烧伤治疗、心脏外科、泌尿科、肾病科等重点临床方向和专科形成了具有中国特色的治疗经验,协和、同仁、华西、同济等部分高水平公立医院技术服务能力已经接近世界先进水平。1965年6月26日,毛泽东同志针对医疗机构集中于城市的情况,发出"把医疗卫生的工作重点放到农村去"的指示。"6·26"指示引导医疗卫生服务力量进一步向基层、向农村延伸,卫生经费中用于农村医疗卫生服务的比例逐步提高至60%。此后,我国加快建立起了包括村卫生室、公社医务所和县医院在内的农村三级卫生服务网络。农村三级卫生服务网络、赤脚医生和农村合作医疗制度,一度被称为解决我国农村医疗问题的三大法宝。

在相关政策的支持下,1949年至1978年,医疗床位数、医务人员数等服务能力指标保持持续增长(见表5-2)。服务能力的进步极大地提升了城乡居民服务可及性,带来主要健康指标的明显改善。到1978年,我国人均寿命已由1949年的35岁提高到将近70岁,婴儿死亡率由1949年的200‰降至34.7‰,孕产妇死亡率也大幅下降。

表5-2 计划经济时期我国医疗卫生服务能力增长情况

年份	医疗卫生机构数(个)	医疗床位数(万张)	卫生人员总数(万人)
1949	3670	8	51
1957	122954	30	104
1962	217985	69	141
1965	224266	77	153
1978	169732	107.9	310.6

> **专栏 5-1　"赤脚医生"与农村初级卫生保健**
>
> 　　所谓"赤脚医生"是从村集体内部成员或者下乡知青中选拔产生,通过短期速成培训方式使他们掌握初步的问诊、治疗技术能力。以"赤脚医生"为代表的农村初级卫生服务人员,重点提供预防性服务,能够为农村居民提供常见病的甄别、诊断和治疗,并负责开展卫生习惯培育等公共卫生管理工作,满足农村居民急迫的医疗卫生服务需要。由于医疗技术水平不高,再加上资金和可使用的药品非常有限,"赤脚医生"在开展服务时候,广泛依托我国宝贵的传统医学和中医药资源,就近用各种"土方""土药"解决农村居民就医需求。

三、形成多方负担的医疗保障和卫生筹资制度

　　在城市,职工及其家属根据所服务单位性质的不同,分别参加公费医疗和劳保医疗制度。其中公费医疗制度面向机关事业单位工作人员,由本级财政根据单位人员数量和标准直接向供养的机关事业单位下达卫生费用,用于职工及家属的就医费用报销。劳保医疗制度在劳动保险制度下统筹管理,所需资金最初在劳动保险费项目下支出,并可以从企业福利费中补充,在劳动保险蜕化为企业保障后,统一在企业职工福利金项目下列支。在这两种制度下,职工可以获得合规医疗费用约 90% 的报销,职工家庭中未就业配偶、未成年子女可以获得医疗费用约 50% 的报销。必须指出,公费医疗、劳保医疗均不是所谓的免费医疗制度,而是在医疗行为发生后,进行后付费的结算支付。公费医疗和劳保医疗均须遵循定点首诊、逐级转诊的分级诊疗管理,有效地约束了就医秩序,提升了资金利用效率。

　　在农村,由合作医疗筹资并提供初级卫生服务。由公社在集体经济收入提取合作医疗基金、集体经济成员适当缴费,并规定了"赤脚医生"和其他初级医疗卫生人员在本村集体计算"公分"等方式,保障公社卫生所及农村医务室所需药品、服务和人员支出。其中个人筹资比例在个人收入的 0.5%—2% 之间,总体约占合作医疗基金的 30%—50%。到 1976 年,有超过 93% 的人民公社已经建立了合作医疗制度。合作医疗在扩大卫生服务和医疗保障覆盖范围、解决农村医疗卫生从无到有方面发挥了历史性的贡献,并得到了世界的认可和肯定。世界卫生组织在对中国合

作医疗制度进行多次考察后指出,合作医疗"向人民提供低费用和适宜的医疗保健技术服务,满足大多数人的基本卫生需求","是低收入国家举世无双的成就",有力促进了"中国卫生状况的显著改善和居民期望寿命的显著增加",并将其作为范本向发展中国家推广。世界银行也将中国合作医疗制度誉为"卫生革命"。但也要看到,合作医疗的服务和保障水平是非常基础且不稳定的,"赤脚医生"不能进行复杂疾病的诊治,村集体成员须转诊至县级及以上医疗机构,合作医疗是否提供报销,以及实际报销范围、报销比例,均由本集体经济的合作医疗基金管理人员考虑盈余程度确定,农民遇到大病仍然需要"自掏腰包"。

第二节　改革初探:恢复医疗卫生服务能力

"文化大革命"时期,我国医疗卫生事业在曲折中发展,尽管出现了农村合作医疗制度等局部亮点,但总体来看,医疗卫生服务整体供给能力受到较大摧残。濒临崩溃的国民经济和薄弱的财政基础,导致卫生费用长期短缺。医疗高等教育中断,医疗卫生队伍青黄不接。医疗机构硬件设施落后,国际交流近乎空白,专业人员知识水平老化,医疗技术能力低下。传统公费医疗体制可持续性面临挑战,部分建厂历史久、退休职工多、工伤职业病多发的老企业难以承受公费医疗报销压力,按照医疗费用定额包干或仅对超支部分按一定比例报销的办法。

1978 年,我国正式开启改革开放新的历史时期,要求医疗卫生制度加快进行适应性调整,加强卫生事业管理,恢复医疗卫生供给,调整医疗机构补助方式和水平,提升医疗服务绩效和技术能力。同时,公费医疗制度运行不稳定和抗风险能力弱的弊端逐步暴露,建立社会共担的医疗保险制度的呼声逐渐变强。受改革开放初期"按经济规律办事"思路影响,经济手段开始应用于医疗卫生事业领域和医疗保障制度建设,在医保方案设计中也出现了与个人利益挂钩的情况,医改市场化导向正在孕育。1978 年至 1982 年,可以视为我国医疗卫生服务供给能力的恢复阶段。

一、扩大和改善城市医疗卫生服务能力

卫生部以加强医疗卫生人员培养和规范医疗服务机构建设为抓手，及时恢复和提高城市卫生服务能力，卫生人员数量明显增长，服务范围和数量有所扩大。从 1978 年到 1992 年，我国卫生人员数量从 310.6 万人增长到 514 万人，增幅为 65.5%；卫生机构数量从 16.98 万个增加到 20.48 万个，增幅为 20.6%；卫生机构床位数量从 107.9 万张增加到 199.3 万张，增幅为 84.7%。医疗卫生服务能力的改善使城乡居民就医需求得到合理释放，1980 年到 1992 年，城市医疗机构诊疗人次从 10.53 亿人次增长到 15.35 亿人次，增幅达到 45.8%。

二、强调个人卫生筹资责任

1985 年，国务院批转了卫生部《关于卫生工作改革若干政策问题的报告》，扩大医院自主权，允许医院根据服务技术和设施投入情况调整服务收费标准。1989 年，国务院批转了卫生部、财政部等五部门《关于扩大医疗卫生服务有关问题的意见》，在医疗机构内部推进各种形式的承包责任制，鼓励开展有偿业务服务，并要求卫生事业单位实行"以副补主"和"以工助医"等。

相关政策在激发机构服务活力、扩大服务有效供给的同时，也在一定程度上恶化了医疗卫生筹资结构，使个人负担有所加重。在卫生总费用中，政府预算卫生支出占比从 1978 年的 32.2% 下降到 1989 年的 27.3%，社会卫生支出占比从 1978 年的 47.4% 下降到 1989 年的 38.6%；而个人现金卫生支出占比快速攀升，由 1978 年的 20.4% 增长到 1989 年的 34.1%，较改革开放初期增长约 1.7 倍。

三、医疗机构"一大二公"格局初步改变

1980 年，国务院批转了卫生部《关于允许个体开业行医问题的请示报告》，允许过去领有开业执照、现无工作、仍能继续行医者，因各种原因目前未在国家或集体医疗机构工作的中医（包括民族医）、西医、助产士

和牙科技工,以及一部分原在国家或集体医疗机构工作现已退休的医生、助产士和牙科技工等三类人员,作为个体开业医生行医。这初步改变了医疗机构"一大二公"的格局,在一定程度上弥补了国家对医疗资源投入的不足,促使国有医院的改革更加顺利地进行。

四、基本医疗保险制度改革启动

1984年4月28日,卫生部和财政部联合发出《关于进一步加强公费医疗管理的通知》,提出要积极慎重地改革公费医疗制度,开始了政府对传统公费医疗制度改革探索的新阶段。此后,部分地方开始通过区域、行业大病统筹方式控制卫生费用,如,河北石家庄地区自1985年11月起,先后在六个县、市开展离退休人员医疗费用社会统筹试点。

1988年3月25日,经国务院批准,成立了由卫生部牵头,国家体改委、劳动部、卫生部、财政部、医药管理总局等八个部门参与的医疗制度改革方案研究并对医疗改革试点进行指导。同年7月,该小组提出以大病医疗费用社会统筹为基础构建基本医疗保险制度,作为国企改革和医疗制度改革的重要配套。在相关政策指导下,1990年起,丹东、四平、黄石、株洲开始进行医疗保险制度改革试点。1991年9月,深圳市成立医疗保险局,并颁布了相关职工医保政策规定;同年11月,海南省颁布了《海南省职工医疗保险暂行规定》,并于1992年1月1日起施行。

第三节　结构逆转:我国医改出现
阶段性"市场化"导向

1992年10月,党的十四大明确提出经济体制改革的目标是建立社会主义市场经济体制。1993年,党的十四届三中全会通过了《中共中央关于建立社会主义市场经济体制若干问题的决定》。在卫生医疗领域,继续探索适应社会主义市场经济环境的医疗卫生体制成为改革的主要目标。受经济体制市场化改革影响和"效率优先"理念浸润,以1992年国务院下发的《关于深化卫生医疗体制改革的几点意见》为标志,医疗卫生服务体制改革正式启动。从 1992 年到 2002 年的医改,重点在于全面提升医疗卫生服务筹资能力,"建设靠国家,吃饭靠自己"的市场化理念成为医改主旋律,刺激了医疗卫生机构和人员创收,弥补国家卫生投入不足,在提升了医疗卫生服务筹资能力并联动扩大服务积极性的同时,也严重影响了医疗卫生服务体系的公益性,扭曲的费用偿付机制使"看病难""看病贵"问题突出,群众反映强烈。

一、服务能力建设停滞甚至局部倒退

由于政府卫生投入长期不足,再加上鼓励医疗机构"吃饭靠自己",造成了机构运营出现短视化倾向,医疗机构既缺少设备购置和扩大服务能力的资金,也逐步丧失支持机构长期持续发展的动力,造成医疗卫生服务能力建设长期陷入停滞。1993 年至 2000 年,卫生机构人员数、卫生机构床位数、每千人医生数、每千人床位数等关键指标分别仅增长了 7.21%、2.52%、8.39% 和 0.85%,没有显著提升和改善,其中每千人床位数指标甚至出现了阶段性负增长情况。

农村医疗卫生服务能力大幅衰退。我国农村合作医疗制度一度覆盖了 93% 的生产大队和 85% 的农村人口,是村级卫生的主要提供方式和农村三级卫生服务购买来源。但随着经济体制改革深化和集体经济普遍转型,农村合作医疗制度全面瓦解,村级卫生受到严重冲击。由于缺少稳定的服务购买支持,乡镇卫生院和县级医院服务能力大幅衰退,县级医院、乡镇卫生院床位数从 1990 年的 123.74 万张下降至 2001 年的 101.73 万张;县级及以下医疗机构卫生技术人员数从 1990 年的 171.26 万人下降到 2001 年的 163.6 万人。农村三级卫生服务网络断裂,使农村居民"病无所医"问题重新出现。

医疗服务供给发展停滞,而城乡居民收入增长和医保制度建立带来的医疗需求激增,医疗供需总量失衡形势严峻,城乡居民就医可及性受到较大挑战,"看病难"问题凸显。

二、医疗卫生服务体系公益性出现扭曲

1992 年 9 月,国务院下发《关于深化卫生医疗体制改革的几点意见》,

要求拓宽卫生筹资渠道,完善费用补偿机制;鼓励采取部门和企业投资、单位自筹、个人集资、银行贷款、社团捐赠、建立基金等多种形式,多渠道筹集社会资金,用于卫生建设;同时,要求打破平均主义分配方式,支持医疗单位在实行工资总额包干的基础上,对包干结余和创收部分,在保证事业发展和完成科教任务的前提下,可由单位自主支配,支持有条件的单位办成经济实体或实行企业化管理,做到自主经营、自负盈亏。该文件进一步刺激了医疗机构的经济利益导向,为一些机构通过开大处方、大检查方式进行过度医疗和诱导医疗提供了政策通道。卫生部在落实相关政策精神时,进一步提出了"建设靠国家,吃饭靠自己"的理念,在此理念下,在"以工助医""以副补主"等方面取得新成绩,鼓励医疗机构积极创收,弥补国家财政资助的不足,但使医疗机构的公益性发挥受到极大影响。

1997 年,《中共中央、国务院关于卫生改革与发展的决定》虽然重申了公立卫生机构是非营利性公益事业单位,并明确提出了增加卫生投入和医药分开核算的改革要求,但同时把政府支付责任局限在了政府办的各类卫生机构的基本建设及大型设备的购置费、维修费,离退休人员费用和卫生人员的医疗保险费,预防保健机构的人员经费和基本预防保健业务经费等几种支出上,而医药分开政策并没有得到落实,使医疗机构对各类有偿医疗行为和"以药养医""检查养医"的依赖程度不断加深。

在强调机构自负盈亏的导向下,我国卫生费用筹资结构出现了根本性逆转。1990 — 2002 年,政府和社会卫生支出占卫生总费用的比重由59.64%下降为32.58%;个人卫生支出占卫生总费用的比重由40.36%上升为67.42%,政府卫生投入明显不足。其中,个人现金卫生支出大约占个人卫生支出的90%,绝大多数医疗费用需要由个人直接负担,医保对于医疗费用的分担能力日趋弱化,酿成较为严重的"看病贵"问题。

三、统一的职工基本医保制度建立

在借鉴国际医保个人账户相关做法的基础上,1994 年,国家体改委、财政部、劳动部、卫生部共同制定了《关于职工医疗制度改革的试点意见》,经国务院批准,在江苏省镇江市、江西省九江市进行了试点,即著名的"两江试点"。"两江试点"初步建立了医疗保险"统账结合"(社会统筹与个人账户相结合)的城镇职工医疗保险模式。此后,"统账结合"基本医疗保险制度试点范围先后扩大到 58 个城市,由于制度比较充分地尊重了退休职工的医疗保险权益,且个人账户制度设计与改革初期强调个人权责对应的社会理念相适应,有效地调动了在职职工参保积极性,"统账结合"模式试点效果良好,社会反映积极。

1998 年 12 月,《国务院关于建立城镇职工基本医疗保险制度的决定》正式下发,在全国范围内统一职工基本医疗保险政策框架,要求 1999 年,在全国范围内建立覆盖全体城镇职工的基本医疗保险制度。截至 2000 年年底,全国已有 320 个统筹地区出台医保改革方案,284 个地区组织实施,参保人数 4332 万人。

第四节 医疗卫生服务公益性回归

随着"看病难""看病贵"问题日益凸显,医疗卫生领域内的政府主导和市场主导之争逐步成为管理部门、理论界和社会所关注的焦点问题。2002 年,党的十六大提出了全面建设小康社会的奋斗目标,把社会更加和谐、人民生活更加殷实作为小康社会的重要指标。2003 年的"非典"事件充分暴露了城乡基层医疗卫生服务能力的"短板"和公共卫生体系的"溃败",倒逼政府增加公立医疗机构的设施、设备和人员投入。在此背景下,从 2003 年到 2008 年,医疗卫生服务体制改革的大方向也开始扭转,由市场化导向转向重新强调医疗服务的社会事业公益属性,统筹推动三医联动,提升医疗卫生服务公益性,恢复城镇基层服务和农村三级服务网络。同时,重建农村基本医疗保障制度,推动医保广覆盖,以减轻个人就医压力。

一、明确政府责任,提出"三医联动"理念

针对个人医疗费用负担增长过快、"看病难"和"看病贵"现象突出的

问题,2000年国务院办公厅转发了国务院体改办等八部门《关于城镇医药卫生体制改革的指导意见》,明确了要同步推进职工基本医疗保险制度、医疗卫生体制和药品生产流通体制三项改革,用比较低廉的费用提供比较优质的医疗服务,满足城镇广大职工基本医疗服务的需求,从而初步确定了推动医疗卫生体制改革需要医疗、医药和医保"三医联动"的医改架构。这是我国医疗卫生体制改革过程中又一里程碑式的指导政策。

在"三医联动"框架指导下,政府对于人民群众健康促进的主体责任得到了初步明确,政府预算卫生支出水平大幅提高,20世纪80年代以来政府卫生投入持续下降的趋势得到了初步扭转。2000年至2008年,政府卫生支出的绝对水平从709.5亿元提高到3593.9亿元,年均增幅达到19.75%,高于同期卫生总费用增幅约6.3个百分点。政府预算卫生支出占卫生总费用的比例从2000年的14.9%提高到2008年的24.7%。

但此轮医改虽然认识到了破除"以药养医"对降低就医负担的积极意义,但未能从根本上解决公立医疗机构的费用补偿问题,医疗机构依然通过药品、耗材弥补服务成本,并且在逐利动机驱动下,大检查、大处方现象仍然比较普遍。人均药品支出快速攀升,药品支出占医疗卫生费用成本比例仍处于高位。2008年,我国门诊、急诊病人次均药费为74.0元,药占比为50.5%;住院病人次均药费为2400.4元,药占比为43.9%,门诊、急诊和住院的次均药费较2000年分别增长了4.39%和5.95%;药占比较2000年分别仅下降8.1个和2.2个百分点。

二、重建城乡多级公共卫生和基层服务网络

2003年"非典"事件暴露出我国城镇公共卫生体系存在严重的末梢"肌无力"问题,各级各类公共卫生机构长期以来忙于有偿服务,公共卫生基本职能濒于崩溃。2003年开始,我国以加强疾控中心系统建设和基层社区卫生服务组织建设为重点,着力恢复城镇公共卫生体系功能。

一方面,恢复发展疾病预防控制体系。2005年1月,卫生部颁行《关于疾病预防控制体系建设的若干规定》,要求建立国家、省、设区的市、县

四级疾病预防控制网络,并强化各级医疗机构的公共卫生职能。明确疾控职能的经费落实,城乡基层疾病预防控制任务主要由城镇社区卫生服务中心、村卫生室、乡村医生等提供,并按其服务数量与质量予以合理经费补助。疾病预防控制机构向社会提供公共卫生服务所需经费,由同级政府预算和单位上缴的预算外资金统筹安排。对涉及面广、危害严重的重大传染病预防控制、地方病和职业病的预防控制、突发公共卫生事件应急处理、重大灾害防疫等项目,中央财政和省级财政予以补助。

另一方面,加强城市基层社区卫生设施和组织建设。2006 年年初,下发《国务院关于发展城市社区卫生服务的指导意见》,明确社区卫生服务以基层医疗机构为主体,以全科医生为骨干,以解决社区主要卫生问题、满足基本卫生需求为目的,使城市居民可以享受到与经济社会发展水平相适应的基本卫生服务。我国社区卫生服务中心(站)数量由 2002 年的 8221 个,增加至 2008 年的 24260 个,增长近 2 倍。

三、恢复和发展农村三级卫生网络

2003 年,我国开始试点并推广新型农村合作医疗制度。基本医疗保险为各类农村卫生机构提供了稳定的筹资支持,使农村三级医疗卫生网络得到了恢复和重建,服务能力和实际服务供给显著提升。县级医院数量从 2003 年的 2057 所增加至 2008 年的 8874 所,增长了 3.31 倍;乡镇医院床位数从 2003 年的 68.6 万张增加至 2008 年的 84.7 万张,增长了 23.5%。

新型农村合作医疗制度的普遍覆盖和农村卫生服务能力提升,极大地改善了农村居民就医可及性和便利性,合理诊疗需求得到有效满足,"病有所医"矛盾得到较大缓解。2003 年到 2008 年,县医院诊疗人次和入院人数分别从 1.5 亿人次和 849.8 万人增加到 5.9 亿人次和 3353.0 万人,增幅分别为 293.3% 和 294.6%;乡镇卫生院诊疗人次和入院人数分别从 6.9 亿人次和 1608 万人增加到 8.3 亿人次和 3313 万人,增幅分别为 20.3% 和 106.0%。

四、"全民医保"体系正式确立

新型农村合作医疗制度基本覆盖。2003年1月,《国务院办公厅转发卫生部等部门关于建立新型农村合作医疗制度意见的通知》,要求从2003年起开始试点建立新型农村合作医疗制度。新农合是以农村居民为对象,由政府组织、引导、支持,农民自愿参加,个人、集体和政府多方筹资,以大病统筹为主的基本医疗保险制度。到2008年,全国已经有2729个县(区、市)开展了新型农村合作医疗,参合农民8.15亿人,参合率达到91.5%。

城镇居民医疗保险制度开始试点。在新农合前期试点并取得积极成效的基础上,国务院于2007年7月下发《国务院关于开展城镇居民基本医疗保险试点的指导意见》,以没有医疗保障制度安排的主城镇非从业居民为对象,开展城镇居民基本医疗保险制度试点。2008年10月进一步明确,在校大学生群体纳入城镇居民医保试点范围,中国特色的"全民医保"体系实现了制度全覆盖。

专栏5-2　"全民医保"体系的"中国方案"

我国以建立新农合和城镇居民基本医保为突破,不断完善基本医疗保险制度设计,丰富保障内涵,实现制度全民覆盖,为发展中国家扩大社会保障覆盖范围和各国解决非就业人员社会保障兜底提供了有益的经验参考。由于我国在扩大基本医疗保险等社保制度覆盖面方面的突出贡献,国际社会保障协会2016年授予我国政府杰出成就奖。

一是建立面向非正规就业群体的医保制度。在建立面向城镇正规就业群体的职工基本医疗保险制度基础上,统筹考虑农村居民、城镇非就业居民的负担能力和保障需要,建立专门居民医疗保险制度,实现不同经济特征人群在保障供需方面各得其所。

二是根据主体负担能力循序渐进地提高保障水平。居民医保财政补助水平由制度建立初期的10元,逐步提高至每年4500元左右,政策内住院报销比例达到70%左右,报销上限不低于本地城乡居民人均收入水平的8倍。

三是根据保障对象需要完善制度框架和运行机制。针对重特大疾病带来的高额医疗费用分担需要,引入市场机制,建立大病保险制度。逐步建立门诊统筹或门诊特殊病制度,减轻城乡居民在常见病、慢性病方面的就医经济负担,使参保对象受益更加广泛。

城镇职工基本医疗保险制度不断扩面。2003年、2004年,劳动和社

会保障部先后出台了《关于城镇灵活就业人员参加基本医疗保险的指导意见》《关于推进混合所有制企业和非公有制经济组织从业人员参加医疗保险的意见》，将灵活就业人员、混合所有制企业和非公有制经济组织从业人员以及农村进城务工人员纳入职工医疗保险范围，并从 2006 年启动农民工扩面专项行动，以省会、大中城市中农民工比较集中的加工制造业、建筑业、采掘业和服务业等行业为重点，通过三年时间已基本将城镇单位建立劳动关系农民工纳入职工医保覆盖范围。截至 2008 年年底，职工基本医疗保险参保人数达到 19996 万人，较 2000 年增长了 361.59%，制度应保尽保基本实现。

第五节　医改向纵深发展

2008 年年底，成立了十六部委组成的深化医药卫生体制改革领导小组，统筹协调医改中的重大问题。2009 年，《中共中央国务院关于深化医药卫生体制改革的意见》正式发布，标志着我国新医改全面启动。2016年 10 月，《"健康中国 2030"规划纲要》发布，从国家战略层面统筹深化医疗卫生体制改革，并明确了国民健康中长期目标。与以往"头痛医头"的应急式改革不同，在健康中国战略指导下的新医改，着力于搭建"四梁八柱"医疗卫生改革政策体系，建立覆盖城乡居民的基本医疗卫生制度，加强顶层设计，构建系统性医改体系，全面提升医疗卫生服务能力和医疗保障水平，有效减轻居民就医费用负担，切实缓解"看病难""看病贵"问题，提升人民群众健康水平。

一、"四梁八柱"改革主体框架确立

在《中共中央国务院关于深化医药卫生体制改革的意见》中明确提出，到 2020 年，基本建立覆盖城乡居民的基本医疗卫生制度，在深入推进前期改革基础上，着力改革药品供应保障体系，建立比较科学的医疗卫生机构管理体制和运行机制，形成多元办医格局，进一步提高人民群众的健康水平。

新医改方案着力强调政策体系的顶层设计,建设覆盖城乡居民的医疗服务体系、公共卫生服务体系、医疗保障体系、药品供应保障体系,形成"四位一体"的基本医疗卫生制度,四大体系相辅相成,配套建设,协调发展;完善医药卫生的管理体制、运行机制、投入机制、价格形成机制,加强科技与人才保障、信息系统、监管体制机制、法制建设,保障医药卫生体系有效规范运转。"四梁八柱"既是医疗卫生体系的基本制度框架,也是新医改的改革重点内容和关键领域(见图5-1)。

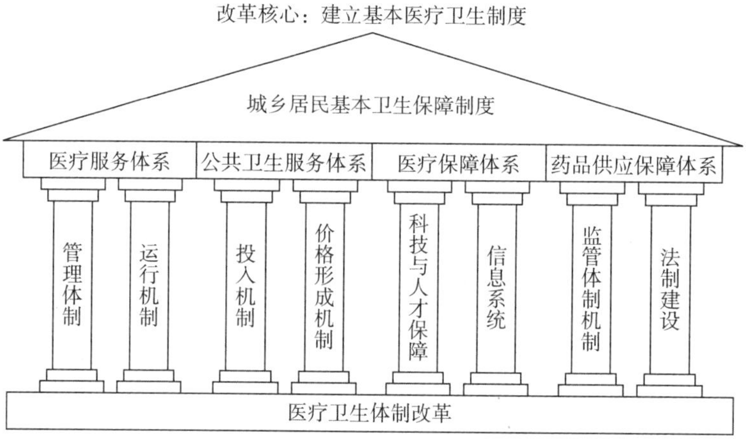

改革核心:建立基本医疗卫生制度

图5-1　新医改"四梁八柱"总体框架

二、提出《"健康中国2030"规划纲要》

2016年10月,中共中央、国务院印发《"健康中国2030"规划纲要》要以提高人民健康水平为核心,以体制机制改革创新为动力,以普及健康生活、优化健康服务、完善健康保障、建设健康环境、发展健康产业为重点,把健康融入所有政策,加快转变健康领域发展方式,全方位、全周期维护和保障人民健康,大幅提高健康水平,显著改善健康公平。"健康中国2030"从国家战略层面统筹各类健康保障和健康促进政策,将深化医疗卫生体制改革和健全医疗保障体系作为"健康中国2030"重要组成部分统筹谋划、全面推进,为深化医改提供了更高的定位和更坚实的政策指引。党的十九大报告中明确提出,深化医药卫生体制改革,全面建立中国特色基本医疗卫生制度、医疗保障制度和优质高效的医疗卫生服务体系,健全现代医院管理制度。进一步强调了在"健康中国"战略下,统筹医改"四梁八柱"基本政策,全面深化改革。

根据《"健康中国2030"规划纲要》,到2020年,建立覆盖城乡居民的中国特色基本医疗卫生制度,健康素养水平持续提高,健康服务体系完善高效,人人享有基本医疗卫生服务和基本体育健身服务,基本形成内涵丰富、结构合理的健康产业体系,主要健康指标居于中高收入国家前列。到2030年,促进全民健康的制度体系更加完善,健康领域发展更加协调,健康生活方式得到普及,健康服务质量和健康保障水平不断提高,健康产业繁荣发展,基本实现健康公平,主要健康指标进入高收入国家行列。为我国全面深化医改指明了中长期发展方向(见表5-3)。

表5-3 我国中长期健康指标

指标类型	指 标	2020年	2030年
健康水平	人均预期寿命(岁)	77.3	79.0
	婴儿死亡率(‰)	7.5	5.0
	5岁以下儿童死亡率(‰)	9.5	6.0
	孕产妇死亡率(1/10万)	18.0	12.0
	城乡居民达到《国民体质测定标准》合格以上的人数比例(%)	90.6	92.2
健康生活	居民健康素养水平(%)	20	30
	经常参加体育锻炼人数(亿人)	4.35	5.3
健康服务与保障	重大慢性病过早死亡率(%)	比2015年降低10%	比2015年降低30%
	每千常住人口执业(助理)医师数(人)	2.5	3.0
	个人卫生支出占卫生总费用的比重(%)	28左右	25左右
健康环境	地级及以上城市空气质量优良天数比率(%)	>80	持续改善
	地表水质量达到或好于Ⅲ类水体比例(%)	>70	持续改善
健康产业	健康服务业总规模(万亿元)	>8	16

三、个人就医负担明显减轻

新医改以来,遵循"保基本、强基层、建机制"的改革要求,全面实施国家基本公共卫生服务和重大公共卫生项目,加大基层医疗卫生机构补助力度,支持高水平公立医疗机构较快发展,政府卫生投入责任得到比较充分的落实。2017年,全国财政医疗卫生支出规模超过1.4万亿元,约为新医改启动前水平的4.4倍。卫生总费用中,政府卫生支出由2009年的4816.2亿元增长至2017年的15517.3亿元,增长约2.22倍,政府卫生支出占卫生总费用比例由2009年的27.5%攀升至2017年的30.1%。

同时,在政府财政支持下,全民医保体系功能得到更加充分的发挥,卫生偿付能力不断提升,促进卫生筹资结构实现根本性优化。新医改以来,我国社会卫生支出占卫生总费用比例由35.1%升至41.1%,个人卫生支出比例由37.5%降至28.8%,社会卫生支出已经成为医疗卫生服务的主要筹资来源,个人就医负担进一步减轻(见图5-2)。

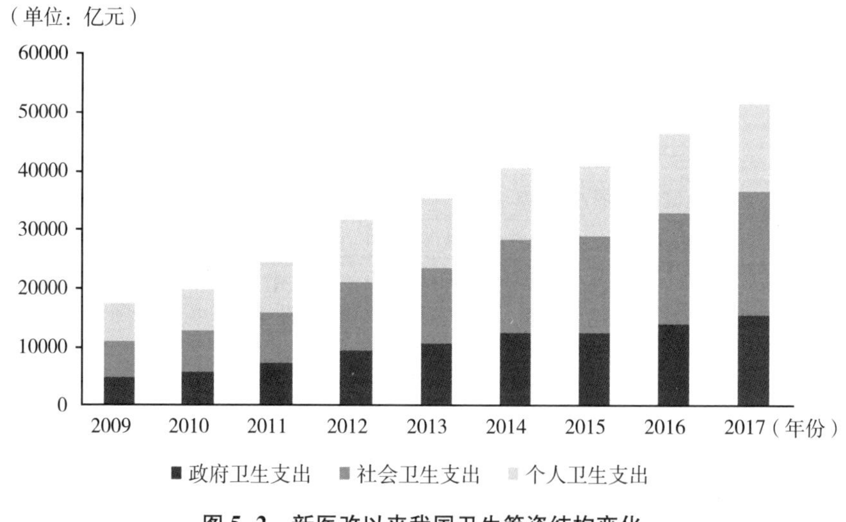

（单位：亿元）

图 5-2　新医改以来我国卫生筹资结构变化

四、医疗资源供给更加优质有序

一是医疗卫生资源有效供给水平全面提升。一方面,医疗卫生资源有效供给水平持续保持快速增长,2017年,全国医疗卫生机构床位数为794.0万张,其中医院床位数612.0万张,占77.1%。医疗床位数水平较2009年增长了79.76%,年均增幅达到7.6%。同时,医疗资源分配得到了整合优化,等级公立医疗机构配置结构更加均衡,增强了优质医疗的辐射集聚和纵向流动。各地以市级高水平公立医院为龙头,以县级医院为支撑的"1小时优质医疗服务圈"基本形成,城乡居民就医诊疗意愿得到了充分释放,"看不到病"的时代一去不复返。

二是破除"以药养医"迈出关键一步。深入推进公立医院改革是新医改的重中之重,而破除"以药养医"的不合理医疗费用偿付机制又是公立医院改革的关键领域。2010年2月,卫生部等五部门联合发布《关于公立医院改革试点的指导意见》,开始在17个城市试点公立医院改革,推进医药分开,取消药品加成,完善医疗保障支付机制。2012年又以医药分开为重点,启动县级公立医院综合改革。到2015年,增设城市公立医院改革试点城市66个,并要求全国所有县级公立医院全面实施医药分开。到2016年年底,公立医院的药占比已经由2009年的46%下降到2016年年底的不到40%。在前期两轮试点的基础上,明确2017年年底城市公立医院全部取消药品加成,利用服务收费和政府补助两个渠道弥补医药收入缺口,预计可以使个人医药费用负担下降600亿—700亿元。自此,药品销售从医疗机构的收入来源转变为成本构成,在医疗机构层面使"以药养医"问题得到了根本解决。同时,全面推进公立医疗机构价格综合改革,降低检查治疗和检验价格,避免"用耗材""大检查""多化验"等不合理获利手段,推动形成"以技养医"的公立医疗机构费用偿付新格局。

专栏5-3　破除"以药养医"政策"组合拳"

一是全面取消药品加成。各级各类公立医疗机构于2017年9月前全部取消药品加成,除中药饮片外其他药品实施"零差率"销售,推动破除"以药养医"。

二是优化医疗服务价格结构。动态调整医疗服务价格,试点推广医事服务费制度,重点提高诊疗、手术、康复、护理等体现医务人员技术劳动价值的项目价格,以提供科学、合理、优质诊疗服务作为公立医疗机构主要收益来源,推动形成"以技养医"格局。同时大幅降低设备检查治疗和检验价格。

三是医保分担有增有减。把调整后的医疗服务类收费纳入医保支付范围,不增加参保人员的经济负担。加强医保控费管理,为医疗服务价格调整和药品"零差率"改革腾出空间。

四是做好财政投入政策衔接。对于药品"零差率"政策实施形成的收入缺口,服务费用调整后仍然不能弥补的部分,由各级财政按比例予以补助。

三是分级诊疗优化就医秩序取得积极进展。为合理配置医疗资源,促进基本医疗卫生服务均等化发展,2015年9月,《国务院办公厅关于推进分级诊疗制度建设的指导意见》发布,要求到2017年建立起基层首诊、双向转诊、急慢分治和上下联动的分级诊疗体系,通过提高县级公立医院综合服务能力,推进区域医疗资源共享,鼓励优质医疗下沉基层,建立公立医院床位调控机制,推进医保支付机制改革等手段合理规范就医秩序。2017年我国三级医院病床使用率为98.6%,较2009年和2012年分别下降3.9个和5.9个百分点,表明服务需求开始向二级以下基层医疗机构分流,分级诊疗改革成效有所体现(见表5-4)。

表5-4　新医改以来我国医院病床使用率情况　　（单位:%）

年份	医院床位使用率	其中:公立医院	其中:三级医院
2009	84.8	87.7	102.5
2010	86.7	90.0	102.9
2011	88.5	92.0	104.2
2012	90.1	94.3	104.5
2013	89.0	93.5	102.9
2014	88.0	92.8	101.8
2015	85.4	90.4	98.8
2016	85.3	91.0	98.8
2017	85.0	91.3	98.6

四是"互联网+医疗健康"全面启动。2018年4月,国务院办公厅下发《国务院办公厅关于促进"互联网+医疗健康"发展的意见》,要求积极发展"互联网+"医疗服务、创新"互联网+"公共卫生服务、优化"互联网+"家庭医生签约服务等,为各地公立医院发展互联网医院,并在咨询、问诊、挂号等轻量化业务基础上,向在线复诊、远程诊疗等业务延伸提供了政策空间。

五、多层次医保保障体系初步形成

一是基本医疗保险制度结构更加完善。2016年1月,国务院印发《国务院关于整合城乡居民基本医疗保险制度的意见》,要求各地整合新农合和城镇居民基本医疗保险,并统一覆盖范围、统一筹资政策、统一保障待遇、统一医保目录、统一定点管理、统一基金管理。目前,城乡居民医保整合基本完成,在报销目录、重特大疾病保障、国家谈判药目录等关键环节实现了制度统一,促进制度更加公平发展。调整居民基本医保待遇结构,门诊统筹普遍建立,城乡居民负担较重的多发病、慢性病费用得到部分分担。

二是试点税收优惠健康保险政策,丰富保障层次。2015年5月8日,财政部、国家税务总局和中国保监会联合发出《关于开展商业健康保险个人所得税政策试点工作的通知》,明确试点地区个人和企事业单位购买符合规定的商业健康保险产品的支出允许在当年(月)个人计算应纳税所得额时予以税前扣除,扣除限额为2400元/年(200元/月),对商业健康保险筹资扩大起到了进一步的促进和推动作用。

专栏5-4　我国个人税收优惠商业健康保险的基本特征

一是自愿参保,税收优惠。个人税收优惠商业健康保险由商业保险公司公开发售,由企业和有意愿投保的人员自主、自愿购买。所缴保费可按照2400元/年的限额标准予以税前扣除,降低了被保险人购买健康保险的经济支出。

二是万能保险,保障双全。目前出台产品均采用万能保险方式,包括医疗保险和个人账户积累两项责任,医疗保险对投保期间的医疗费用进行承保分担。个人账户设计使投保人员部分缴费能够保值增值,保障功能向退休延伸,用于支付退休后的健康保险费用和个人医疗自负。

续表

专栏 5-4　我国个人税收优惠商业健康保险的基本特征

　　三是覆盖广泛,持久投保。保障人群为16周岁以上、未满法定退休年龄、适用健康保险税收优惠政策的纳税人,投保时根据其健康状况确定为既往症人群在投保前连续纳税满1年也可投保。健康险产品保证续保至法定退休年龄,在保证续保期间内,不得因被保险人的健康状况而拒绝投保人续保。

　　四是责任全面,紧密衔接。个人税收优惠商业健康保险提供包括住院及住院前后门(急)诊保险责任、特点门诊和慢性病门诊责任及健康管理责任等全方位保障。产品设计与基本医疗保险紧密衔接,在基本医疗保险基础上提供补充报销。

　　三是制度保障能力明显增强。城乡居民大病保险全面建立,运用市场机制对重特大疾病参保对象高额医疗费用进行二次报销,有效防止发生家庭灾难性医疗支出,遏制因病致贫、返贫现象发生。国家谈判药目录出台,使一批专利药、靶向药、创新药进入医保目录,使药品医保支付价格和患者实际自付水平大幅下降,极大缓解了重特大疾病就医负担。

　　四是医保运行机制更加规范。医保支付改革纵深推进,全面推进付费总额控制,加快推进按病种、按人头等付费方式,积极推动按病种分组付费试点,相关改革提高了医保基金利用效率,医保第三方支付在规范医疗服务行为、控制医疗费用不合理增长方面的作用更加积极发挥。异地就医结算更加便利,截至2017年第三季度,所有统筹地区均已接入国家异地就医结算系统,已经全面实现跨省异地就医直接结算。

六、"三医联动"机制更加有效

　　一是"福建模式"发挥改革标杆作用,"三医联动"效应充分显现。2012年以来,福建省三明市以整合管理体制为突破,强化"三医联动"为重点,统一医疗、医保、医药管理。同时,针对目前确实存在的医疗、医药腐败利益链条,在全国率先启动公立医院薪酬改革、"两票制"改革、医保基金集中支付药品耗材联合限价采购等改革措施,形成了具有典型示范效应的医改福建模式,在规范医疗服务行为,降低药价虚高方面成效卓著,统一医保管理、药品零差率销售、"两票制"等改革举措已经在全国推广复制,为全国深化医改提供了成功的先行试点经验和改革引领示范。

专栏5-5　医改"福建模式"的主要内容

一是统一医改管理体制。在借鉴三明医改领导小组和医保局改革方案基础上,成立了福建省医疗保障管理委员会,整合医保管理、药品采购及制定医疗服务价格、医改决策等相关职能,从管理体制上解决"九龙治水"问题。

二是挤压药品流通成本。一方面,实施公立医院药品采购"两票制",生产企业到流通企业开一次发票,流通企业到医疗机构开一次发票,减少药品流通中间环节和不合理加价。同时,开展药品耗材联合限价采购,鼓励机构带量议价,发挥集中采购优势,制定和实施医保支付标准,挤掉流通环节水分。

三是深化公立医院改革。全面实施公立医院医务人员年薪制,加强院长对公立医院绩效管理负责制。推动药品零差率销售,降低检查价格,联动提高医疗服务价格,严格控制药占比、检查占比。

二是优化调整国家医疗管理职能。2018年3月,《深化党和国家机构改革方案》正式实施,在整合国家卫计委、国家医改办、国家老龄办、工信部和国家安监总局等部门有关职能基础上,组建国家卫生健康委员会,作为推动实施"健康中国"战略的主要职能部门,推动卫生健康工作从以治病为中心转向以人民健康为中心。

三是重点理顺了医保管理体制,将人力资源和社会保障部的城镇职工和城镇居民基本医疗保险、生育保险职责,国家卫生和计划生育委员会的新型农村合作医疗职责,国家发展和改革委员会的药品和医疗服务价格管理职责,民政部的医疗救助职责整合,成立国家医疗保障局。以医保管理机构改革为契机,统一管理体制、整合信息网络、强化制度衔接、打通服务梗阻,进一步织牢织密多层次医保体系。国家医保局第三方服务集中购买方定位更加清晰,管理职能不仅体现在医疗服务支付环节,并向前延伸至药品和耗材的招标和管理,能够更加有力地治理医疗卫生领域资源配置扭曲现象,约束公立医院过度医疗、费用失控势头。

第六节　我国深化医改的主要经验

经过70年改革发展,我国医疗卫生体制和医疗保障制度建设取得了长足进步,坚持健康引领、"三医联动"、重点攻坚和全民医保的改革思路,在促进和改善城乡居民健康水平,增强医疗可及性条件,减轻城乡居民就医负担等方面成效显著,人均预期寿命等主要健康指标位居中高收入国家前列,医疗机构床位数等卫生服务能力指标大幅提升,合理就医需求充分释放,居民个人卫生自付水平降至30%以下。大国医改的中国经验为世界发展中国家、中等收入国家提升国民健康素质,防范重大健康风险,化解医疗服务总量短缺和供需失衡结构性矛盾,提供了积极的发展范式和经验参考。

一、注重改善国民健康水平

新中国成立以来,我国先后启动了多次医疗卫生体制改革,虽然由于不同发展阶段下医疗卫生领域所须迫切解决的主要矛盾存在差异,再加上政策制定者和社会对于医疗卫生基本性质和所负担任务的认识也在逐步深化,造成各轮医改的改革基本理念、总体思路、政策措施不尽相同,但每一轮医改始终把提高人民健康水平作为改革的出发点和根本落脚点,以国民健康水平改善作为衡量医改成败的关键标准。2009年新医改以来,重点加大了公共卫生、基层医疗卫生网络等与健康产出密切相关领域的建设。2016年,健康中国国家战略全面实施,进一步提出了健康融入一切政策的改革要求,把深入推进医疗卫生体制改革作为健康中国建设的重要任务和基础支撑,进一步理顺了深化医改与促进全民健康的政策措施与政策目标关系。

在相关政策支持下,我国健康领域关键指标持续提升,总体上优于中高收入国家平均水平,部分指标达到高收入国家水平。其中,人均预期寿命由改革开放初期的67.9岁,提高至2017年的76.7岁,高于全球平均水平4.7岁(见图5-3)。婴儿死亡率从1991年的50.2‰,逐步降至2017年的6.8‰,降幅达到86.5%。孕产妇死亡率从1990年的88.8/10万,逐步降至2017年的19.6/10万,降幅达到77.9%。

从健康绩效产出国际比较来看,2016年我国人均居民健康预期寿命指标达到68.7岁,高于欧洲国家平均水平0.3岁,高于全球平均水平5.4

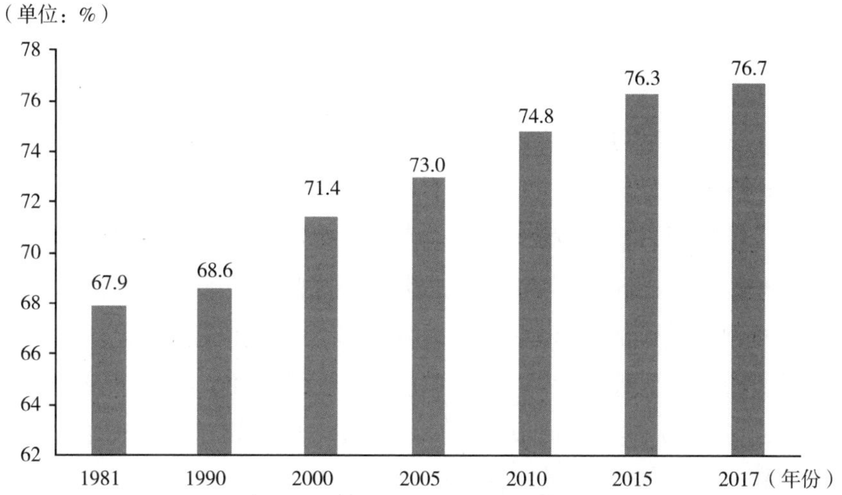

（单位：%）

图 5-3　改革开放以来我国人均预期寿命增长情况

岁。孕产妇死亡率、婴儿死亡率等关键指标分别在 2014 年和 2007 年提前实现了联合国千年发展目标要求。表明我国仅以不到高收入国家 1/3 的人均卫生投入，实现了跨越式发展阶段质量的国民健康绩效产出（见表 5-5）。

表 5-5　2016 年我国与世界主要地区健康投入和产出情况比较

地区/国家	健康投入		健康产出			
	人均卫生费用（美元）	卫生总费用占 GDP 比例（%）	平均预期寿命（岁）	健康预期寿命（岁）	孕产妇死亡率（1/10 万）	婴儿死亡率（‰）
中国	571	6.2	76.7	68.7	19.6	6.8
非洲区	115	6.2	61.2	53.8	542	27.2
美洲区	974	6.9	76.8	67.5	52	7.5
东南亚区	176	4.6	69.5	60.4	164	22.6
欧洲区	2192	7.9	77.5	68.4	16	5.1
东地中海区	557	5.3	69.1	59.7	166	27.7
西太平洋区	920	7.0	76.9	68.9	41	6.5
全球平均	822	6.3	72.0	63.3	216	18.6

二、坚持医疗、医药、医保协同改革

我国在深化医疗卫生体制改革和加强医疗保障制度建设中,深刻认识到医疗、医保和医药改革之间存在内生的关联性。一方面,医疗保障制度是医疗卫生服务的主要购买方,对医疗服务机构行为和资源配置具有明显的引导作用,也通过第三方集中支付医疗服务,直接影响药品耗材使用结构和数量。同时,药品和耗材是重要的医疗卫生服务生产要素,药品耗材流通领域腐败链条,也是造成医疗服务偿付机制扭曲和过度医疗失控的主要原因。医疗卫生体系中的三方关系,和医保、医疗、医药之间的杠杆纽带效应,决定了任何单兵突进的医改难见成效,既不能解决牵一发动全身的体制机制梗阻,也无法破除错综复杂的深层次利益矛盾。

在充分认识相关领域内在逻辑关系的基础上,我国形成了协调推进医疗、医保、医药的"三医联动"的顶层设计思路,并以此作为深化医改"四梁八柱"政策框架基础,以全面提升医改的系统性、整体性、协同性。特别是在医疗卫生体制改革进入深水区后,着力加强三方面政策的相互配合和共同行动,整合管理体制,统一改革方向,协调改革力度。理顺三医管理体制,以机构改革为契机,整合医保职能,延伸医保对药品耗材招标采购管理,发挥好医保支付杠杆效应。联动实施药品零加成、调整医疗服务价格,打破药品流通利益链条,夯实医疗服务体系公益属性。运用医保支付。通过相关"三医联动"政策"组合拳",使医疗、医保和医药改革步调一致、相互促进,化解体制机制深层次矛盾和既得利益顽疾,促进改革措施落到实处,政策效果倍增释放。

三、根据主要矛盾变化调整改革策略

人民日益增长的健康需要与医疗卫生服务供给水平、供给质量相对不适应的矛盾,是贯穿我国医疗卫生体制改革40多年的总体矛盾。而在每一个发展时期,矛盾的主要方面和表现方式有其阶段性特征。特别是随着医改越向纵深发展,发展中的问题和新出现的问题、有待完成的任务和新提出的任务就越交织叠加,改革难度逐步加大。我国在持续推进医改过程中,紧紧围绕阶段性矛盾表现,直面各类躲不开、绕不过的"硬骨头"问题,全力推进重点领域关键环节改革,并与时俱进调整改革重点和改革方案,扭转错误导向,打通制约全民健康的体制机制"堵点""痛点"和"难点"。在不断深化改革中,切实扩大医疗卫生服务资源本底,改善卫生费用筹资结构,增强资源配置公平和可及性,提升优质高效服务水平。

在改革起步阶段,我国医疗卫生体制矛盾表现为医疗服务绝对数量短缺,在此背景下,以扩大卫生服务供给为着力点,全力调动医疗服务供方和需方两个积极性,迅速恢复卫生供给能力。针对此后暴露出来的医疗卫生服务资源筹资结构恶化、服务发展陷入瓶颈和基层卫生服务网络瓦解问题,我国积极强化政府投入责任,重建基层卫生,发展全民医保,一定程度上缓解了"看病难"和"看病贵"现象。随着改革向纵深推进,人民群众对于高质量医疗服务的需求更加迫切,一系列深层次矛盾不可避免地显现。通过破除"以药养医"、推进"两票制"、改革医保支付方式等措施,不断完善深层次利益矛盾调整机制,奋力打破利益固化藩篱。利用分级诊疗、发展医联体、"互联网+"等政策工具包,促进优质资源加快普惠,优化健康服务提供方式,构建健康管理服务新体系,实现从以治病为中心向以健康为中心的积极转变。

四、形成具有中国特色的"全民医保"体系

卫生费用筹资是促进和提升人民健康水平,支撑健康服务体系的物质基础。卫生费用筹资水平和主体负担结构决定了个人卫生费用自付,也影响了医疗卫生体系的服务提供方式和提供行为,构建合理的卫生费用筹资机制是从根本上解决"看病贵""看病难"问题的核心机制设计。自21世纪以来,我国在深化医改过程中,积极推进建立覆盖全民的基本医疗保障制度,形成了具有中国特色的"全民医保"方案,并探索发展多层次医保体系,通过完善健康风险和费用补偿分担机制,使个人医疗负担显著下降,医保对于医疗服务行为引导和资源配置优化作用更充分发挥,并为世界发展中国家、中等收入国家解决非就业人员医疗保障问题,提供

了有力的经验借鉴。

"全民医保"体系扩大社会和政府卫生筹资,个人卫生费用呈现倒"U"型反转。在医改持续推进过程中,我国一度面临卫生费用筹资结构恶化、个人负担大幅加重的压力。为此,我国在强化政府投入责任的同时,以城乡居民基本医疗保险制度建设为突破口,形成了覆盖全民的基本医疗保险体系,城乡居民基本医保和职工医保的住院费用政策范围内报销比例稳定在75%以上,并建立健全重特大疾病救助、税收优惠健康保险等基本制度。随着多层次健康保障体系的不断完善,政府对基本医疗保险和医疗救助补助水平提高,社会和政府卫生支出规模持续扩大,分别成为卫生总费用的第一和第二筹资来源,并对个人卫生负担形成了有效的分担和替代,个人卫生费用占比出现倒"U"型反转格局,"看病贵"问题得到了根本缓解(见图5-4)。

（单位：%）

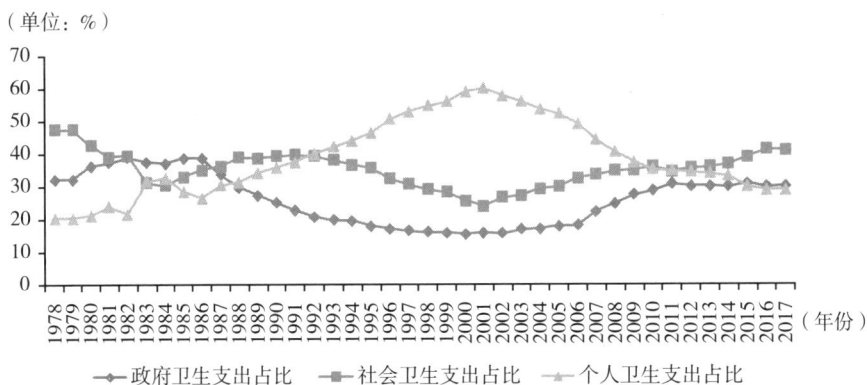

图 5-4　改革开放以来我国卫生总费用比例结构

"全民医保"体系的确立和完善使医保能够充分发挥对医疗资源配置和医改利益调节的引领作用。随着医保覆盖范围扩大和筹资水平提升,医保基金收入和支付规模逐年增长,2017年基本医疗保险支出达到14422亿元,医保基金支出占医院收入比例已经接近70%,成为医院卫生服务的绝对优势购买方。在医保第三方集中支付地位完全确立的背景下,我国及时启动医保管理体制和运行机制改革,整合各类医疗保障制度管理,推进医保支付方式改革,形成以按病种付费为主体的多元复合支付机制,制定和实施医保支付标准,发挥医保价格信号效应。相关改革切实提升了医保内涵管理质量,通过医保支付为杠杆,调节医疗费用不合理增长,抑制医疗资源过度利用,推动切实解决长期存在的"以药养医""医药腐败""公益性弱化"等顽疾。

第七节 未来改革展望

一、加强"三医联动"顶层设计

(一)坚持健康融入一切医改政策的总体思路

《"健康中国2030"规划纲要》明确提出了把人民健康放在优先发展的战略地位;将健康融入所有政策、人民共建共享的要求。深化医疗卫生体制改革,要坚持健康融入一切医改政策的基本遵循,把切实提高城乡居民健康水平、改善城乡居民健康获得、营造有利于促进健康的社会环境和政策支持,作为医改政策设计的出发点和政策落实的最终目标。

要加快推进重点体制和关键环节的改革攻坚,破除影响医疗卫生资源配置的体制机制障碍,把改革创新作为推进"健康中国"战略的第一动力。要推进城乡间、地区间、人群间健康均衡发展,补齐落后地区医疗卫生服务"短板",消除重点人群健康发展"跛腿"现象,确保人人享有基本健康服务。要在医改政策中更加突出预防为主的基本理念,切实落实全龄全周期健康观。以医疗卫生体系改革助力脱贫攻坚,彻底消除因病致贫、因病返贫情况。

(二)发挥好医保对深化医疗卫生体制改革的引领作用

从国际经验来看,医疗保障制度不仅是医疗卫生服务体系的基本筹资来源,以医保资金购买服务为杠杆,通过完善的第三方支付机制,可以对医疗卫生服务资源配置和药品规范使用起到基础性的引导作用。在"新医改"的"四梁八柱"体系中,已经把医疗保障制度建设作为完善医疗卫生服务体系,解决城乡居民"看病难"和"看病贵"的制度基础。当前,我国全民医保体系覆盖范围在95%以上,年医保筹资水平已经超过1.3

万亿元,基本医疗保险总支出占全国医疗机构业务收入的比例达到了52.4%,医保制度已经成为医疗服务市场最重要的购买方,发挥医保对医疗卫生服务体系改革引领作用的前提条件已经具备。

一是用好医保第三方支付杠杆,优化资源利用结构。医疗保险的实际支付标准,在医疗卫生服务中相当于价格信号作用,对医疗服务和药品配置具有引导性作用,是医疗卫生服务体系和药品流通体系改革的基础性杠杆政策。要合理确定药品支付标准,实现对医疗机构用药行为引导,并对药品生产企业定价产生直接约束,避免药品价格改革后药价的无序上涨。积极制定并落实差异化报销政策,促进参保人员就医需求更多向基层机构分流,推动实现分级诊疗和有序就医。

二是加强支付机制刚性约束,构筑医疗控费"防火墙"。医保支付机制是实现医保资金联动医疗服务和药品资源配置的基本途径,对门诊、住院、药品和检查等项目数量和结构产生直接影响。支付方式决定着整个医疗费用的支出水平、医疗机构的收入与效益以及医疗服务的质量,并影响着患者的健康结果。为此,要全面推进医保总额预算管理,对医疗服务机构年度费用形成刚性约束。创新医保支付机制改革实践,综合使用按人头、按病种、按服务项目支付的多种支付模式,有效激励医生理性诊疗行为,促使他们理性选择服务项目和开具药品、检查处方,最终实现对医疗费用的最优控制,并推动提高医疗服务质量。

(三)加强国际合作和部门联动机制建设

医疗卫生体制改革是各国政府所共同面对的课题,发达国家和一些发展中国家在解决医疗负担过重、医疗可及性不足等方面积累了较为丰富的经验和不成功案例,积极开展国际交流合作,借鉴他国先进做法,总结他国失败教训,能够为我国医改政策制定和实施提供有力的智力支持和决策参照。要以双边合作机制为基础,创新合作模式,加强人文交流。积极参与全球卫生治理,在相关国际标准、规范、指南等的研究、谈判与制定中发挥影响,提升中国医改模式的国际影响力和制度性话语权。

要进一步完善部门间联动合作机制,充分尊重制度发展现状和改革路径,审慎出台涉及多部门重大政策改革方案,明确责任分工,消除政策制定中的模糊空间。把是否提高人民群众健康水平,作为医改政策制定的唯一前提,避免以部门利益代替改革方向。强化激励和问责,确保医改政策落实效果。

二、建立更加合理可持续的卫生总费用筹资机制

(一)确立合理的卫生总费用筹资结构

随着经济社会发展和人民健康保障需求的提高,对卫生总费用筹资水平也提出了新的要求。为此,建立合理的卫生总费用筹资结构,落实政府刚性支付责任,扩大社会投入占比,缩小个人卫生支出,使政府、社会和个人卫生支出占比保持适宜比例。通过落实合理分担医疗卫生投入责任,有序提高卫生总费用占国民生产总值比重,为深化医疗卫生体系改革和保障全民健康提供可靠的物质基础。

一是落实政府卫生投入责任。根据卫生总费用自然增长,以及推进公立医院改革等医改重大政策需要,综合考虑新常态下财政增速下行和前期"补欠账"投入大幅增加的现实情况,合理增加政府卫生投入,确保到 2020 年政府卫生投入占卫生总费用投入比例稳定在 30% 左右的水平。

二是扩大社会卫生投入比例。进一步完善基本医疗保险制度,提高城乡居民基本医疗保险制度的筹资水平,积极发展补充保险,推动税优健康险全面落地、广泛覆盖。鼓励社会力量参与公立医疗机构改革,加大社会资本进入健康服务业的政策支持力度。通过大幅提高社会卫生投入,有效减轻个人卫生负担和财政卫生投入压力。

三是缩小个人卫生支出。落实《"健康中国 2030"规划纲要》所提出的降低个人卫生费用要求,通过社会救助托底、社会保险分担、医保和公立医院改革控费等多种方式,减轻城乡居民在接受医疗卫生服务时的直接现金支付压力,到 2020 年个人卫生支出占卫生总费用比例要下降到 28% 左右,到 2030 年进一步下降到 25%。

(二)区分政府间卫生投入财权和事权责任

明确不同医疗卫生服务基本性质、事权范畴和财政支出责任。对于重大公共卫生项目和国家基本公共卫生服务项目,具有明显公共物品外

溢效应和跨地区辐射效应,属于全国公共物品,应由中央政府确定基本服务供给框架,并承担中西部地区、东北老工业基地等地区所需经费转移责任。基本医疗卫生服务受益范围以属地为主,应明确地方政府为推进公立医院改革、完善药品流通体制改革等医改重点任务的事权责任方。立足现有财税体制,综合考虑各级政府的事权及可支配财力,合理确定央地财政责任分担结构,进一步明晰和量化各级政府投入责任,适当上调中央财政负担比例。

完善财政转移支付机制,平衡地区间财政保障能力。以医改重点项目和专项转移支付为抓手,进一步完善医改转移支付机制,加强对财政组织征收能力不足地区的支出保障力度,为基本医疗卫生服务均衡供给提供财力支持基础。根据医改重点任务和总体部署,科学匡算所需财政补助资金规模,保障各级政府履行医改职责需要,实现改革有序推进。

(三)建立政府卫生投入绩效考核和问责机制

改变长期以来"重投入、轻考核"的政府卫生投入管理方式,加强对政府卫生项目资金投入的流程监管和绩效评价,建立公开透明的资金管理机制,切实提高政府卫生投入资金使用效率。要建立更加科学的医改项目绩效评价机制,把项目执行情况、实际运行绩效与后续资金分配相挂钩,提高项目资金使用效益。要建立财政资金的追溯性监督考核机制,对医改项目资金实行动态监测,进行常态化追踪问效。同时,按照"健康中国2030"总体思路和医改整体政策框架,加强医改项目的整合,克服资金"撒胡椒面",项目建设标准低、绩效差的问题,使政府卫生投入形成合力,发挥乘数倍增的效果。

三、全面推进并不断深化公立医院改革

(一)重塑公立医院费用补偿机制

一是全面推进药品"零差率"改革,做好收入"缺口"补偿。按照医改总体部署要求,在城市全面推进药品零差率销售,实施医药分离改革同时,加快推进医耗联动改革,从机构层面消除公立医院不合理用药和过度使用耗材的经济动机。推进医事服务费改革,把医事服务适用范围扩大

至各项医疗技术服务,在科学核算检查成本的基础上,合理提高医事服务费标准,使公立医疗机构收入与技术服务能力挂钩,切断医院收入与药品、检查费用的联系。进一步细化补偿政策,明确各公立医院由其财政支持来源承担补助责任,厂矿、学校等单位医院所需补助资金由属地负责。

二是明确政府补偿标准,建立医保购买服务机制。优化补偿资金适用结构,由补偿基建、设施等硬件投入,转变为更多向支持基本医疗卫生服务提供。综合考虑公立医疗机构地域经济条件、技术水平、医院规模、生产经营情况等因素,以公立医院提供的医疗卫生服务数量和服务质量为基础,确定公立医院年度补偿水平,并形成动态调整机制。严控公立医院规模,补助资金更多向基层医疗机构倾斜,对于高等级公立医疗机构超规划设置的服务能力不再予以补助。探索建立医保资金购买服务机制,以第三方购买服务方式对医保参保人员目录内医疗服务进行偿付,提高医保资金利用精准度和合规性,改善公立医院服务供给质量。

三是支持公立医疗机构拓宽服务范围,增加"以技养医"收入来源。在各公立医疗机构完成基本医疗卫生服务前提下,鼓励根据自身优势,适当提供特需服务,利用富余服务力量满足部分患者高层次的医疗服务需求,进一步发挥现有医疗卫生技术服务资源的健康促进作用,同时增加公立医疗机构技术服务收入,补偿公益性支出。鼓励特需服务以公建民营、公办民营、社会资本委托管理等方式,与社会力量开展合作,构建明晰的公立医院公益性"防火墙"。

四是完善慈善捐赠政策,鼓励社会资本参与公立医院改革。鼓励企业、个人向公立医疗机构进行慈善性捐赠,支持慈善机构与公立医疗机构进行购买服务合作。加大社会力量参与公立医院改革的政策支持力度,充分发挥社会资本及其经营红利对公立医院业务活动的正当补偿作用。

(二)建立有竞争性的医疗服务人员薪酬制度

一是大力实施公立医疗机构年薪制改革,推进医疗收入反腐。支持各地积极借鉴"三明模式"经验,启动公立医疗机构年薪制改革,在充分尊重医务人员培育积累、劳动付出和行业特点的前提下,参考本地区技术密集型行业高技术人员薪资结构,核定有竞争力的薪资水平。其中,公立医院管理者薪酬由本级财政统筹负责,公立医院医务人员薪酬由公立医院收入供给,不足部分财政兜底。同时,全面开展医疗收入反腐,明确收入来源高压线,严格禁止医务人员在正常薪酬和其他合法所得之外收取药品回扣、器械回扣,彻底消除医疗领域"不义之羹"。

二是优化公立医院医务人员薪酬结构,引导医务人员合理配置。坚持按劳分配的基本原则,优化医务人员薪酬构成结构,合理确定公立医院薪资中绩效工资占比。综合考虑医务人员职责履行、工作量、服务质量、医保控费等因素,确定绩效工资标准和挂钩方式。发挥好薪酬对医疗卫生服务人力资源配置的杠杆作用,在薪酬标准上向关键和紧缺岗位、高风险和高强度岗位,以及儿科等紧缺且需求量大专业进行倾斜,兼顾不同领域、科室和工作的职责平衡。

(三)继续完善公立医院治理结构

一是建立现代医院制度,落实公立医院独立法人地位。鼓励各地继续按照多种方式建立公立医院现代医院制度,建立相应的专门监管机构,履行政府出资人地位。坚持管办分离原则,政府公立医院管理机构作为出资人代表机构,承担对公立医院服务内容和绩效的考核监管职责,督促公立医院提高服务效率,改善健康促进能力。合理确定政府公立医院管理机构、公立医院内部理事会、医院管理人员在公立医院业务管理、人事管理、财务管理方面的职责权限,在保障医院管理自主性和经营灵活性的前提下,形成多方制衡机制。

二是积极引入社会力量,探索推进公立医院产权制度改革。允许条件成熟医院实施产权制度改革,落实政府对公立医院所有者地位,推动实现所有权与经营权分离,借用社会力量资金,借鉴管理运营技术,提高政府既定投入下公立医院服务效率和质量。细分产权改革后公立医院职能性质,保留基本医疗卫生服务公益属性。

(四)积极做好公立医院债务管理和化解

一是分类施策化解存量债务,实现公立医院深化改革"轻装上阵"。对公立医院债务进行分类核算,确定总体债务规模。对于因承担政府规划内基础设施建设、设备购置,以及开展公益性服务项目形成的债务,由同级政府财政承担全额偿债责任。对于公立医院擅自扩大规模,超标准建设形成的债务,由公立医院生产经营收入偿还。根据公立医院负担能力妥善安排清偿期限,按照年收入一定比例提取偿债基金。

二是控制总体负债比例和新举债规模,夯实公立医院健康可持续发展稳健基础。根据公立医院服务内容和科室设置特点,采取差异化融资发展策略。对于医疗技术服务缺少特色、营收能力不强的县级公立医院,坚持低负债率乃至零负债率发展。对于城市高水平公立医院,可根据医疗卫生事业总体发展要求,考虑业务收入及其增长和自身资金等情况,按照稳健原则适度借贷发展。建立公立医院债务风险预警机制,跟踪债务规模及发展情况。

(五)构建和谐的公立医院医患关系

完善公立医疗机构纠纷处理机制。运用好院内调解、人民调解、司法调解等多种调解手段,并引入保险等医疗风险分担机制,形成路径畅通、及时响应、公正合理的医疗纠纷处理解决长效机制。努力提高医患满意度,降低医疗纠纷迁延恶化的可能。维护医疗秩序,对医疗暴力零容忍,打击涉医违法犯罪。同时,加强公立医院医务人员职业道德建设,使医务人员能够正确认识职业风险和医患矛盾形成的原因,推动医疗服务人性化,营造互相尊重、互相包容、和谐互信的医患关系新局面。

四、继续加大"强基层"建设力度

(一)加快实施分级转诊改革

明确不同医疗机构职能定位,改变医疗机构间无序竞争关系,建立并完善分级诊疗制度,形成规范合理的就医秩序,推动医疗资源合理配置并纵向流动。更加突出各类基层医疗卫生机构的健康管理职能,为诊断明确、病情稳定的慢性病患者、康复期患者、老年病患者、晚期肿瘤患者等提供治疗、康复、护理服务。鼓励并逐步规范常见病、多发病患者首先到基层医疗卫生机构就诊,对于超出基层医疗卫生机构功能定位和服务能力的疾病,由基层医疗卫生机构为患者提供转诊服务。完善双向转诊程序,建立健全转诊指导目录,重点畅通慢性期、恢复期患者向下转诊渠道,逐步实现不同级别、不同类别医疗机构之间的有序转诊。到2020年,基层首诊、双向转诊、急慢分治、上下联动的分级诊疗模式逐步形成,基本建立符合国情的分级诊疗制度。

(二)以医联体为动力做强基层机构服务能力

大力发展区域医疗联合体。由三级公立医院或业务能力较强的医院、县级医院牵头,组建包括乡镇卫生院,城市基层医疗卫生服务机构、村卫生室、诊所等医疗机构在内,形成各级别机构有序分工协作,各类专科之间优势互补医联体。以医联体为载体推进实施分级诊疗制度,促进资源合理利用,方便群众就医。

推动区域医疗联合体优质医疗资源纵向流动。促进医联体牵头医院的优质医疗资源共享和下沉基层,通过派遣专家、专科共建、业务指导等提升基层医疗水平。在医联体内实现健康档案、病历等互联互通,实行检查结果互认、处方流动、药品共享。建立医学影像、检查检验等中心,在医联体内提供一体化服务。合理确定基层医疗卫生机构配备使用药品品种和数量,加强二级以上医院与基层医疗卫生机构用药衔接,满足患者需求,强化乡镇卫生院基本医疗服务功能。

(三)加强基层全科医生队伍建设

扩大全科医生培养渠道和培养规模。通过基层在岗医师转岗培训、全科医生定向培养、提升基层在岗医师学历层次等方式,多渠道培养全科医生,逐步向全科医生规范化培养过渡,实现城乡每万名居民中有2—3名合格的全科医生。加强全科医生规范化培养基地建设和管理,规范培养内容和方法,提高全科医生的基本医疗和公共卫生服务能力,发挥全科医生的居民健康"守门人"作用。

建立全科医生激励机制。结合医保门诊统筹和支付方式改革,实施全科医生为签约居民提供约定的基本医疗卫生服务按年收取服务费。允许全科医生可根据签约居民申请提供非约定的医疗卫生服务,向非签约居民提供门诊服务,并按规定收取费用。在绩效工资分配、岗位设置、教育培训等方面向全科医生倾斜。

（四）发挥"互联网+"医疗的服务基层作用

支持各级医疗机构和企业利用云计算、物联网、移动互联网、大数据等信息化技术,开展健康教育、医疗信息查询、电子健康档案、疾病风险评估、在线疾病咨询、电子处方、远程会诊及远程治疗和康复等多种形式的健康医疗服务,促进居民健康需求与服务供给之间精准对接。积极利用"互联网+"疾病咨询、慢病康复等业务,对基层机构健康管理和疾病分诊提供有益的服务补充。同时,随着"互联网+医疗技术"的业务模式进一步成熟,重构医疗对等、透明、以患者为核心的服务秩序,倒逼传统医疗服务供给方式进行结构性变革。

第六章　养老服务体系支撑幸福晚年

"老吾老以及人之老"。从国家角度看,新中国成立后,养老保障正式纳入国家责任范畴;从社会角度看,赡养老人在中华文化认知中是子女应承担的义务。新中国成立70年以来,随着我国经济社会发展和老龄化的到来,符合我国国情的养老服务体系逐渐建立、发展和完善。养老的主体从家庭养老、国家养老到社会化养老不断演变,推动养老服务成为全社会的发展共识。经过70年的努力,我国养老服务覆盖人群由特定老年群体向全社会老年群体扩展、由城乡养老服务差距明显向多层次养老服务体系转变、由社会救济向社会福利和养老产业化方向发展。在70年的探索过程中,党和国家根据人民不断变化、提升的养老需求,适时对我国养老服务体系进行改革,推动我国养老事业根据国情变化不断吐故纳新,在探索中逐步走出一条符合我国国情民意的养老服务发展道路。

我国经过70年的建设历程,国家治理模式不断调整,改革开放后,社会力量逐步受到重视,养老服务也逐步进入"政府+社会"共同推进的发展阶段;人口结构发生显著改变,21世纪正式进入老龄化社会,养老服务亟待引入市场力量,向养老产业化方向发展。新中国成立以来,我国养老服务体系经历了四个阶段:从新中国成立到改革开放前(1949—1978年),养老服务以社会救济形式出现,由政府承担全部责任;改革开放到21世纪初(1978—2000年),养老服务以法律条文进行保障,开始重视社会力量参与养老机构建设;老龄化社会初期(2000—2010年),养老服务体系向社会化养老方向转变,进一步鼓励社会力量参与养老服务体系建设,并向分散的居家养老和集中的机构养老共同发展转变;劳动人口下降,老龄化加深阶段(2010年至今),养老服务根据社会需求向多层次的养老服务体系逐步转变,养老服务产业化、养老市场开放化成为主要发展趋势。在国家和社会的共同努力下,我国养老服务体系成为社会发展和进步的重要一环,不断调整适应人口年龄结构、需求结构的变化,保障我国能从容面对老龄化带来的养老问题,支撑逐渐庞大的老年人群体的幸福晚年生活,尊重社会公序良俗和继承中华民族的优秀文化传统,也为我国社会发展提供可能的空间。

新中国成立 70 年,本章将回顾我国养老服务体系发展的历程,总结我国养老服务发展中的主要成就和面临的挑战,在此基础上对我国养老服务体系的进一步完善进行展望,以期继往开来,推动我国养老服务能不断满足人民日益增长的美好生活需要。

第一节　我国养老服务体系建立和发展的背景及历程

一、我国发展养老服务的背景

新中国成立 70 年,我国人口经历了显著的规模和结构调整。1949—1978 年经历了人口高速增长期,30 年内人口由 5 亿上升到近 10 亿,为我国改革开放之后的 40 多年提供了充足的劳动力资源。1982 年我国开始实行计划生育政策,在控制人口增长的同时,也影响了我国的人口结构;1995 年至今,我国 65 岁以上人口占比保持绝对正增长;2000 年我国正式进入老龄化社会,与此同时,我国劳动人口占比也仍然保持正增长,我国继续保持了 10 年的人口红利期;但 2010 年劳动人口占比达到 74.5%的峰值后开始下滑;2014 年劳动人口的绝对规模也开始下降;2019 年我国生育率仅为 10.94‰,创新中国成立以来的新低,"少子老龄化"的人口结构趋势逐渐形成。

我国老龄化呈加速态势,完善和优化养老服务体系迫在眉睫。我国养老服务体系在市场需求和政策导向的影响下,逐渐形成以"居家养老为基础、社区服务为依托、机构养老为支撑"的发展格局,老年消费市场

（单位：%）

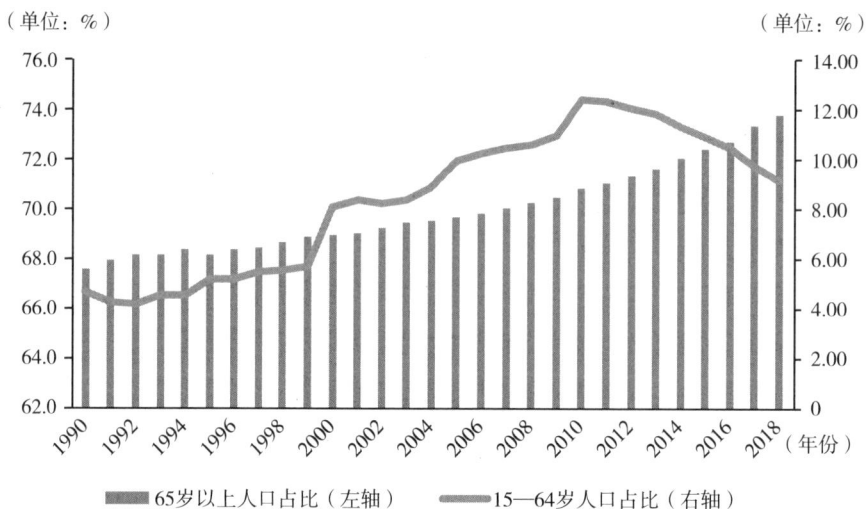

图 6-1　1990—2018 年我国人口结构

数据来源：国家统计局。

初步建立。新中国成立后的第一波婴儿潮于 2017 年开始进入退休期,意味着我国老龄人口的规模将进一步扩大,随着我国社会保障体系的不断完善,老龄人口的收入得到明显改善,对老年医疗、旅游、教育、康养等多元化消费需求不断上升,我国目前尚未成熟的养老服务体系仍待根据市场需求的变化,总结养老服务体系发展历程,以"政府+市场"两支力量提前协同布局,通过提高精准化和标准化服务水平,致力于解决养老服务和产品的供给不足以及养老市场发育不健全等问题。

二、我国养老服务体系发展的历程

（一）养老服务体系探索期（1949—1978 年）

1. 构建集中养老的福利机构

新中国成立初期,承担养老功能的收养机构伴随着社会政治运动,基本服从于政权建设需要,与当时的公有制和计划经济体制相适应,养老收养机构的基本职能定位是单一的供养救济,机构的性质属于事业单位,政府通过强行政手段调配养老福利资源,对养老机构执行全方位的管控。

　　我国政府在这一时期通过救济机构设置和创建新的救济性福利事业单位,解决了当时社会上很大一批流离失所、饥寒交迫老年人的收容教育问题,并随后对他们进行一定的救助、教育和劳动改造,当时这类机构被统称为生产教养院。此后,其中专门针对无劳动能力老年人、残疾人的机构被分离出来,被称为老残福利院,成为独立的社会福利系统。

　　这一时期的主要标志性政策为:1958 年党的第八届中央委员会第六次全体会议通过《关于人民公社若干问题的决议》,提出"要办好敬老院,为那些无子女依靠的老年人(五保户)提供一个较好的生活场所",当年全国共开办逾 15 万所敬老院,收养五保对象超 300 万人,收养机构的职能逐渐转为福利服务;1959 年内务部在武汉召开全国残老儿童教养、精神病人收容疗养工作湖北现场会议,提出今后福利事业单位的名称不再冠以"教养"二字,确定了"以养为主,通过适当劳动、思想教育和文化娱乐活动,使老人身体健康、心情舒畅,幸福地度过晚年"的政策方针,此后老残福利院正式更名为养老院、社会福利院,作为计划经济时期我国为老年人提供养老服务的主要供给形式,并增加了护理、洗衣、炊事等养老服务员配备和浴池、卫生所、病号室等养老服务设施。"文化大革命"时期,相关福利工作陷于停顿,城镇和农村养老服务事业发展都受到了一定阻碍。

　　2.强化政府职能和明确机构性质

　　这一时期的政策内容主要体现在,构建养老服务体系,强化政府作为服务供给主体的管控职能,明确养老机构的福利性质。

　　一是强化政府管控主体地位。新中国成立初期,在积极发展生产和强化社会调控能力的同时,需要维护社会秩序稳定,为收容安置灾民、难民、贫民、失业人员和无依无靠的孤老残幼等人员,在原有的社会救济机构基础上,设置了生产教养院,对其进行救济、教育和改造。

　　二是明确养老机构福利性质。新中国成立初期,养老服务并入生产教养院,纳入社会救济体系,1953 年全国约 930 个生产教养院收容了孤老残幼人员 10 万余人;1958 年提出兴办敬老院,城市养老体系逐步建立,养老机构职能转为福利服务,并逐步完善养老服务内容;1961 年根据党的八届九中全会精神和"调整、巩固、充实、提高"的八字方针,对社会福利事业单位的收养机构进行全面整顿和调整,重申了养老机构的社会福利性质,并明确社会福利机构向福利服务转变,1964年,全国社会福利机构733个,收养城镇"三无"老人近7.9万人。

三是完善养老机构服务内容。新中国成立初期的生产教养院承担救济、教育和劳动改造功能,并未成立专门的养老机构;1957年三大改造任务基本完成后,生产教养院排除了有生产能力的人员,逐渐演变为养老院,主要职能转为救济和教育,农村的五保供养制度也初步建立,并兴办敬老院,为孤寡老人提供养老服务。

3. 主要成效

从这一时期养老服务体系探索的主要成效看,主要是逐步明确了养老机构的职能,完善了养老服务的对象和供给的养老服务内容,养老机构从救济体系中明确独立出来。

4. 存在问题

这一时期养老服务体系存在最突出的问题是:供给主体单一,完全由政府保管包办的模式,强化了机构对政府的依赖,管理制度上存在浓厚的政治色彩,养老机构设置的主要目的是社会管控。

一是机构设置服务于社会管控。这一时期的养老服务完全由政府供给,并伴随着社会政治活动,无论是社会主义改造时期的生产教养院,还是社会主义建设时期的敬老院、养老院,以及阶级斗争时期的福利院,均服从于政权建设需要,根本目的在于维护社会稳定,而非完善社会服务。

二是机构运行缺乏体制灵活性。在组织架构上,设置完备的党政组织,对养老机构进行行政化管理;在人员配备上,严格按事业单位要求下达编制计划;在资金支持上,通过财政拨款等方式进行资源分配。

(二)养老服务体系调整期(1978—2000年)

1. 颁布法律保障老年人权益

改革开放后,养老服务工作开始重新回到正常发展轨道上来。特别是随着人口老龄化问题的日趋临近,国家开始正视老龄事业重要性,并调整建立更加制度化的养老服务体系。

这一时期的主要标志性政策是 1996 年颁布施行的《中华人民共和国老年人权益保障法》，以法律形式保障老年人权益，体现出国家对养老服务事业的空前重视。明确了国家和社会应当采取措施健全对老年人的社会保障制度，逐步改善保障老年人生活、健康以及参与社会发展的条件，实现老有所养、老有所医、老有所为、老有所学、老有所乐的要求，成为我国发展养老服务业的基本指导依据之一。

2. 引入社会力量和规范机构发展

这一时期政策内容主要体现在，扩大养老服务供给主体、覆盖范围和规范发展机构养老服务三个方面。

一是扩大养老服务供给主体。1984 年 11 月，民政部主持召开了全国城市社会福利事业单位整顿经验交流会，会议中提出要坚持社会福利社会办的方向，面向社会多渠道、多层次、多形式地举办各种社会福利事业，由国家包办向国家、集体、个人举办转变。1988 年 3 月，为推进社会福利社会化进城，在总结以往实践的基础上，民政部选定了 13 个城市开展相关试点。此后，各地关于社会福利社会化的探索不断加快，各种形式的集体办、民办养老机构开始不断涌现。同时，民政部积极鼓励个人参与农村敬老院建设，并多次通过发文表彰方式对资助农村敬老院事业的个人予以支持。据统计，仅 1994 年一年，社会各界筹资就达到 4.8 亿元，新建和改扩建敬老院 3900 所。

二是养老服务对象更加多元。计划经济时代，我国养老服务是面向鳏寡孤独老人的社会福利事业，收住老人大多以城镇"三无老人"和农村"五保"对象为主，并不向其他社会成员开放。改革开放后，在社会福利社会办思想指引下，原有的收养界限被逐步打破。部分地方福利机构逐步允许孤老职工自费养老，从而收容老人的限制被放开。进而从 20 世纪 80 年代中后期开始，各类集体办、民办养老机构面向有需求和经济负担能力的社会老人开放，随后公办养老机构也开始放宽入院限制，在有富余服务能力的情况下，社会老人在缴纳一定费用后也可以进入福利院、敬老院和其他机构养老，使养老机构入住率大大提升，床位使用效率得到明显改善。以农村敬老院为例，1989 年全国已经有 1675 个农村敬老院试水收住自费社会老人,当年收住自费社会老人总数超过 9000 人。

三是养老机构建设更加规范。在养老服务的社会化探索和实践过程中,为了规范养老服务机构的管理和运行,促进行业健康良性发展,民政部门相继出台了《社会福利机构管理暂行办法》《老年人建筑设计规范》等一系列政策文件,从服务水平、硬件标准等方面规范了养老机构管理,并允许养老机构服务项目不再局限于单一生活保障,养老、医疗、康复护理、精神慰藉的服务内容逐步加入极大提高了我国养老服务业的规范化发展水平。

表6-1　1979—1999 年养老机构监管相关政策

年份	名　　称	发文字号
1979	《民政部关于民政部门工作着重点转移的意见》	民发〔1979〕17 号
1984	《民政部关于切实抓紧对民政事业单位进行整顿工作的通知》	民〔1984〕办 19 号
1988	《民政部关于支持和表彰个人办敬老院的决定》	民〔1988〕农字 22 号
1989	《民政部直属事业单位财务管理细则》	民〔1989〕综字 2 号
1989	《全国城市社会福利事业单位深化改革工作座谈会纪要》	民〔1989〕福字 31 号
1992	《关于加快民政工作改革开放步伐的意见》	民办发〔1992〕19 号
1994	《农村五保供养工作条例》	国务院令第 141 号
1997	《农村敬老院管理暂行办法》	民政部令第 1 号
1998	《民办非企业单位登记管理暂行条例》	国务院令第 251 号
1999	《社会福利机构管理暂行办法》	民政部令第 19 号
1999	《老年人建筑设计规范》	建标〔1999〕131 号

3. 主要成效

从成效来看,这一时期养老服务供给水平得到了较大提升,社会办养老机构数量快速增长。同时,养老服务供给模式发生较大变革,现代养老服务理念开始形成。

一是养老服务供给能力有所提升,社会办养老机构占比提高。城乡养老机构由 1986 年的 3.5 万家,增加到 1999 年的 4.0 万家,增幅 14.3%,养老床位数由 1986 年的 58.7 万张,增加到 1999 年的 108.8 万张,增加了 85.3%。其中集体和民办养老机构的服务能力持续维持在 80% 以上,养老社会办的格局已经初步形成。截至 1999 年年底,国有社会福利单位拥有床位 21.2 万张,占总数的 19.5%;集体所有制福利单位拥有床位 85.9 万张,占 79.0%;民办福利单位拥有床位 1.7 万张,占 1.6%。从收入结构看,各类养老社会福利单位实现收入 40.9 亿元,其中财政补助收入 20 亿元,占比不足 50%,意味着收住自费社会老人已经成为养老机构重要筹资来源。

二是养老服务开始逐渐脱离救助,成为独立社会事业内容。各类养老机构由单纯对农村"五保"、城镇"三无"老年人提供社会救助,发展为面向全体有需求老年人的社会事业,实现了养老机构由救济型向福利型的转变。服务内容也由单纯的生活照料,发展为以养为主、供养与康养并重,医养结合问题开始被重视,实现了养老模式由供养型向供养康复结合型的转变。

4. 存在问题

从存在的问题来看,一方面养老机构服务能力不能适应人口老龄化的严峻形势,同时,城乡养老服务二元化问题突出,农村五保养老发展陷于停滞,甚至出现阶段性萎缩。

一是养老服务供给能力不能适应不断增长的老年人服务需求。1999 年 10 月,我国 60 岁以上老年人口数达到 1.26 亿人,占人口总数的 10%,我国已经正式进入老龄化社会。而同期我国养老床位供给总数仅为 108.8 万张,意味着每千名老人仅有养老床位 8.6 张,其中还包括相当比例的农村敬老院、五保大院等低水平供给床位,远不能满足进入老龄化门槛后的城乡居民养老需要。从床位投资建设情况来看,财政对民政基础设施建设支持力度偏低,山西、江西、海南、西藏、甘肃、青海等省、自治区民政系统的基本建设投资长期为零,无法扩大养老床位数有效供给,养老服务能力增长慢于人口老龄化速度的问题非常突出。

二是城乡二元制度结构更加突出,农村养老事业出现阶段性萎缩。

长期以来,我国通过建立乡敬老院、实施五保供养等方式解决农村鳏寡孤独困难老人的供养问题,供养资金普遍由集体经济自筹为主,没有上升为完全政府事权。20世纪80年代以来,人民公社制度全面瓦解,再加上乡镇自有财力有限,五保制度面临严峻的筹资难问题。1994年《农村五保供养工作条例》,仍然重申了"农村集体经济组织负责提供五保供养所需的经费和实物",农村养老事业筹资来源不稳定问题没有得到解决。部分地方乡镇敬老院不得不通过组织老人发展农副业方式解决必需的生活资料和运营经费,组织五保大院,由老年人互助自养的情况比比皆是,农村养老服务最基本的"供养"要求已经名不副实。

(三)养老服务体系建设期(2000—2010年)

1. 提出社会化养老的新体系

2000年第五次人口普查数据显示,我国60岁以上老年人口数达到12998万人,占人口总数的10.46%,完全迈入了老龄化国家60岁以上老年人超过总人口10%的门槛。与1990年第四次人口普查相比,老年人口增加了34.1%,而总人口仅增加了12.8%。同期,我国人均国内生产总值仅为865美元,仍然处于低收入国家行列,和发达国家之前进入老龄化的时间点相比,经济发展阶段远远落后。较低的经济社会发展水平和快速的老龄化发展,使我国面临着"未富先老"的严峻形势,老龄化成为中国经济社会发展所必须面对的中长期挑战,养老服务体系建设工作开始得到了前所未有的重视。

2000年2月13日,民政部等十一部委发布《关于加快实现社会福利社会化的意见》,针对我国已经进入老龄社会,老年人口基数大、增长快,特别是随着家庭小型化的发展,社会化养老的需求迅速增长的情况,要求在我国基本建成以国家兴办的社会福利机构为示范、其他多种所有制形式的社会福利机构为骨干、社区福利服务为依托、居家供养为基础的社会福利服务网络,实现老年人社会福利服务机构的数量有较大增长;城市中各种所有制形式的养老服务机构床位数达到每千名老人10张左右,普遍建立起社区福利服务设施并开展家庭护理等系列服务项目;农村90%以上的乡镇建立起以"五保"老人为主要对象,同时面向所有老年人、残疾人和孤儿的社会福利机构。以此为标志,我国养老服务体系改革进入了体系化建设时期。

2. 鼓励社会资本参与和重视居家养老

这一时期,关于养老服务发展政策的创制力度明显增强,社会力量参与养老服务的规模和水平不断扩大,养老服务的内涵更加丰富、形式更加多元,居家养老政策取得突破。

一是养老服务体系制度建制更加规范。在《关于加快实现社会福利社会化的意见》之后,养老服务体系主管部门对发展养老服务业的重视力度不断增强,先后出台了一批相关政策,对养老服务体系确立提供了明确、具体的指导,使养老服务体系发展环境日渐优化,主要政策包括:《关于支持社会力量兴办社会福利机构的意见》《关于加快发展养老服务业的意见》《关于全面推进居家养老服务工作的意见》《财政部、国家税务总局关于对老年服务机构有关税收政策问题的通知》等。

二是社会资本投入加大。这一时期的多项政策,均提出要鼓励和引导民间资本进入养老服务领域,通过实现投资主体多元化,带动社会力量参与,并扩大养老服务业的产业规模,平衡养老服务供需矛盾,更好满足人口老龄化形势下的老年人多种方面、多种形式的养老服务需求。为了鼓励支持社会力量参与养老服务体系建设,在国务院办公厅转发民政部等十一部委《关于加快实现社会福利社会化的意见》等政策中规定,保证社会办福利机构在规划、建设、税费减免、用地、用水、用电等方面,享受与政府办福利机构同样待遇,并提出可以按照床位数、实际供养人数给予一定的运营补贴。《财政部、国家税务总局关于对老年服务机构有关税收政策问题的通知》中,规定对非营利性养老机构免征自用房产税、土地房产税和城镇土地使用税,养老院提供的育养服务均免征营业税。在相关政策支持下,各类社会资本进入养老服务业的步伐大大加快,逐步成为养老服务体系建设的重要力量。

三是养老服务的内涵和形式更加丰富。在《关于加快发展养老服务业的意见》中明确提出了"养老服务业"这一政策概念,一方面把养老与一般社会福利事业相分离,养老服务体系的基本内涵更加明晰;另一方面拓展了养老服务体系的政策外延,把养老服务由机构养老向居家养老、老年护理、临终关怀服务、老年用品等养老产业延伸。以此为指导,各地除积极发展各类养老机构集中提供养老服务外,老年维权组织、老年学校、老年活动室、老年法律援助中心等多种养老服务建设快速推进,养老软件及信息系统、医护服务、文化生活、家政服务、老年金融等方面养老产品形式有序发展。

四是居家养老服务取得局部突破。2010年,家庭户均人口数已经由第五次人口普查时期的3.46人降至第六次人口普查时期的3.09人,上海、杭州、天津等大城市户均人口数降至2.80人以下,与日本、韩国等周边发达国家情况持平。家庭小型化意味着居家老人难以从其他家庭成员获得足够的服务支持,为居家老人建立社会化服务保障体系迫在眉睫。2008年1月,全国老龄办等部委联合发布了《关于全面推进居家养老服务工作的意见》,明确居家养老服务是指政府和社会力量依托社区,为居家的老年人提供生活照料、家政服务、康复护理和精神慰藉等方面服务的一种服务形式。它是对传统家庭养老模式的补充与更新,是我国发展社区服务、建立养老服务体系的一项重要内容。要求在"十一五"末期,全国城市社区基本建立起多种形式、广泛覆盖的居家养老服务网络,农村社区依托乡镇敬老院、村级组织活动场所等现有设施资源,力争80%左右的乡镇拥有一处集院舍住养和社区照料、居家养老等多种服务功能于一体的综合性老年福利服务中心,1/3左右的村委会和自然村拥有一所老年人文化活动和服务的站点。在此背景下,部分地区开展了居家养老服务试点,比较有典型性的为北京市"九养"政策,上海市"家庭为基础、社区为依托、服务机构为载体"的政府购买服务模式,南京鼓楼区"政府主导、民间机构运营"模式等,取得了较多有益的经验。

表6-2 2000—2010年养老机构监管相关政策

年份	名　称	发文字号
2000	《财政部　国家税务总局关于对老年服务机构有关税收政策问题的通知》	财税〔2000〕97号

续表

年份	名　　称	发文字号
2000	《关于加快实现社会福利社会化的意见》	国办发〔2000〕19 号
2000	《关于开展区域社会福利机构设置规划工作的指导意见》	民办函〔2000〕54 号
2000	《关于统一制发〈社会福利机构设置批准证书〉的通知》	民办函〔2000〕91 号
2001	《老年人社会福利机构基本规范》	MZ 008-2001
2002	《养老护理员国家职业标准》	劳社厅发〔2002〕1 号
2005	《关于支持社会力量兴办社会福利机构的意见》	民发〔2005〕170 号
2006	《关于贯彻落实〈农村五保供养工作条例〉的通知》	民发〔2006〕146 号
2006	《农村五保供养服务设施建设霞光计划实施方案》	民发〔2006〕206 号
2006	《关于开展全国养老服务社会化示范单位创建活动的通知》	民函〔2006〕292 号
2006	《关于印发〈全国民政标准 2006—2010 年发展规划〉的通知》	民发〔2006〕137 号
2007	《关于推进民间组织评估工作的指导意见》	民发〔2007〕127 号
2009	《关于开展养老机构落实"两规范一标准"情况专项检查的通知》	民办函〔2009〕241 号
2010	《关于在民政范围内推进管理标准化建设的方案(试行)》	民发〔2010〕86 号
2010	《社会组织评估管理办法》	民政部令第 39 号

专栏 6-1　北京市"九养"政策主要内容

为完善北京市"9064"(90%的老年人居家养老、6%的老年人在社区养老、4%的老年人集中养老)养老服务模式,构建城乡一体化的养老服务体系,2009 年,北京市民政局、市残联制定的《北京市市民居家养老(助残)服务("九养")办法》,对居家老年人提供包括经济补偿、服务支持等多重社会化保障,主要内容包括:

一是建立居家养老(助残)券服务制度和百岁老人补助医疗制度。向符合条件的

专栏 6-1　北京市"九养"政策主要内容

老年人发放养老券,以政府购买服务的方式,为老年人提供多种方式的养老服务,以
满足老年人在生活照料、家政服务、康复护理等方面的基本生活服务需求。对100周
岁及以上的老年人,在本市定点医疗机构门诊及住院发生的,且符合本市有关医疗报
销规定的医疗费用中的个人按比例负担部分给以补助。

二是建立城乡社区(村)养老餐桌。利用城乡社区公益性用房、单位内部设施、居
民空闲房屋等社会资源建立养老(助残)餐桌。采取政府适度补助租金、项目补贴等
方式引导社会力量参与,并为行动不便的老年人提供送餐服务。

三是建立城乡社区(村)托老所。充分利用现有的社区服务中心、社区"星光老年
之家"、社区"残疾人温馨家园"、职业康复中心等服务场所为老年人建立社区托老所。

四是实施家庭无障碍设施改造。按照自愿的原则为有需求的老年残疾人家庭实
施无障碍设施改造,给居家生活的老年残疾人提供洗澡、如厕、做饭、户内活动等方面
的便利。

五是农村五保供养制度得到根本性重塑。2006年3月1日,国务院正式颁行了
新修订的《农村五保供养工作条例》,1994年1月23日颁行的旧制度则同日废止。
和原有制度框架相比,新的《农村五保供养工作条例》规范下的五保供养制度结构
发生了根本性的重构,从农民集体内部的小型共济制度,转变为由财政支持的现代
社会救助制度:政府财政成为五保供养资金的筹资主体,实现了资金的制度化保障;
五保资格仅与个人经济状况和家庭无可依靠对象挂钩,各类不合理附加条件被取
缔;规范了五保供养的待遇确定标准,使五保对象可以获得较为稳定的和公平的待
遇水平;明确了政府的管理责任,使五保供养制度具有更强的养老服务保障属性(见
表6-3)。

表 6-3　我国新旧五保制度对比

制度要素		旧制度框架	新制度框架
制度性质		计划经济下的农村集体福利事业	现代意义上的社会救助保障制度
待遇标准		不低于本地村民平均生活水平	不低于本地村民平均生活水平;随着经济社会发展进行弹性调整
资金与实物筹集机制	主要筹集机制	村提留、乡统筹;农业税附加	地方政府财政预算
	辅助支持机制	集体经营收入、利润;五保供养户财产;村民义务劳动等	集体经营收入;中央财政专项补助等
供养服务供给形式	集中供养	乡镇办敬老院和县办福利院	以各类公办福利院、敬老院为主
	分散供养	由集体或者受委托的抚养人负责照顾	村委会和农村社区养老服务机构负责提供各类养老服务

续表

制度要素		旧制度框架	新制度框架
五保对象财产处置	生前	收回已承包土地;保有个人财产使用权	五保户完全保有个人财产;可将承包土地转让出租
	去世后	收回个人财产及住房	如与集体签署有抚养协议的,集体才享有遗赠权力
管理机制	待遇确定主体	乡镇政府	县、市级政府,并须报省、自治区、直辖市政府备案
	管理监督主体	乡镇级政府	各级政府,并明确法律责任
	五保工作实施主体	农村集体经济组织	村民集体组织和各级人民政府

3. 主要成效

从成效来看,这一时期养老服务供给能力快速增长,多元化养老服务供给格局基本形成,农村五保供给获得显著改善。

一是养老服务供给能力快速提升。截至 2010 年年底,全国共有各类老年福利机构 39904 个,比 2001 年增加约 900 个,增幅约 2.3%;养老床位 314.9 万张,比 2001 年增加 180.3 万张,增长了 133.95%;每千名老人拥有养老床位 17.73 张,比 2001 年增加了 77.26%;共收养老年人 242.6 万人,床位利用率约为 77.04%,基本保持稳定。其中城市养老服务机构 5413 个,床位 56.7 万张,年末收养老年人 36.3 万人;农村养老服务机构 31472 个,床位 224.9 万张,年末收养老年人 182.5 万人;社会福利院 1572 个,床位 24.5 万张,年末收养老年人 17.9 万人;光荣院 1371 个,床位 7.3 万张,年末收养老年人 5.0 万人;荣誉军人康复医院 40 个,床位 0.9 万张,年末收养老年人 0.52 万人;复员军人疗养院 36 个,床位 0.6 万张,年末收养老年人 0.4 万人。

二是养老服务供给日益多元化。一方面,养老服务供给形式更加丰富。截至 2010 年年底,全国共有老年法律援助中心 18295 个,老年维权协调组织 8.3 万个,老年学校 49289 个,在校学习人员 586.9 万人,建立各类老年人活动室36.8万个。老年金融快速发展,2010年全国寿险业务保费收入达到9679.52亿元,较2000年的851.17亿元增加了8828.35亿元,年均增幅103.72%;2010年全国健康险保费收入达到677.47亿元,较2000年的65.48亿元增加了611.99亿元,年均增幅93.46%。机构服务类型也更加多样化,由单一生活照料型机构,发展为包括康复护理型、临终关怀型、异地养老型、综合服务型等多类型服务机构。同时,接受养老服务对象更加多元,以机构养老老人为例,其中优抚对象12.0万人、城镇"三无"对象187.2万人、自费人员43.4万人,自费人员已经占接受机构养老服务人员的18%,表明养老服务社会化取得了较大进展。

三是农村五保供养更加规范。在新《农村五保供养工作条例》指导下,五保供养保障水平进一步提升,保障能力显著增强。截至2010年年底,全国农村得到五保供养人数为556.3万人,比2004年增加了327.6万人,增加了143.24%。财政投入力度持续加大,财政补助责任得到了落实,全年共安排财政五保供养资金98.1亿元,财政供养资金增速连续保持10%以上。五保对象中,集中供养177.4万人,平均标准1951.5元/人;分散供养378.9万人,平均标准2102.1元/人,待遇持续保持较大增幅。

4. 存在问题

本阶段尽管养老服务保持了较快发展势头,但由于相关政策规定过于原则,财政投入相对不足,支持优惠政策缺少落实细节,使社会资本参与养老服务动力不足,居家养老服务发展缓慢。

一是社会资本参与养老服务体系面临"口惠而实不至"的困境。为了鼓励社会资本,相关政策都规定了税收、土地、融资等方面规定。但从政策实践情况看,因为优惠政策发布位阶不够高,部门间政策缺少配套衔接,导致政策规定易,实施落地难,有意愿投资养老服务业的经营者难以享有政策规定的优惠和支持。如,土地是社会资本举办养老服务业所面临的首要困难,在相关政策中提出了,社会办养老机构按照法律、法规规定:应当采用划拨方式供地的,要划拨供地;采用有偿方式供地的,在地价上要适当给予优惠;属出让土地的,土地出让金收取标准应适当降低。由此可见,政策内划拨土地优惠范围极其有限,大部分养老机构仍然需要按照有偿方式取得土地,由于我国实施了严格的土地管理制度,每年各地城镇建设用地指标、开发地块位置和地块用途均有严格限制,在经济快速发展而土地供给短缺背景下,土地租金快速攀升,养老机构拿地成本普遍超过了机构自身中长期营利回报水平,使有意愿投资者望而却步。

二是社区居家养老服务发展滞后。到2010年年底,全国共建成街道社区服务中心3515个,社区服务站44237个,社区服务设施综合覆盖率50.81%,其中已建成含日间照料功能的综合性社区服务中心1万个、留宿照料床位1.5万张、日间照料床位3万张。养老服务设施社区覆盖水平整体偏低,为老年人提供日托、老年餐桌、健康照护等服务能力还很有限。同时,全国大部分省市尚未出台养老服务业体系综合改革政策,居家养老服务普遍处于空白状态。

三是失能、半失能老人保障缺位。截至2009年年底,我国城乡老年人失能、半失能率达到19.6%,其中城市为14.6%,农村已超过20%。随着人口老龄化的加剧,失能、半失能老年人的数量还将持续增长,照料和护理问题日益突出。在家庭规模日趋小型化、"4-2-1"家庭结构日益普遍、空巢家庭不断增多的背景下,家庭成员间的失能扶助照护功能日渐弱化,对于专业化养老机构和社区服务的需求与日俱增。但在本阶段政策措施中,没有针对失能、半失能老人的专门政策安排。

（四）养老服务体系发展期（2010 年至今）

1.形成多层次的养老服务体系

2010年第六次人口普查数据显示,我国人口老龄化程度快速加深,60岁及以上人口为177648705人,占13.26%,其中65岁及以上人口为118831709人,占8.87%,老龄化程度分别比2000年提高了2.93个和1.91个百分点。预计到2020年60岁以上老年人口将达到2.6亿人,接近总人口的五分之一,人数之多,所占比例之大,举世少有。家庭规模进一步缩小,平均每个家庭户的人口为3.10人,比2000年第五次全国人口普查的 3.44 人减少 0.34 人。积极应对人口结构性深刻变化,加快养老服务体系综合改革,构建多层次养老服务网络,创新养老服务生产方式和提供模式,不断满足老年人的保障服务要求,已经刻不容缓。

在此背景下,2011 年 12 月,国务院办公厅印发《社会养老服务体系建设规划(2011—2015 年)》,标志着我国养老服务体系进入成熟定型和全面发展时期。《社会养老服务体系建设规划(2011—2015 年)》明确了社会养老服务体系建设是应对人口老龄化的一项长期战略任务,我国的社会养老服务体系主要由居家养老、社区养老和机构养老等三个有机部分组成,着眼于老年人的实际需求,优先保障孤老优抚对象及低收入的高龄、独居、失能等困难老年人的服务需求,兼顾全体老年人改善和提高养老服务条件的要求。此后,民政部先后发布了《关于鼓励和引导民间资本进入养老服务领域的实施意见》等政策。2012 年修订的《中华人民共和国老年人权益保障法》中,以较大篇幅阐述了老年人所应享有的养老社会服务权益,以及政府支持发展养老服务所需提供的政策便利和优惠措施。

2013 年 9 月,《国务院关于加快发展养老服务业的若干意见》(国发〔2013〕35 号)正式发布,这是我国养老服务体系改革历程中里程碑式的文件。35 号文明确提出了养老服务业发展目标:到 2020 年,全面建成以居家为基础、社区为依托、机构为支撑的,功能完善、规模适度、覆盖城乡的养老服务体系。养老服务产品更加丰富,市场机制不断完善,养老服务业持续健康发展。为落实 35 号文精神,国家发展改革委、民政部等有关部委先后制定发布了《养老机构管理办法》《关于开展公办养老机构改革试点工作的通知》《关于开展养老服务业综合改革试点工作的通知》等配套政策。

2016 年 2 月 23 日,新华社发布消息,习近平总书记对科学应对人口老龄化作出批示:有效应对我国人口老龄化,事关国家发展全局,事关亿万百姓福祉。要立足当前、着眼长远,加强顶层设计,完善生育、就业、养老等重大政策和制度,做到及时应对、科学应对、综合应对。此事要提上重要议事日程,"十三五"期间要抓好部署、落实。习近平总书记的批示精神为新时期我国深化养老服务体系改革进一步指明了方向。在2016年3月发布的《中华人民共和国国民经济和社会发展第十三个五年规划纲要》中,专章提出开展应对人口老龄化行动,把养老服务体系改革发展摆在了更加重要的位置。2016年12月,国务院办公厅发布《关于全面放开养老服务市场提升养老服务质量的若干意见》,明确提出到2020年,养老服务市场全面放开,养老服务和产品有效供给能力大幅提升,供给结构更加合理,养老服务政策法规体系、行业质量标准体系进一步完善,信用体系基本建立,市场监管机制有效运行,服务质量明显改善,群众满意度显著提高,养老服务业成为促进经济社会发展的新动能。

2. 培育养老产业和开放养老市场

2011年以来,我国养老服务体系政策密集出台,以居家为基础、社区为依托、机构为补充的养老服务体系框架基本形成,同时养老服务配套政策更加完善,构成了包括体系构建、税收优惠、服务能力培育、市场准入放开在内的多支点政策体系。

一是进一步夯实以居家为基础、社区为依托、机构为补充的多层次养老服务体系。支持建立以企业和机构为主体、社区为纽带、满足老年人各种服务需求的居家养老服务网络。支持社区建立健全居家养老服务网点,引入社会组织和家政、物业等企业,兴办或运营老年供餐、社区日间照料、老年活动中心等形式多样的养老服务项目。同时,支持社会力量举办养老服务机构,加快推进公办养老机构改革,发挥好公办机构的托底养老作用。

二是形成全方位的养老服务优惠政策。完善投融资政策,支持各类金融机构加大对养老服务业的有效信贷投入,创新养老服务机构融资方式。改革土地供应制度,合理安排养老服务用地需求,明确民间资本举办的非营利性养老机构与政府举办的养老机构享有相同的土地使用政策,可以依法使用国有划拨土地或者农民集体所有的土地。加大税费优惠政策的落实力度,完善养老服务补贴支持政策等。

三是积极培育全产业链养老服务供给能力,形成"养老服务+"的产业发展格局。拓展养老服务内容,发展适合老年人特点的文化娱乐、体育健身、休闲旅游、健康服务、精神慰藉、法律援助等服务,加强残障老年人专业化服务。围绕老年人衣、食、住、行、医、文化娱乐等需要发展老年用品,建设老年住宅、老年公寓等生活设施,引导金融机构开发老年信贷、保险等金融产品。

四是全面放开养老服务市场准入。降低养老服务业准入门槛,放宽外资准入限制,鼓励境外投资者设立非营利性养老服务机构,并享有平等优惠待遇。同时,完善养老服务价格形成机制,以市场价格为养老服务价格管理主要方式,对于各类民办养老机构,服务收费项目和标准由经营者自主确定或者按照非营利性要求合理确定(见表6-4)。

表6-4　2011—2014年养老机构监管相关政策

年份	名　称	发文字号
2011	《社区老年人日间照料中心建设标准》	建标143-2010
2011	《老年养护院建设标准》	建标144-2010
2011	《关于印发养老护理员等四个国家职业技能标准的通知》	人社厅发〔2011〕104号
2012	《社会管理和公共服务标准化工作"十二五"行动纲要》	国标委服务联〔2012〕47号
2012	《养老机构安全管理》	MZ/T　032-2012
2012	《养老机构基本规范》	GB/T　29353-2012
2012	《光荣院服务规范》	GB/T　29426-2012
2012	《关于政府购买社会工作服务的指导意见》	民发〔2012〕196号
2012	《关于鼓励和引导民间资本进入养老服务领域的实施意见》	民发〔2012〕129号
2013	《国务院关于加快发展养老服务业的若干意见》	国发〔2013〕35号
2013	《国务院办公厅关于政府向社会力量购买服务的指导意见》	国办发〔2013〕96号
2013	《社会管理和公共服务综合标准化试点细则(试行)》	国标委服务联〔2013〕61号
2013	《养老机构设立许可办法》	民政部令第48号
2013	《养老机构管理办法》	民政部令第49号
2013	《关于推进养老服务评估工作的指导意见》	民发〔2013〕127号

续表

年份	名　　称	发文字号
2013	《老年人能力评估》	MZ/T　039-2013
2014	《关于加强养老服务标准化工作的指导意见》	民发〔2014〕17 号
2014	《关于加强养老服务设施规划建设工作的通知》	建标〔2014〕23 号
2014	《关于印发〈养老服务设施用地指导意见〉的通知》	国土资厅发〔2014〕11 号
2014	《关于做好政府购买养老服务工作的通知》	财社〔2014〕105 号

第二节　我国养老服务体系建设取得的成效和面临的问题

一、养老服务取得的成效

（一）养老服务顶层规划体系逐渐完善

随着 2000 年我国正式迈入老龄化,为应对我国老龄化问题,我国养老服务的规划体系加速完善,中华人民共和国国民经济和社会发展第十二、第十三个五年规划纲要均将养老服务作为重要民生议题进行安排,一系列老年项目层层推进。2012 年修订、2013 年实施的《中华人民共和国老年人权益保障法》,首次将"养老服务"纳入其中,为老年人的权益保障和养老服务奠定了法治基础。2013 年《国务院关于加快发展养老服务业的若干意见》,中央开始部署推进养老服务业发展。2015 年《国务院办公厅转发卫生计生委部门关于推进医疗卫生与养老服务相结合指导意见的通知》,推进医疗和养老服务结合,以医养结合满足社会养老服务的需求。2016 年国务院办公厅出台《关于全面放开养老服务市场提升养老服务质量的若干意见》,明确了养老服务业"放管服"改革的重点任务施工图和时间表。2018 年全国人大常委会修订了《中华人民共和国老年人权益保障法》,取消养老机构设立许可制度,进一步激发社会参与的活力,强化综合服务监管。2019年国务院办公厅印发《关于推进养老服务发展的意见》,明确六个方面28项具体政策措施,首次提出居家、社区和机构"三位一体"的养老服务体系融合发展,从中央到地方都加快出台政策落地的具体实施方案,成为养老服务业纲领性、综合性文件。

(二)养老服务管理体制逐步完善

计划经济时期,1968年内务部撤销前,城市以内务部和各级民政部门直接管理的社会福利服务机构收养无依无靠、无劳动能力和无正常生活来源的孤寡老人,农村由村集体对生活没有依靠的老、弱、孤、寡、残疾村民提供集中和分散供养的五保供养保障。

随着我国老龄化加剧,原有的管理体制已不能适应发展,基于老龄化的基本国情变化,完善养老服务管理体制成为必然选择。

2018年公布国家卫健委的"三定方案",即《国家卫生健康委员会职能配置、内设机构和人员编制规定》,新设包括老龄健康司在内的三个内设机构,负责"组织拟订并协调落实应对老龄化的政策措施。组织拟订医养结合的政策、标准和规范,建立和完善老年健康服务体系。承担全国老龄工作委员会的具体工作"。

2019年公布国家民政部的"三定方案",即《民政部职能配置、内设机构和人员编制规定》,增设养老服务司,负责"承担老年人福利工作,拟订老年人福利补贴制度和养老服务体系建设规划、政策、标准,协调推进农村留守老年人关爱服务工作,指导养老服务、老年人福利、特困人员救助供养机构管理工作",扭转了过去一段时间对养老服务管理存在职能交叉、权限冲突和职能"碎片化"问题,过去民政部有养老服务职能,但分散在社会福利和慈善事业促进司、社会救助司、基层政权和社区建设司、社会事务司等,如敬老院属于社会救助司管理,而其他养老机构属于社会福利和慈善事业促进司管理。

自此,我国新时期以卫健委和民政部共同构成的养老服务管理体系逐步建立和完善。此前国务院设有全国老龄工作委员会,办公室设在民政部,2018年国务院机构调整后,全国老龄工作委员会办公室改设在国家卫生健康委员会,并对两个部门的职能进行了划分(见表6-5)。

表 6-5 民政部与国家卫生健康委员会对养老服务的职能划分

序号	民政部	国家卫生健康委员会
1	统筹推进、督促指导、监督管理养老服务工作	拟订应对人口老龄化、医养结合政策措施,推进老龄事业发展
2	拟订养老服务体系建设规划、法规、政策、标准并组织实施	承担老年疾病防治、医疗照护等老年健康工作
3	承担老年人福利和特殊困难老年人救助工作	

(三)养老服务供给体系逐步建立

2017 年《国务院关于印发"十三五"国家老龄事业发展和养老体系建设规划的通知》,明确养老服务体系为"以居家养老为主、社区养老为依托、机构为补充、医养相结合",我国目前已确立居家养老、社区养老和机构养老"9073"的三种养老模式比例关系。

首先,城乡机构养老体系逐步确立。新中国成立后,通过建立城镇福利院、农村敬老院保障城镇"三无"和农村"五保"对象生活,之后这些机构逐步向社会提供养老服务。城乡养老机构服务体系不断完善,为城乡提供基本养老照料。

从城市养老机构看,投资主体开始多元化、服务对象公众化、运行机制市场化、较好地保障了老年人的照料需求,基本建立起社会公众对老年福利事业的发展框架。据统计,2017 年城市养老服务机构一共 9618 个,年末在院老人一共 703490 人。①

从农村养老机构看,最初是社会对特殊照护需求老年人的保障,之后引入社会资本,但仍然以政府出资为主,基本搭建了农村老年福利事业发展框架。1951 年全国推广河南省唐河县通过自愿联合来安置孤老残幼的办法,开启农村养老机构建设;1956 年黑龙江省兴办敬老院,为部分年老体弱五保户提供日常生活照料;到 1958 年全国 15 万所敬老院,收养五保对象超过 300 万人;1978 年全国农村敬老院仅 7175 个,收养人数降到

---

① 数据来源:民政部。

104361人。改革开放后,确立敬老院为农村集体福利事业单位,坚持"依靠集体,文明办院,民主管理,敬老养老"的方针。1988年《民政部关于支持和表彰个人办敬老院的决定》,社会资本参与敬老院建设得到激发;1994年农村敬老院增至40509所,收养五保对象达到578323人;2006年民政部农村敬老院改为农村五保供养服务机构,将以财政资金投入为主的机构确定为事业单位,出台《关于农村五保供养服务机构建设的指导意见》,要求各级政府将五保供养服务机构建设纳入地区经济社会发展规划;到2017年全国农村养老服务机构一共15006个,收养老年人1013356人(见图6-2、图6-3)。

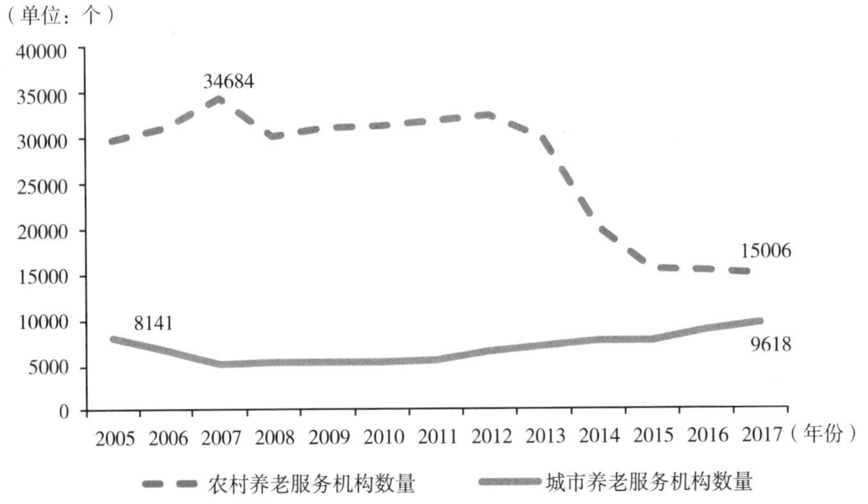

（单位：个）

图 6-2　城乡养老服务机构数量

数据来源:民政部。

其次,居家养老服务得到较快发展。2000年开始,我国面对老龄化压力,北京、上海、宁波等开展了居家养老服务,进行了有益的探索;2006年在第二次全国老龄工作会议上强调"以居家养老为基础,社区服务为依托,机构养老为补充"的养老服务体系建设;2008年全国老龄办发布《关于全面推进居家养老服务工作的意见》,对居家养老工作的开展进行全面部署。居家养老在政府大力推动下,各地根据财政状况确定服务覆盖对象,并对老年人按收入和身体状况进行分类补贴,并逐步采取"民办

（单位：人）

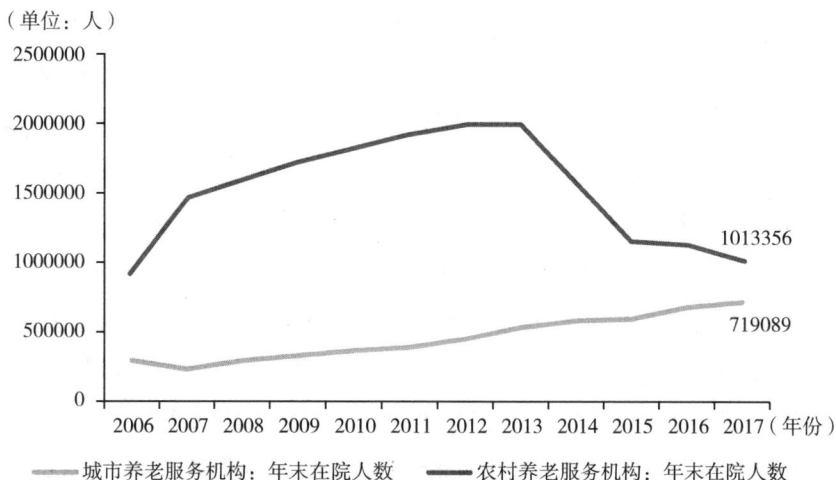

图 6-3　城乡养老服务机构年末在院人数

数据来源：民政部。

公助"的方式,引入社会资本和中介组织参与提供服务,初步建立起居家养老服务的发展框架。

最后,社区养老服务在探索中发展。中国老龄事业发展"十五"规划提出大力发展社区老年照顾服务的目标,强调通过在社区建立综合性、多功能的服务设施,对社区内的老年人提供上门服务、定点服务,就近满足养老需求。自此,我国开始从资金和政策两方面推动社区养老建设:资金方面,民政部 2001 年在全国推广"社区老年福利服务星光计划",将发行福利彩票筹集的福利金用于资助城市社区的老年人福利服务设施、活动场所和农村乡镇敬老院的建设;在农村探索"农村互助幸福院"模式,在专项彩票公益金支持的基础上加大融资和政策投入力度。政策方面,出台了包括《关于支持社会力量兴办社会福利机构的意见》《关于加快发展养老服务业的若干意见》等政策文件,强调了社区养老服务在养老服务体系中的地位和作用。截至 2015 年,社区养老服务设施已覆盖城市社区和半数以上的农村社区,全国社区养老服务机构数也从 2011 年的 44 个上升到 2014 年年底的 18927 个①。

---

① 数据来源:民政部。

（四）养老服务市场体系活力释放

首先，以"放管服"促进社会资本进入养老服务市场。从机构养老、社区养老和居家养老的发展历程看，机构和社区养老都是由政府全部兜底，向引入社会资本、政府起引导作用的改革方向转变；居家养老从完全的个人行为，向社会化居家养老转变，引入社会资源为居家养老提供更完善的服务。政府主要通过放松行政管制，培育养老服务市场，民政部采取"组合拳"的方式，从设立、投资、建设、运营、监管全流程对养老服务市场放松行政管制；2016年国务院办公厅发布《关于全面放开养老服务市场提升养老服务质量的若干意见》取消了举办养老机构的资金规模限制、验资报告等前置要求，向境外投资者开放养老服务市场投资，并提供国民待遇，将养老机构内设医疗机构的行政审批制改为备案制，营利性养老机构改为"先照后证"管理；2018年国务院常务会议取消了养老机构设立许可，深化对养老服务市场全面"放管服"、优化营商环境的改革。

其次，以政府引导为主带动社会资本参与养老服务市场。随着我国老龄化程度加深，老年人口的规模不断上升，随着社会养老保险覆盖面的扩大，老年人口的收入与以往相比有了显著改善，仅靠政府提供的兜底性的养老服务已不能满足养老服务市场的需求。

2012年民政部出台《关于鼓励和引导民间资本进入养老服务领域的实施意见》，鼓励民间资本参与居家、社区和机构养老服务，之后各地结合自身发展需要，出台促进社会资本进入养老服务市场的具体办法，如2013年陕西省人民政府办公厅印发《关于鼓励和引导社会资本进入养老服务领域的若干意见》，对民办机构的建设阶段进行补贴；2016年广西壮族自治区民政厅、财政厅印发《广西壮族自治区民办养老机构补贴暂行办法》，对民办养老机构的建设和运营提供补贴等；2019年安徽省各类养老机构2492家，床位30.1万张，其中社会办养老机构845家、床位数达到11万张，并积极推进城市社区养老服务设施配建。并通过产业引导基金、专项企业债券、PPP项目等引导社会资本投入。

二、养老服务面临的问题

(一)养老服务供需总量和结构错配

一是供给和需求总量错配。我国养老服务体系发展仍然相当薄弱,养老服务机构数量远不能满足我国老龄化带来的养老需求。截至2018年年底,我国60岁以上的人口约2.5亿人、占总人口的17.9%,其中65岁以上人口约1.7亿人、占总人口比重达到11.9%。截至2017年城乡养老服务机构一共24624个,城乡养老服务床位数320.6万张(见图6-4),年末在院人数173万人,每千人拥有床位数30.9张,没有达到"十三五"规划35—40张的目标,更低于发达国家每千人60—100张的水平。

(单位:万张)

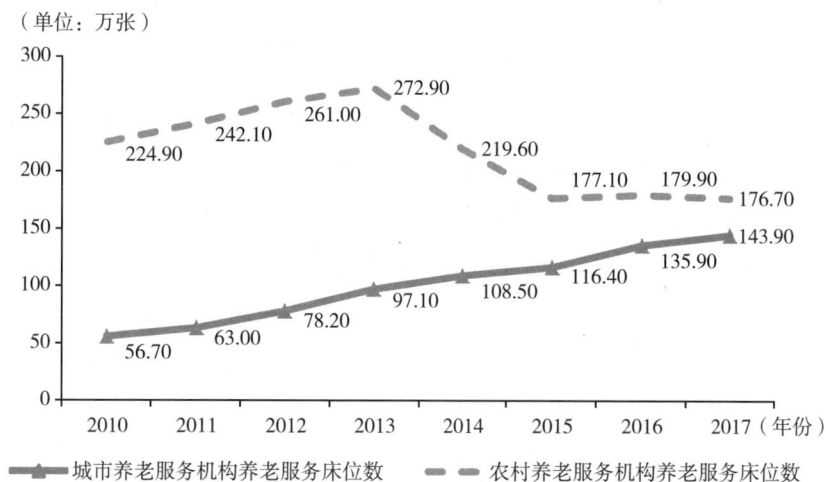

图6-4 城乡养老服务机构床位数

数据来源:民政部。

二是供给和需求结构错配。第四次中国城乡老年人生活状况抽样调查显示,2015年全国失能、半失能老年人4063万人,占老年人口的18.3%;80岁及以上的高龄老年人口占13.9%,达到3100万,预计2025年,我国高龄老人将超过1亿人,失能老人增加到9750万人。失能老人受生活能力和生理机能限制,对护理服务的需求更为迫切,但我国目前社区养老和机构养老的主要内容仅限于提供最基本的生活照料服务。据统计,2015年我国养老机构接收失能、半失能老人63.7万人,仅占全部失能、半失能人口的1.6%,我国目前面向失能和半失能老人提供服务的能力较薄弱。

三是养老服务供给产品单一。我国养老服务仍处于起步阶段,养老服务内容单一、服务质量较低,主要停留在基本的经济供养和生活照料上,属于"保姆式"的服务产品,而现阶段的老年人有了更高层次的养老需求,如医疗护理、精神慰藉、文化娱乐、经济救援、法律援助等,这些服务在养老市场供给上仍然发展缓慢,"重物质养老,轻精神养老"的现象较普遍,政府购买的养老服务中精神慰藉服务严重短缺。

(二)养老服务城乡和区域供给失衡

一是城乡养老供给差异明显。城乡居民收入差异导致我国社会养老服务供给存在明显的城乡差异。2017年城镇家庭月收入超过4000元的老人超过1.06亿人,其中1600万老人家庭月收入超过10000元[1],而2014年农村老人年均收入为7621元/人[2];养老金的城乡差距也非常明显,以广东省为例,2018年城镇职工基本养老金人均2696元/月,而2019年城乡居民基础养老金人均170元/月。由于城乡收入的差距和农村老年人受教育程度普遍偏低,农村老年人的养老消费能力和意愿都偏低,使农村养老机构的盈利能力受限,直接导致农村养老服务的建设和投入滞后于城镇。

二是区域养老服务供给差距较大。区域间的经济发展水平差距也造成养老服务在区域间供给不均衡,我国经济东高西低,养老服务水平也呈东中西部递减态势,但由于人口自西向东流动,老龄化则呈现西高东低态势。政府购买的养老服务主要发挥"兜底性"作用,社会资本在发达省份进入养老服务市场的规模较大,经济较困难的西部地区则主要依靠财政转移支付,对养老服务投入的资金规模与经济发展水平正相关,导致东中西部的养老服务供给也存在明显的地区差异。根据全国31个省、自治

---

① 中国家庭金融调查报告。
② 第四次中国城乡老年人生活状况抽样调查。

区、直辖市的退休人员养老金(见图6-5)也可以看出,东部沿海地区整体水平要明显高于西部地区,也导致西部地区老年人对老年服务的购买力不足。资金投入不足、购买力不足导致西部地区养老服务供给水平落后于东部。

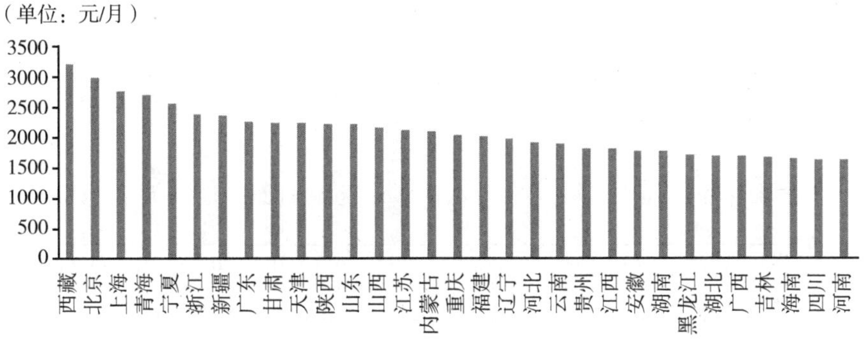

(单位:元/月)

图6-5 2014年全国31个省、自治区、直辖市企业退休人员基本养老金水平

(三)养老服务体系配套资源短缺

一是缺乏专业的养老服务人才。首先,我国养老服务从业人员流失率高,受薪酬待遇较低和市场发展不稳定等因素影响,年轻人大多不愿意从事老年护理工作,以不提供住宿的养老服务机构为例,职工数近年出现了明显的减少(见图6-6);其次,专业的从业人员数量严重短缺,以养老机构的社会工作师为例,全国提供住宿的养老机构持证的社会工作师不足万人(见图6-7),而据测算,全国养老机构的老年护理人员缺口已达180万;最后,养老产业的职业培训也严重短缺,专业储备不足、管理观念落后,直接制约养老服务质量的提高,据调研显示,被访的养老服务机构工作人员主要由下岗职工和农村务工人员组成,有中级职称的仅占1%,79%的人员无任何职称。

二是缺乏足够的财政和土地等政策协同支撑。我国养老事业政府投入的资金主要来源包括中央财政、地方财政和福利彩票公益金,目前没有财政专项资金投入,仅有少量福利彩票公益金和预算内补助资金投入,地方政府承担最主要的投入责任,但地方财政支出能力有限,对养老服务的投入仅够维持基本运营,金融和保险等新型融资渠道尚未

（单位：人）

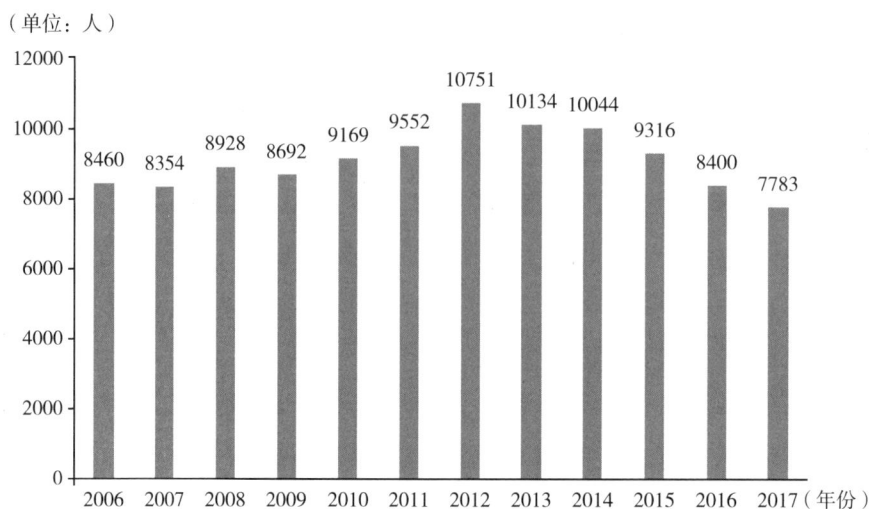

图 6-6　不提供住宿的为老年人服务机构的年末职工数

数据来源：民政部。

（单位：人）

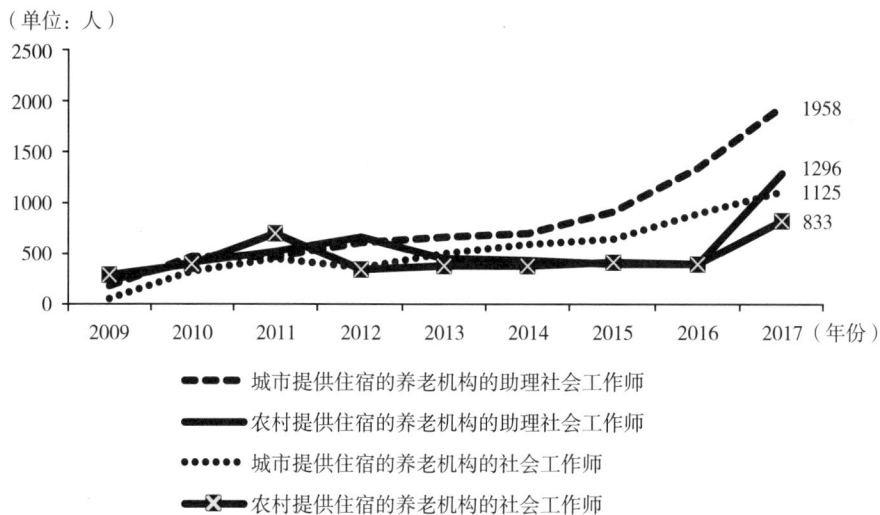

```
━━━  城市提供住宿的养老机构的助理社会工作师
━━━  农村提供住宿的养老机构的助理社会工作师
••••••  城市提供住宿的养老机构的社会工作师
━✕━  农村提供住宿的养老机构的社会工作师
```

图 6-7　养老机构社会工作师人数

数据来源：民政部。

形成规模,令新增床位、增加养老服务设施、社区设施适老化改造都举步维艰;养老服务项目对空间区位、自然人文环境和医疗条件等配套设施要求较高,但收益回报率较低,地方政府安排养老服务项目设施用地缺乏积极性,新增的养老机构建设用地难以获得有效满足,老城区人口密度大、用地紧张,对设施的适老性改造空间有限,许多养老机构建设项目难以落地。

(四)养老服务机构运营能力较弱

一是社区和机构养老市场并未成熟。社会性养老意识不足,根据数据显示,我国城镇职工基本养老金待遇处于 1667—3267 元/月区间,而机构养老收费平均约为 6000—7000 元/月,且我国"养儿防老"的观念根深蒂固,更倾向于选择家庭养老模式,据中国老龄科学研究中心的数据显示,2014 年全国养老机构空置率高达 48%,口碑好的公立养老机构需求旺盛,而部分民办养老机构缺乏市场信誉和公信力,导致盈利能力有限。

二是居家养老服务项目投入成本高。居家养老服务潜在需求量大,但需求方分散度高、需求种类碎片化、需求频次不稳定,导致居家养老服务的运营成本居高不下,收益回报率偏低。根据民政部数据,2006—2016年城市养老服务企业总体盈利的年份仅占 45%,且近年亏损的幅度不断扩大(见图6-8)。

(单位:万元)

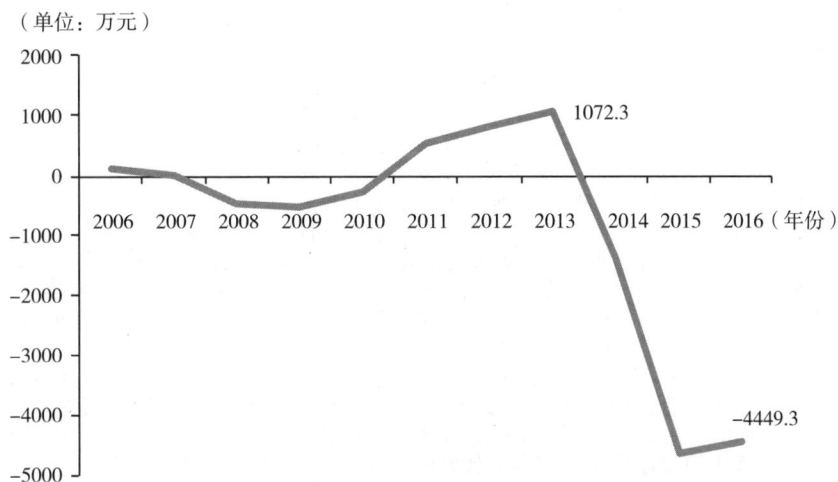

图6-8 2006—2016 年城市养老服务企业营业利润

数据来源:民政部。

专栏6-2 日本的社区和居家养老经验

日本较早进入老龄化社会，养老产业发达，其社区养老值得我国借鉴。据调查，日本社区养老强调"小规模多功能"，受文化影响，日本老人更倾向居家养老，"老老看护"的养老模式也值得学习。

1. "小规模多功能"社区养老模式

日本并不主张兴建大规模的养老院，而是强调老人们在自己的家中和社区中养老，与社区互动。养老服务"多功能化"成为趋势。社区养老机构床位一般在20—30张，提供24小时入住照顾、白天日托或者居家上门服务。日本有大量的"老人日托"机构，仅东京就有超过2.8万所，与此同时日托养老服务机构还以直营和连锁方式不断扩张。

很多日托机构针对老人的需求提供特色服务。DHC是日本著名的化妆品公司，也进军养老服务领域，在为老人提供护理服务的同时，还提供免费的化妆服务吸引顾客。还有一些日托机构主要面向老年男性，以器械技能训练为主要特色；一些日托机构则强调对失智老人看护有独到经验；日本连锁便利店"罗森"宣布提供老年人看护服务，"护理经理"常驻店内，希望通过这个项目吸引更多客源。

以日本一家在居民区的社区养老中心为例，选址便利，只有72张长期床位和9张临时床位，最多可接纳81人，但工作人员一共55人，其中90%为"介护士"（看护人员），轮班24小时负责老人的生活杂务。这家社区养老中心所有人都住单间，每个单元都设置了公共活动空间，供吃饭、休闲和活动使用，中心有公共浴室，有专人提供入浴服务，配备半躺就能洗净全身的坐浴器和方便老人进入浴池的泡澡升降机，为了防止患有老年痴呆的老人走失，所有楼层的电梯都需要输入复杂的密码才能启动。这样一家设施先进、服务细微的社区养老中心，个人承担的费用每月约5万—6万日元，而实际每月平均成本约38万日元/人，中间的差额由介护保险的理赔机构提供资金。

2. "老老看护"成为日本新型养老模式

日本人受文化影响，更倾向于居家养老，随着日本人口寿命大幅延长，老龄人口增多，"老老看护"成为日本新型的养老模式。

"老老看护"是指老人在家中由同属老人的家庭成员照顾，如六七十岁老人照顾八九十岁的父母。据数据显示，聘请专业护理人员上门服务的日本家庭仅为14.8%，更多家庭选择成员之间互相照顾。统计显示，日本被看护者和看护者均超过65岁的家庭比例为51.2%，65岁以上人口占总人口比约为25%，预计到2025年这一比例将提高到30%，"老老看护"将成为日本养老的重要模式。

与其他养老模式相比，"老老看护"有诸多优点。如看护者和被看护者长年生活在一起，熟悉彼此的生活习惯，便于照顾对方。对看护者而言，由于需要照顾老人，也不会感到生活单调无聊，也可以有效降低认知障碍症的发病率。对社会而言，"老老看护"可以有效减少养老机构和护理人员数量，减少政府对养老设施的资金投入。对家庭而言，日本各地根据实际情况，出台针对本地区内"老老看护"家庭的优惠政策，也减轻家庭的负担，如岛根县出云市对"老老看护"家庭发放生活支援服务利用券，可用来购买生活用品、聘请保洁人员等。

近年"老老看护"还出现医养结合、社区和居家养老结合的新形式。如一名叫佐藤的老人，身患癌症，妻子只能借助轮椅活动，膝下无子女，夫妇俩卖掉房子，搬到私立的养老机构居住，日常照顾妻子的责任大多数由佐藤负责，养老机构提供医疗服务，对于佐藤夫妇而言，既享受了相对便宜的养老服务，又能实现"老老看护"。

第三节　我国养老服务体系进一步完善的展望

一、以完善养老服务的政策体系推动规划落地

根据我国养老服务市场需求,我国将居家养老、社区养老和机构养老的比例划分为"9073",即以居家养老为主,90%的养老需求通过居家养老实现;以社区养老为依托,7%的养老需求通过社区养老提供;以机构养老为补充,3%的养老需求通过专业的养老机构补充。各地在推进规划落地过程中,需要全方位地完善配套政策体系。

一是规划上,制定养老产业的中长期发展规划和近期发展目标,明确养老产业链主体和核心内容,明晰老龄工作部门与其他涉老部门和产业之间的关系。

二是土地上,出台增加养老服务土地配比指导意见,落实养老土地划拨和配比指标,在土地规划方面专列年度养老用地需求。

三是资金上,创新金融扶持手段,推进养老机构市场化改革,逐步放开养老机构固定资产抵押处置限制。

四是财政上,加大对民办养老机构的保费补贴,进一步加强用于养老产业,特别是老年福利的财政支持,将补贴方式由按床位补贴养老机构改为按入住老人补贴,由"补供方"向"补需方"转变,促进养老机构改进服务,提高服务人次。

二、以搭建养老服务信息平台提高养老服务水平

2015年国家发展改革委、民政部、全国老龄办联合印发了《关于进一步做好养老服务业发展有关工作的通知》,要求在养老服务领域推进"互联网+"行动,将信息技术、人工智能和互联网思维与居家养老服务机制建设相融合,对传统业态养老服务进行改造升级,通过搭建信息开放平台、开发适宜老年人的可穿戴设备等,不断发现和满足老年人需求,强化供需衔接,扩大服务范围,提供个性、高效的智能养老服务。我国已进行

有益探索,如2017年全国首个公益性养老综合服务平台"拐棍网"正式上线,为全国老年人提供网上购物、家政服务、异地养生、康复护理和休闲娱乐等综合性服务项目。

但我国目前大部分养老机构信息化水平较低,现代化服务装备普遍欠缺,无法满足老年人对专业化护理的需求。随着老龄人口规模的增加,对专业养老服务的需求上涨,亟待通过搭建养老服务信息开放平台,发布养老服务标准、养老供需信息等,积极推动智慧养老标准建设。

一是搭建医养护协同运作机制,推动养老服务精准化建设。打破行政壁垒,统筹医疗服务、养老服务协同发展,将医疗硬件设施资源与养老服务结合,通过医疗、健康、社保等数据对接,打通医疗机构、社保机构、养老机构等信息渠道,构建养老大数据服务平台,采用大数据和智能化推荐技术,根据健康状况、生活状态、家庭和社区设施、个人经济状况等提供个性化养老服务,并通过平台精准匹配养老服务设施和内容。

二是整合社会养老资源,推动养老服务标准化建设。以"系统+服务+老人+终端"的模式,整合社区养老服务设施、专业服务队伍和社会资源,为老年人提供"呼叫救助、居家照料、健康服务、档案管理"等综合性的智慧养老服务。

三、以"政府+市场"深化养老服务供给体系改革

我国老年人对养老服务需求与收入直接相关,意味着市场对基础养老服务和高品质的养老服务都有需求。从市场上看:一方面,要对需求群体进行正确分类,有效识别养老服务需求类型和激发潜在需求。居家养老、社区养老和机构养老面对的养老需求群体是有明显差异的,根据收入、照料需求、居住分布等,准确评估市场需求,根据国家"9073"的指引,构建以居家养老为基础、社区养老为依托、机构养老为补充的养老服务市场体系。另一方面,要综合考虑服务群体的需求,设计合理的产品服务内容。

一是以内容、配套、企业和人力资源提升居家养老服务能力。

首先,增加服务内容,鼓励企业拓展服务项目、丰富服务内容,提供个

性化、多样化的服务,推动老年家政服务业从传统的保姆市场向现代服务业跃升。

其次,增加养老设施配套,尤其是小区内加装电梯、坡道等适老化设施。

再次,培育龙头企业,扶持培育一批信誉良好、服务质量优良的养老家政龙头企业,鼓励连锁经营户和品牌化发展,推动全国养老服务的标准统一。

最后,提供技能培训,建立多层次的培训体系,与农民工培训等项目结合,开展持续性、阶梯式培训,设立职业教育养老家政服务专业,储备和培养专业人才。

二是以适度发展养老地产、填补设施缺口等方式提高社区养老供给能力。社区养老拥有良好的生活配套,但由于各项标准和硬件配套并不完全符合养老需求,因此需要通过增加符合养老需求的配套来提高社区养老的供给能力。

首先,适度发展养老地产。养老地产提供按照适老化标准设计的住宅项目室内设施、社区环境和医疗康复等符合老年人特殊需要,以医养结合推动养老地产的有序发展。

其次,填补养老设施缺口。2017年全国城乡社区养老服务机构和设施约4.3万个,而2015年城市社区约10万个[①],农村社区也在不断培育,社区养老设施面临供给短缺和设施老化的两大突出问题。可通过统一社区规划建设标准,要求配备老年餐桌、陪伴护理、文化娱乐等功能的养老场所,并对现有设施进行改造,推进社区养老信息化、智能化建设。

三是以多主体投资,完善多层次养老机构服务供给。2017年全国养老床位超过730万张,每千名老人拥有养老床位数30.9张,按照"十三五"每千名老人拥有35—40张的发展目标,还有200多万张的缺口,基于此,可通过"政府+市场"双轮驱动的方式完善养老服务供给体系。

首先,以政府为主,政府将"兜底性"养老机构作为政策着力点,功能

---

① 2016年民政部统计数据。

完备、收费合理的公办养老机构供不应求,需要继续加大政府对公办养老机构的投入力度,重点保障"三无"特困老人的养老需求。

其次,政府与社会资本合作,引入社会资本运营公办养老机构,实行养老机构公办民营或者共建民营,政府可采取场地租金减免或者按人补贴的方式,既提高专业运营效率,也拉动社会资本参与养老服务的供给。

最后,鼓励社会资本投资中高端养老机构。由社会资本投资兴建中高端养老服务机构,可以满足老年人的多样化需求,也有利于拓宽社会资本投资渠道。

四、以增加和规范老年产品促进银发产业发展

据统计显示,全球老龄用品逾六万种,我国市场上仅两千多种,银发产品市场空白地带较多,实物产品的老年保健品、康复护理用品、助行视听用品、老年居家用品是老年人养老刚需,但市场有效供应仅约2000亿元;服务产品的教育养老和旅游养老需求旺盛,但我国目前这一老年人养老服务市场并未完全成熟。

一是要丰富面向老年人需求的衣食住行消费品种类。根据老年人生活和消费实际需要,开发针对性、实用性强的产品,形成品种多样、使用方便、材质安全、品质良好的"银发产品",如世界助听器六大品牌丹麦W.D.H听力集团、丹麦瑞声达(ReSound)、丹麦唯听(WIDEX)公司、瑞士SONOVA集团、美国斯达克(STARKEY)公司、西万拓(SIVANTOS)集团占据全球销售额95%,也在中国拥有超过90%的市场占有率,应推动养老辅具产业技术创新,为老年人提供更多国产质优价廉的辅具;国内老年旅游市场增长迅猛,目前国内老年旅游比例约占整个旅游市场的20%,淡季更达到50%,各地开始积极推出"候鸟"式休闲养生旅游等老年旅游产品,如夏天去东北避暑、冬天去海南越冬,应根据老年人消费需求和特点,开发医疗康复性旅游等产品,把养老与旅游休闲、医疗护理等其他服务融为一体,培养老年人持续性消费和深度消费习惯,满足不同类型的老年消费需求。

二是要加强引导和规范老年人保健用品消费市场。老年人保健品市

场空间广阔,未来仍有较大的提升空间,但目前老年人保健品市场乱象频仍,存在商业欺诈、虚假宣传、诱骗购买等问题。应通过建立健全保健品市场整治联席会议制度,提高食药监、公安、市场管理等部门的协作,完善老年人保健品市场监管的长效机制;建立经营企业档案,全面完善药店、保健食品专营企业基本信息和品种数据;加强保健食品安全常识普及工作,规范老年人消费市场的发展。

五、以补充特殊需求完善养老服务供给类型

当前我国提供的养老服务主要是以看护为主,对老年人的康复、护理和临终关怀服务供给严重短缺,专业化机构数量极少,随着养老服务体系的不断完善,服务的内容也需要不断增加。

一是大力支持失能老人的康复机构建设。根据统计显示,我国失能和半失能老人大约为4063万人,占老年人口的18.3%[1],大多数需要康复治疗,但2017年全国康复医院仅有552所[2],200张床位以下规模的康复医院占83.7%,供给跟不上需求。应按照失能群体老龄化潜在规模,健全完善康复服务体系,在规划和资金等方面支持康复医院和设施建设。

二是大力支持社会力量开办临终关怀服务机构。我国目前一共有637所老年临终关怀医院;同期美国有3400所,以广州为例,仅有1‰的末期患者能获得这一服务。应支持医疗机构设立更多安养、宁养病床病区,鼓励引导社会力量投资兴办临终关怀机构。

---

[1]　全国老龄办在2016年"第四次中国城乡老年人生活状况抽样调查"的报告统计数据。

[2]　国家卫健委统计数据。

第七章　推进基本公共服务均等化

新中国成立 70 年来,党和政府始终将民生问题摆在经济社会发展的突出重要地位,坚持在发展中保障和改善民生,实现了从短缺到充裕、从温饱不足到全面小康的历史性跨越。伴随着中国特色社会主义制度的逐步建立和日益完善,我国基本公共服务体系也经历了一个不断调整、变革与完善的过程。享有基本公共服务是公民的基本权利,保障人人享有基本公共服务是政府的重要职责。这是对基本公共服务功能定位的权威阐释,也是国家保障基本民生需求的庄严承诺。把基本公共服务制度作为公共产品向全民提供,是我国公共服务发展从理念到体制的不断创新,也是从制度到实践的积极探索。

总体而言,我国基本公共服务的构建理念逐步明晰,框架体系日益成熟,权责关系更为明确,质量水平显著提升,中国特色的基本公共服务制度已经形成,有力推进了基本公共服务的均等化、标准化、法制化,有力增强了人民群众的获得感、幸福感和安全感。健全中国特色的基本公共服务制度,推进基本公共服务均等化,是全面建成小康社会、促进社会公平正义、增进人民福祉的迫切需要,是全面建设服务型政府、增强全体人民在共建共享发展中获得感的内在要求,是推进国家治理体系和治理能力现代化的客观要求,对于实现"两个一百年"奋斗目标、实现中华民族伟大复兴中国梦都具有十分重要的意义。

第一节　基本公共服务体系的发展历程

基本公共服务是由政府主导、保障全体公民生存和发展基本需要、与经济社会发展水平相适应的公共服务。基本公共服务一般包括保障基本民生需求的教育、就业、社会保障、医疗卫生、计划生育、住房保障、文化体育等领域的公共服务,广义上还包括与人民生活环境紧密关联的交通、通信、公用设施、环境保护等领域的公共服务,以及保障安全需要的公共安全、消费安全和国防安全等领域的公共服务。

一、计划经济时期的基本公共服务(1949—1978 年)

长期以来,我国公共服务供给实行高度集中的计划管理体制。公共服务的供给基本上由政府统包统揽,各级政府不仅承担全部公共服务的供给责任,而且由政府设立的公共部门即事业单位担任生产主体,公共服务的供给和生产内化为政府的天然职责。这种管理体制下,公共服务供给的责任主体单一为政府,生产主体单一为事业单位,并且由政府来指导事业单位加以具体实现。因此,公共服务供给的总量、结构、质量和水平完全取决于政府的决策能力与资源配置能力。

计划经济体制下,我国建立起模式相对简单、平均主义突出和国家包办一切的公共服务体系,这与当时高度集中的政府管制相一致。这种公共服务体制具有三个基本特征:一是与单位制高度统一。基本公共服务权益的享有与本人所在单位密切相关,一个人的生老病死均由所在单位负责,个人完全依附于单位。二是与户籍制度相关联。基本公共服务权益的享有以户籍为界限,基本公共服务由户籍所在地供给,权益不能自由流动。三是与城乡二元结构相挂钩。城市普遍实行单位制福利、企业办社会的公共服务供给模式,各类企事业单位普遍兼具生产经营和公共服务供给的双重职能,向本单位职工提供免费教育、公费医疗、住房分配等公共服务。农村普遍实行集体福利制度,主要体现为小学教育、合作医疗等内容,集体经济成为农村公共服务的主要资金来源。

客观而言,这种政府统包统揽的公共服务供给模式在资源相对匮乏的背景下具有一定的合理性,较好实现了公共服务的可及性和均等性,能够迅速满足全体社会成员的基本公共服务需求,从而提供了有限资源的利用效率。同时,这种模式也存在诸多问题。首先,由于公共服务资源非常有限,公共服务主要集中于保障基本需求的基本层次,不存在基本与非基本的区别。其次,公共服务供给的水平与单位的保障能力有一定关联,造成不同单位之间的公共服务负担畸轻畸重、水平有高有低,造成一定的攀比现象。最后,单一的供给主体和供给方式容易造成公共服务资源的过度使用和浪费,不利于公共服务效率的提升。这些问题与不足,也是改革的焦点和关键所在。

二、改革探索期的基本公共服务(1979—1992 年)

面对"文化大革命"给经济社会生活带来的严重破坏,1978 年党的十一届三中全会及时进行拨乱反正,彻底否定以阶级斗争为纲的错误理论和实践,作出将党和国家的工作重心转移到社会主义现代化建设上来和实行改革开放的战略决策,开启了探索建设有中国特色社会主义的历史新时期。在当时的历史背景下,公共服务作为整体尚没有被纳入改革的重点领域,只是对部分与经济体制关系密切的民生保障体制进行了局部调整,并且调整的目标非常明确,那就是为经济恢复和经济建设扫除障碍。

(一)主要政策梳理和重大事件描述

1982 年党的十二大提出计划经济为主,市场调节为辅,要集中资金进行重点建设和改善人民生活,扶助农民发展生产并增加收入,着力解决城镇居民在工资、就业、住宅和公用设施方面的问题。同时要求在建设高度物质文明的同时,一定要努力建设高度的社会主义精神文明,重点加强文化建设和思想建设,包括教育、科学、文学艺术、新闻出版、广播电视、卫生体育、图书馆和博物馆等各项文化事业的发展,还包括群众性娱乐活动,提出全国要在 1990 年之前以多种形式基本实现初等教育的普及。1984 年党的十二届三中全会通过了《中共中央关于经济体制改革的决定》,提出商品经济是社会经济发展不可逾越的阶段,我国社会主义经济是公有制基础上的有计划商品经济。并认为增强企业活力是经济体制改革的中心环节,围绕这一中心环节重点解决好国家和全民所有制企业、职工和企业这两个方面的关系问题,要求政府实行政企分开和简政放权,应集中精力做好城市的规划、建设和管理,加强公用设施建设,搞好文教、卫生、社会福利事业和各项服务业。

1987 年党的十三大报告提出社会主义有计划商品经济的体制应该是计划与市场内在统一的体制,科学判定我国当时正处在社会主义初级阶段,并提出党的基本路线是:领导和团结全国各族人民,以经济建设为中心,坚持四项基本原则,坚持改革开放,自力更生,艰苦创业,为把我国建设成为富强、民主、文明的社会主义现代化国家而奋斗。党的十三大报告还创造性地提出了"三步走"发展战略,到 21 世纪中叶人均国民生产总值达到中等发达国家水平,基本实现现代化。要求在全社会加强社会主义精神文明建设,包括教育、科学、文化、艺术、新闻、出版、卫生和体育事业等,以提高整个民族的思想道德素质和科学文化素质。

（二）简要评价

这一阶段的公共服务体系发展与经济体制改革密切相关,主要呈现出四个方面的基本特征。第一,公共服务体系发展以经济建设为中心,各项工作均为经济建设服务。而经济建设的关键环节是提高国有企业的经济效益,所以公共服务体制改革事实上是以改善国有企业的经营管理水平为导向的。第二,政府和社会对公共服务的重视程度不够,公共服务完全处于经济发展的从属地位。当时还没有公共服务、民生保障等方面的直接表述,公共服务的内容分别体现在社会主义物质文明和社会主义精神文明当中,且以后者居多。第三,公共服务具有较强的单位属性。个人的绝大多数行为均依附于所在单位,生、老、病、死基本上均由单位负责,有一定规模的单位都开办有自己的医院、学校、幼儿园等公共服务设施,为本单位职工提供福利性住房,为职工提供"从摇篮到坟墓"的一揽子社会福利,甚至承担一些政府的行政管理职能。国有企业发展成为兼有生产、社会保障、社会福利和社会管理的社区单位,形成企业办社会的格局,虽然企业行为事实上为政府所干预,但企业在个人事务上负有直接责任。第四,公共服务的行政干预色彩较浓。由于当时计划经济体制的影响仍广泛存在,政府对国有企业的生产经营活动仍给予直接的行政干预,使得当时的公共服务也主要以政府的行政干预为主导。政企不分导致企业不得不抽出大量的人力、财力和物力去承担公共服务职能,虽然在稳定职工队伍、改善职工生活和维护社会稳定等方面作出了一定贡献,但从长期来看,造成社会资源的浪费和低效,降低了国有企业的市场竞争力。

这一阶段的公共服务体制改革处于改革探索期,在对"文化大革命"给经济社会生活带来的破坏性影响进行修复的基础上,开始对人们生活和社会发展方面的管理体制进行积极探索。为减轻国有企业的非生产性负担以增强国有企业的经营活力,并试图改变不同企业之间公共服务负担畸轻畸重的局面,公共服务体制改革的重点之一就是,加强政府对公共服务的直接管理,并开始实行公共服务的社会化,使企业职工由"企业人"转变为"社会人"。虽然这一阶段公共服务体制改革的力度不大,但却迈出了朝正确方向改革的第一步,具有划时代的历史意义。不可否认,这一阶段的公共服务体制改革具有较大的局限性,过分突出以经济建设为中心从而失去应有的独立性,过分强调为国有企业减负服务从而忽视公共服务的内在发展规律,使得公共服务中的行政干预色彩过浓,个人对所在单位的依附关系依然存在,现代意义上的公共服务体系还没有真正建立起来。

三、改革发展期的基本公共服务(1993—2012年)

1992年党的十四大明确提出建立社会主义市场经济体制,指出20世纪90年代的主要任务就是,坚持党的基本路线,加快改革开放,集中精力把经济建设搞上去,同时围绕以经济建设为中心加强社会主义民主法制和精神文明建设,促进社会全面进步。20世纪90年代以后,在改革开放思潮的影响下,公共服务的生产领域开始出现一些积极探索。教育、医疗卫生、就业、养老、文化体育等领域尝试对私人部门和社会组织予以小范围开放,使市场和社会力量有机会参与公共服务的提供,推动公共服务生产主体的多元化。同时,事业单位改革也在尝试推进,以管理流程优化和效益效率提升为主旨,部分事业单位甚至推行市场化改革,形成完全融入市场的法人主体。2000年以后,这种探索步伐得到加快。2005年,党的十六届五中全会上首次提出"公共服务均等化原则"。

（一）主要政策梳理和重大事件描述

1993年党的十四届三中全会通过了《中共中央关于建立社会主义市场经济体制若干问题的决定》，其中对社会保障制度和教育体制进行了重点部署。在社会保障制度方面，建立多层次的社会保障体系，重点完善企业养老保险制度和失业保险制度，强化社会服务功能以减轻企业负担，提高企业经济效益和竞争能力。在教育体制方面，继续强调优先发展教育事业的战略地位，形成以政府办学为主与社会各界参与办学相结合的新体制，扩大地方和院校的办学自主权。同时还要深化文化体制改革，完善文化经济政策，要把社会效益放在首位，正确处理精神产品社会效益与经济效益的关系。

1997年党的十五大报告提出建设有中国特色社会主义的政治、经济、文化的基本目标和基本政策，将实施科教兴国战略和可持续发展战略、改善人民生活列为有中国特色社会主义经济的基本构成要素，将社会保障制度建设和住房制度建设作为加快国有企业改革的配套措施。强调要逐步增加公共设施和社会福利设施，提高教育和医疗保健水平，到20世纪末基本解决农村贫困人口的温饱问题。

2006年党的十六届六中全会通过了《中共中央关于构建社会主义和谐社会若干重大问题的决定》，要求以解决人民群众最关心、最直接、最现实的利益问题为重点，着力发展社会事业，完善社会管理，推动社会建设与经济建设、政治建设、文化建设的协调发展，推进经济体制、政治体制、文化体制和社会体制的改革与创新，首次将社会建设和社会体制提到一个全新的高度。同时提出要完善公共财政制度，加大财政在教育、卫生、文化、就业再就业服务、社会保障、生态环境、公共基础设施、社会治安等方面的投入，逐步实现基本公共服务均等化，这为我国社会事业发展和公共服务体制改革提供了基本导向。2007年党的十七大报告提出，加快推进以改善民生为重点的社会建设，努力使全体人民学有所教、劳有所得、病有所医、老有所养、住有所居，推动建设和谐社会。

在客观实践的推动下，基于公共服务供给体制变革的发展趋势，政府部门开始对客观实践进行总结，在肯定各地做法的基础上相继出台鼓励性政策文件。2005年印发的《国务院关于鼓励支持和引导个体私营等非公有制经济发展的若干意见》首次提出,允许非公有资本进入社会事业领域,支持、引导和规范非公有资本投资教育、科研、卫生、文化、体育等社会事业的非营利性和营利性领域,支持非公有制经济参与公有制社会事业单位的改组改制。2010年印发的《国务院关于鼓励和引导民间投资健康发展的若干意见》明确提出,支持民间资本兴办各类医院等医疗机构,参与公立医院转制改组,支持民间资本兴办高等学校、中小学校、幼儿园等各类教育和社会培训机构,2004年修改完善《中华人民共和国民办教育促进法实施条例》,落实对民办学校的人才鼓励政策和公共财政资助政策。为贯彻落实《国务院关于鼓励和引导民间投资健康发展的若干意见》,发改委、财政、税务、工商等部门分别从投资、价格、税收、登记注册等方面出台了实施细则,增强了鼓励和引导政策的可操作性。

（二）简要评价

这一阶段的公共服务体制改革与建立社会主义市场经济体制有关,主要呈现出四个方面的基本特征。第一,公共服务开始逐步从经济体制改革中分离出来,具有自己的相对独立性,不再被动地、单纯地为经济体制改革尤其是国有企业改革服务。虽然公共服务体系建设仍带有为经济体制改革服务的政策意图,但已经开始考虑到公共服务发展的内在规律性,从而使公共服务体制改革更有逻辑性和连贯性。第二,公共服务体制改革的重点更为突出,目标更为明确,措施更为细化。社会保障和教育体制是公共服务体制改革的重点领域,源于社会保障问题是建立现代企业制度的基本前提条件,而教育体制改革是科教兴国战略和提升劳动力综合素质的实现路径。同时在实践层面,政策措施越来越具体,可操作性越来越强。第三,公共服务体制改革的政府行政干预色彩仍比较浓厚,但不再完全局限于政府力量,开始引入市场机制和社会力量,市场配置公共服务资源的体制机制开始建立,民间力量开始以各种方式参与社会事业的发展,这不仅体现出社会事业发展的本质要求,也是政府职能自发转变的信号。第四,公共服务领域的新事务和新形式不断涌现,对公共服务体制提出了全新的要求。非公经济成分的迅速发展迫使国有企业必须加快改革步伐,同时将更多的公共服务不足问题抛向政府和社会,下岗职工再就业困难、住房、教育、医疗卫生等问题接踵而至,公共服务管理体制不顺和社会利益机制不协调的负面影响相当严重,要求加快公共服务体制改革的步伐。

这一阶段的公共服务体制处于改革发展期,总体上取得了相对不错的成效。这一时期公共服务体制的主要问题是:第一,公共服务体制改革仍没有完全摆脱国有企业改革配套措施的尴尬地位,在改革措施的选择上也就无法真正做到对症下药,这也为公共服务体系建设埋下了隐患,成为下一阶段的重点改革对象。第二,公共服务体制的不完善带来民生保障的发展差距,社会发展滞后于经济发展,城乡差距、地区差距和群体差距日益严重,成为影响社会团结和社会稳定的重要因素。

四、改革深入期的基本公共服务体系(2013年至今)

2012年,国务院印发《国家基本公共服务体系"十二五"规划》,首次明确提出"把基本公共服务制度作为公共产品向全民提供",规定了9大领域44类80项基本公共服务项目及其标准,并规定了政府作为公共服务供给责任主体的义务。2017年,国务院印发《"十三五"推进基本公共服务均等化规划》,规定了8大领域81项基本公共服务及其清单,同时明确了"十三五"期间的鲜明特征就是推进基本公共服务均等化。2018年,中共中央办公厅、国务院办公厅印发《关于建立健全基本公共服务标准体系的指导意见》,以幼有所育、学有所教、劳有所得、病有所医、老有所养、住有所居、弱有所扶等为统领,提出了涵盖公共教育、劳动就业创业、社会保险、医疗卫生、社会服务、住房保障、公共文化体育、优抚安置、残疾人服务9个领域的国家基本公共服务质量要求,通过建立健全基本公共服务标准体系,明确中央与地方提供基本公共服务的质量水平和支出责任,以标准化促进基本公共服务均等化、普惠化、便捷化。2019年,国家发展改革委等18个部门联合印发《加大力度推动社会领域公共服务补短板强弱项提质量 促进形成强大国内市场的行动方案》,提出着力补齐基本公共服务短板、增强非基本公共服务弱项、提升公共服务质量水平,切实兜牢基本民生保障网底,不断满足多样化民生需求,努力增进全体人民在共建共享发展中的获得感、幸福感、安全感。

(一)主要政策梳理和重大事件描述

在国家规划界定的基础上,部分省(自治区、直辖市)根据经济社会发展水平和社会对公共服务的需求,纷纷出台了适合本地区的基本公共服务体系规划,其中对基本公共服务范围的界定有所调整,部分省(自治区、直辖市)在规划期限、形式和内容上进行了创新。

全国31个省(自治区、直辖市)和新疆生产建设兵团都制定了本地方的基本公共服务专项规划或基本公共服务清单,并已经正式印发。绝大部分省(自治区、直辖市)都按照国家规划的"规定动作",将国家确定的基本公共服务主要领域、服务项目和服务标准纳入本地方的基本公共服务清单。有2/3的省份根据本地方的特点,调增了基本公共服务项目总数。广东省出台了《广东省基本公共服务均等化规划纲要(2009—2020年)》,针对每个领域分别提出了建设目标及实施路径。海南省出台了《海南省基本公共服务均等化重点民生项目发展规划(2011—2015年)》,突出推进基本公共服务均等化的重点民生项目发展。山东省出台了《山东省基本公共服务体系建设行动计划(2013—2015年)》,将推进基本公共服务均等化具体到行动计划层面。

广东省将基本公共服务范围界定为:公共教育、公共卫生(含人口和计划生育)、公共文化体育、公共交通、公共安全和生活保障(含养老保险、最低生活保障、五保、残疾人保障)、住房保障、就业保障、医疗保障和生态环境保障。北京市的社会公共服务主要包括公共教育、公共卫生和基本医疗、就业服务、社会保障、社会福利和社会救助、公共文化、公共体育和公共安全。江苏省的基本公共服务主要包括基本公共教育、基本医疗卫生、就业与社会保险、社会救助与福利、人口与家庭服务、基本住房保障、公共文化体育、基本公共交通服务以及环境保护的公共服务。浙江省将基本公共服务分为基本生活服务、基本发展服务、基本环境服务和基本安全服务四大类,其中基本生活服务包括就业促进、社会保障和住房保障,基本发展服务包括教育、医疗卫生、人口和计划生育、文化体育,基本环境服务包括生活基础设施、公共信息基础设施和环境保护,基本安全服务包括生活生产安全、防灾减灾和应急管理。广西壮族自治区将基本公共服务分为基础服务类和基本保障类,前者包括公共教育、公共卫生、人口和计划生育、食品药品安全、公共文化体育、公共交通6项,后者包括生活保障(含养老保险、最低生活保障、农村五保供养)、就业保障、医疗保障(含医疗救助)、住房保障4项。

各地高度重视并着力加强针对基本公共服务的体制机制建设。北京市提出要优化调整社会基本公共服务资源布局,增强便民利民服务能力,推进全社会共建共享,同时要创新服务供给方式,保障群众公平享有,鼓励志愿服务和慈善事业发展。广东省提出要实现基本公共服务均等化财力供求总体平衡和区域间基本公共服务支出水平均衡,同时从调整完善财政体制、实施人口迁移、推进事业单位改革、建立多元化供给机制、建立均等化绩效考评机制等方面健全保障机制。

(二)简要评价

从政策文件的逻辑脉络来看,公共服务供给具有以下三个方面的特点:一是公共服务供给的"分类"思想开始显现,政府开始提出基本公共服务和非基本公共服务的概念,并致力于基本公共服务的供给和生产,在承认非基本公共服务具有一定公共产品属性的基础上,为社会和市场充当非基本公共服务的供给主体提供一定程度的政策支持和鼓励。二是公共服务生产开始引入社会力量,非公有资本、民间资本、社会力量是各个阶段采用的不同称呼,但让非政府力量介入公共服务生产的基本思路没有变,扶持和鼓励的政策色彩越来越浓。三是公共服务领域开始引入营利性和非营利性的概念区分,这也是一种"分类"的体现,政府鼓励社会和市场参与非营利性公共服务的供给与生产,但不排斥营利性公共服务的供给和生产,应该是一种发展观念的革新。

第二节　基本公共服务体系发展的主要成效

"十二五"以来,我国已经初步构建起覆盖全民的国家基本公共服务制度,各级各类基本公共服务设施不断改善,国家基本公共服务项目和标准得到全面落实,服务范围不断拓展,保障能力不断增强,群众满意度不断提升。

一、基本公共服务制度框架基本形成

基本公共服务体系是指由基本公共服务范围和标准、资源配置、管理运行、供给方式以及绩效评价等所构成的系统性、整体性的制度安排。基本公共服务体系由诸多相互联系的要素构成,体现系统性、统一性和协调性。国家基本公共服务制度紧扣以人为本,围绕从出生到死亡各个阶段和不同领域,以涵盖教育、劳动就业创业、社会保险、医疗卫生、社会服务、住房保障、文化体育等领域的基本公共服务清单为核心,以促进城乡、区域、人群基本公共服务均等化为主线,以各领域重点任务、保障措施为依托,以统筹协调、财力保障、人才建设、多元供给、监督评估五大实施机制为支撑,是政府保障全民基本生存发展需求的制度性安排。

二、现代基本公共服务体系初步形成

基本公共服务体系涵盖基本公共服务各领域的项目内容、服务对象、质量标准、支出责任、牵头单位、政策举措、实施机制等一系列规定和制度安排。"十二五"以来特别是党的十八大以来,随着各项制度的逐步完善,我国现代基本公共服务体系初步建成。

(一)界定了基本公共服务的项目内容

《"十三五"推进基本公共服务均等化规划》将"十三五"期间的国家基本公共服务内容区分为8大领域81项,并对每一项基本公共服务给予具体阐释。党的十九大报告首次将基本公共服务内涵从"五有"升级到"七有",即从"学有所教、劳有所得、病有所医、老有所养、住有所居"升级到"幼有所育、学有所教、劳有所得、病有所医、老有所养、住有所居、弱有所扶",标志着基本公共服务内涵向幼儿和弱势群体延伸,同时将这两部分内容单独凸显出来,充分体现出以人民为中心的发展思想,回应了新时代人民对美好生活需要的切实需求,这是更好地保障和改善民生所需,也是社会进步的重要体现。在国家基本公共服务内容框架的基础上,各地根据自身财力、社会公众需求和区域特点等因素,对基本公共服务内容进行了扩充,从而增强了公共服务的普惠性和受益水平。

基本公共服务内容项目是国家基本公共服务体系的具体任务分解和表述,也是国家对提供基本公共服务的承诺。内容项目的多少,直接决定着国家承担公共服务供给责任的大小,也体现着国家的社会发展水平。从需求角度来看,随着城乡居民收入水平的提高和生活质量的改善,人们的消费结构得到升级,对基本公共服务和非基本公共服务的需求都有所增加,并且希望将部分接近于基本层次的非基本公共服务纳入基本公共服务体系,这为增加基本公共服务的内容项目提供了需求动力。从供给角度来看,近年来各级财力都得到显著提升,财政支出结构中民生支出的比重也在不断扩大,这为增加基本公共服务的内容项目提供了供给源泉。考虑到基本公共服务的层级属性,其内容项目的多少具有较强的刚性特征,即基本公共服务的内容项目在数量规模上只增不减,除非出现项目合并或升级等特殊情况。

(二)明确了基本公共服务的服务对象

针对各领域的发展阶段和不同特征,《"十三五"推进基本公共服务均等化规划》对"十三五"时期基本公共教育、劳动就业创业、基本社会保险、基本社会服务、基本医疗卫生、基本住房保障、基本公共文化体育、残疾人基本公共服务等领域的服务对象做了具体规定。如免费义务教育的服务对象为义务教育学生,最低生活保障的服务对象为家庭成员人均收入低于当地最低生活保障标准且符合当地最低生活保障家庭财产状况规定的家庭等。

(三)制定了基本公共服务的指导标准

基本公共服务指导标准是指在一定时期内为实现既定目标而对基本公共服务活动所制定的技术和管理等规范,也是国家提供基本公共服务的最低要求。指导标准根据国家相关法律法规来制定,旨在保障基本公共服务提供的规模和质量,明确工作任务的事权和支出责任,为基本公共服务供给的绩效评估提供衡量标准和判断依据,促进城乡、区域和群体之间的均衡发展。

作为满足全体公民生存和发展基本需求的保障,指导标准由实现该项基本公共服务供给所需要的人力、财力、物力等因素来综合决定,因此通常具有不可逆性,即指导标准一旦确定,一般情况下就只升不降。同时,指导标准还会随着基本公共服务内容增加、物价变化和城乡居民收入增加来进行调整,总体而言以提高标准为主基调。

指导标准分为"硬"标准和"软"标准。"硬"标准主要包括设施建设、设备配置、人员配备和服务规范等具体标准,一般由行业主管部门会同有关部门及国家标准化行政管理部门制定实施。"软"标准主要包括内容标准、经费标准和待遇标准等,内容标准是指基本公共服务项目应该分解为哪些具体内容,经费标准是指为实现该项目最低安排多少经费支出,待遇标准是指社会公众最低能够得到什么水平的服务待遇。国家指导标准的"软"标准在《"十三五"推进基本公共服务均等化规划》中得到确定,各省(自治区、直辖市)遵循实施国家指导标准,并可结合本地区实际情况适当提高标准。

(四)厘清了基本公共服务的支出责任

基本公共服务的支出责任是指基本公共服务供给所需资金的筹资主体结构,以及资金在各筹资主体之间分配比例的制度性安排。

在筹资主体结构方面,基本公共服务的筹资主体主要包括政府、社会、企业和个人,大多数领域和项目由政府出资,少数领域和项目由企业与个人出资,社会发挥参与作用。由企业和个人出资的基本公共服务主要是社会保险,而且承担的是主要出资责任,政府在城乡居民基本养老保险和城乡居民基本医疗保险上承担补助责任。其他公共服务项目基本上由政府出资,政府的支出责任在各级政府之间进一步细分,国家规划将支出责任在中央政府和地方政府之间划定,省级规划将支出责任在省级政府和地市级、县级政府之间划定。义务教育免费、自然灾害救助、药品安全保障等全国性公共服务由中央政府和地方政府共同分担,最低生活保障、基本养老服务补贴等地方性公共服务由地方政府负责。

在资金分配比例方面,依据不同领域和项目,各筹资主体之间的分配比例有所不同,不同地区的各级政府出资比例也有差异。城镇职工基本养老保险的筹资来源中,用人单位缴纳比例调整到工资总额的16%,职工缴纳本人工资的8%。大多数公共服务项目,中央政府与地方政府的分担比例存在区域性差异,西部地区中央政府承担的比例较高,东部地区较低,中部地区处于中间。

在支出责任实现形式方面,政府责任有负责和补助之分,各级政府之间又有按比例分担、负责与补助相结合之分。除社会保险服务外,政府在其他基本公共服务项目上均负责出资。中等职业教育免费、优待抚恤、农村部分计划生育家庭奖励扶助、公共文化场馆开放、所有残疾人基本服务等项目由中央政府和地方政府按比例分担,寄宿生生活补助、学前教育资助、创业服务、所有基本公共卫生服务等项目实行地方政府负责和中央财政适当补助相结合,公共租赁住房由地市级、县级政府负责,省级政府给予资金支持和中央给予资金补助。

2018年,国务院办公厅印发的《基本公共服务领域中央与地方共同财政事权和支出责任划分改革方案》,明确基本公共服务领域中央与地方共同财政事权范围,首先纳入中央与地方共同财政事权范围暂定为八类18项①,如义务教育公用经费保障、免费提供教科书、城乡居民基本养老保险补助等,同时制定基本公共服务保障国家基础标准,并且规范基本公共服务领域中央与地方共同财政事权的支出责任分担方式,对全国各地进行分档确定。

三、基本公共服务质量水平显著提升

(一)基本公共服务投入水平提高
随着国民经济持续增长和城乡居民收入不断提高,保障和改善民生

---

①　具体包括:一是义务教育,包括公用经费保障、免费提供教科书、家庭经济困难学生生活补助、贫困地区学生营养膳食补助4项;二是学生资助,包括中等职业教育国家助学金、中等职业教育免学费补助、普通高中教育国家助学金、普通高中教育免学杂费补助4项;三是基本就业服务,包括基本公共就业服务1项;四是基本养老保险,包括城乡居民基本养老保险补助1项;五是基本医疗保障,包括城乡居民基本医疗保险补助、医疗救助2项;六是基本卫生计生,包括基本公共卫生服务、计划生育扶助保障2项;七是基本生活救助,包括困难群众救助、受灾人员救助、残疾人服务3项;八是基本住房保障,包括城乡保障性安居工程1项。

的重要性越来越突出,各级财政的基本公共服务投入呈现出迅速增长趋势。2013—2018 年,教育、文化体育与传媒、社会保障与就业、医疗卫生与计划生育的财政投入总体上呈稳定增长态势,基本公共服务领域的人均财政投入也在快速增长(见表 7-1、表 7-2)。

表 7-1 2013—2018 年基本公共服务领域的财政投入 (单位:亿元)

项目 \ 年份	2013	2014	2015	2016	2017	2018
教育	22002	23042	26272	28073	30153	32222
文化体育与传媒	2544	2691	3077	3163	3392	3522
社会保障与就业	14491	15969	19019	21592	24612	27084
医疗卫生与计划生育	8280	10177	11953	13159	14451	15700
合计	47317	51879	60321	65987	72608	78528

资料来源:2014—2018 年《中国统计年鉴》,2018 年数据来自财政部网站。

表 7-2 2014—2017 年基本公共服务领域人均财政投入情况(单位:元)

项目 \ 年份	2014	2015	2016	2017
普通小学生人均一般公共预算教育事业费	7681.0	8838.4	9557.9	10199.1
普通初中生人均一般公共预算教育事业费	10359.3	12105.1	13416.0	14641.2
普通中职生人均公共财政预算教育事业费	9128.8	10961.1	12227.7	13272.7
城镇居民医保人均补助	315	370	390	442

资料来源:2014—2018 年《中国统计年鉴》。

(二)基本公共服务能力水平增强

随着公共财政投入的不断增长和社会力量的逐步进入,基本公共服务的能力建设得到显著提升,这不仅体现在服务对象规模上,还体现在服务主体的供给能力上,为更好满足城乡居民的基本公共服务需求奠定了坚实基础。在教育方面,全国各级各类教育学校生师比基本上呈现出逐年下降趋势,全国各级各类教育在校生规模根据人口的变动情况而调整。在就业方面,全国城镇单位就业人数和失业人数总体处于平稳态势,城镇登记失业率基本稳定在4.1%以下。在基本社会保险方面,各项社会保险的参保人数持续增长,社保卡持卡人数和社保卡普及率显著提升。在基本社会服务方面,养老服务供给能力显著提升,养老服务机构迅速增加,每千老年人口养老床位数迅速提高,社会救助水平明显增强。在医疗卫生方面,人均医疗卫生机构执业医师数和床位数等医疗资源明显提高,保障能力显著增强(见表7-3至表7-11)。

表7-3 2013—2017年全国各级各类教育学校生师比(教师=1)

年份 项目	2013	2014	2015	2016	2017
九年义务教育	15.2	15.2	15.3	15.4	15.3
普通小学	16.8	16.8	17.0	17.1	17.0
初中	12.8	12.6	12.4	12.4	12.5
普通高中	15.0	14.4	14.0	13.7	13.4
中等职业教育	22.2	20.4	20.5	19.8	19.0

资料来源:2014—2018年《中国统计年鉴》。

表7-4 2013—2017年全国各级各类教育在校生数 (单位:万人)

年份 项目	2013	2014	2015	2016	2017
九年义务教育	13800.7	13835.7	14004.1	14242.4	14535.8
普通小学	9360.5	9451.1	9692.2	9913.0	10093.7
初中	4440.1	4384.6	4312.0	4329.4	4442.1
普通高中	2435.9	2400.5	2374.4	2366.6	2374.5
中等职业教育	1923.0	1755.3	1656.7	1599.0	1592.5
学前教育在园幼儿	3894.7	4050.7	4264.8	4413.9	4600.1

资料来源:2014—2018年《中国统计年鉴》。

表7-5 2013—2017年全国城镇单位就业人数和失业人数

(单位:万人)

年份 项目	2013	2014	2015	2016	2017
城镇单位就业人数	18108.5	18277.8	18062.5	17888.1	17643.8
城镇登记失业人数	926	952	966	982	972

续表

项目＼年份	2013	2014	2015	2016	2017
消除零就业家庭户数(户)	53282	58166	56778	49921	51375
城镇登记失业率(%)	4.05	4.09	4.05	4.02	3.90

资料来源：2014—2018 年《中国统计年鉴》。

表 7-6　2013—2017 年全国基本养老保险参保人数　（单位：万人）

项目＼年份	2013	2014	2015	2016	2017
职工基本养老参保人数①	24177.3	25531.0	26219.2	27826.3	29267.6
离退休人员参保人数	8041.0	8593.4	9141.9	10103.4	11025.7
城乡居民养老参保人数	49750.1	50107.5	50472.2	50847.1	51255.0

资料来源：2014—2018 年《中国统计年鉴》。

表 7-7　2013—2017 年全国医疗保险参保人数　（单位：万人）

项目＼年份	2013	2014	2015	2016	2017
职工基本医疗保险	27443.1	28296.0	28893.1	29531.5	30322.7
城镇居民基本医疗保险	29629.4	31450.9	37688.5	44860.0	87358.7

资料来源：2014—2018 年《中国统计年鉴》。

表 7-8　2013—2017 年全国社会保障卡持卡情况

项目＼年份	2013	2014	2015	2016	2017
持卡人数(万人)	54861	71242	88361	101249	108770
社保卡普及率(%)	40.3	52.1	64.6	73.2	78.7

资料来源：2014—2018 年《中国统计年鉴》。

---

①　不含离退休人员。

表 7-9　2013—2017 年全国养老服务情况

项目＼年份	2013	2014	2015	2016	2017
养老服务机构数（个）	42475	33043	27752	28592	28770
每千老年人口养老床位数（张）	24.4	27.2	30.3	31.6	30.9
收留抚养老年人数（万人）	297.9	320.3	309.2	327.7	317.1

资料来源：2014—2018 年《中国统计年鉴》。

表 7-10　2013—2017 年全国农村五保供养情况

项目＼年份	2013	2014	2015	2016	2017
供养人数（万人）	537.2	529.1	516.8	496.9	466.9
集中供养人数（万人）	183.49	174.26	162.33	139.66	99.65
集中供养标准（元／人／年）	4680.0	5371.3	6025.7	—	—

资料来源：2014—2018 年《中国统计年鉴》。

表 7-11　2013—2017 年全国医疗卫生资源情况

项目＼年份	2013	2014	2015	2016	2017
每千人口医疗卫生机构执业医师数（人）	2.04	2.12	2.20	2.31	2.44
每千人口中医类别执业医师数（人）	0.29	0.31	0.33	0.35	0.38
每千人口医疗卫生机构床位数（张）	4.6	4.8	5.1	5.4	5.7
每千人口基层医疗卫生机构床位数（张）	0.99	1.01	1.03	1.04	1.10
每千人口中医医疗卫生机构床位数（张）	0.58	0.64	0.70	0.75	0.82

续表

年份\项目	2013	2014	2015	2016	2017
每万人口全科医生数(人)	1.07	1.26	1.38	1.51	1.82

资料来源:2014—2018年《中国统计年鉴》。

(三)基本公共服务水平提升

在各级财政加大投入和服务能力不断提升的推动下,基本公共服务的总体水平得到极大提高。在教育方面,九年义务教育巩固率、小学学龄儿童净入学率、初中升学率、学前三年毛入园率均有较大提升,小学升学率基本保持稳定。在基本社会保险方面,月人均基本养老金从2013年的1856元提高到2017年的2490元。城乡低保标准和实际平均水平得到大幅提升,从相对保障水平来看,城市低保标准与居民消费支出之比在0.22—0.27,农村低保标准与居民消费支出之比在0.33—0.39,两个比例均呈上升趋势。在医疗卫生方面,主要健康指标已经达到国际较高水平,2017年7岁以下儿童健康管理率为92.6%,甲乙类传染病发病率降至222.1/10万,5岁以下儿童死亡率降至9.1‰,孕产妇死亡率降至19.6/10万。在住房保障方面,公共租赁住房和农村危房改造均取得显著成效。在公共文化体育方面,人均资源和服务水平均大幅提升(见表7-12至表7-18)。

表7-12　2013—2017年全国义务教育巩固率和升学率　　(单位:%)

年份\项目	2013	2014	2015	2016	2017
九年义务教育巩固率	92.3	92.6	93.0	93.4	93.8
小学学龄儿童净入学率	99.7	99.8	99.9	99.9	99.9
小学升学率	98.3	98.0	98.2	98.7	98.8
初中升学率	91.2	95.1	94.1	93.7	94.9
学前三年毛入园率	67.5	70.5	75.0	77.4	79.6

资料来源:2014—2018年《中国统计年鉴》。

表 7-13 2013—2017 年企业退休人员月人均基本养老金 （单位：元）

项目＼年份	2013	2014	2015	2016	2017
月人均基本养老金	1856	2050	2240	2362	2490
增长率(%)	10.1	10.4	9.3	5.4	5.4

资料来源：2014—2018 年《中国统计年鉴》。

表 7-14 2013—2017 年全国最低生活保障情况

项目＼年份	2013	2014	2015	2016	2017
城市低保人数（万人）	2064.2	1877.0	1701.1	1480.2	1261.0
城市低保标准（元/人/年）	4479.6	4926.4	5412.6	5935.2	6487.2
城市低保平均水平（元/人/年）	3170.4	3427.6	3640.8	—	—
农村低保人数（万人）	5388.0	5207.2	4903.6	4586.5	4045.2
农村低保标准（元/人/年）	2433.9	2776.6	3177.6	3744.0	4300.7
农村低保平均水平（元/人/年）	1393.5	1552.3	1766.5	—	—

资料来源：2014—2018 年《中国民政统计年鉴》。

表 7-15 2013—2017 年全国最低生活保障标准与居民消费支出比较

项目＼年份	2013	2014	2015	2016	2017
城市低保标准/居民消费支出	0.22	0.25	0.25	0.26	0.27
农村低保标准/居民消费支出	0.33	0.33	0.34	0.37	0.39

资料来源：2014—2018 年《中国民政统计年鉴》。

表 7-16　2013—2017 年全国主要健康指标情况

项目 ＼ 年份	2013	2014	2015	2016	2017
7 岁以下儿童健康管理率(%)	90.7	91.3	92.1	92.4	92.6
甲乙类传染病发病率(1/10 万)	225.8	227.0	223.6	215.7	222.1
5 岁以下儿童死亡率(‰)	12.0	11.7	10.7	10.2	9.1
孕产妇死亡率(1/10 万)	23.2	21.7	20.1	19.9	19.6

资料来源:2014—2018 年《中国卫生统计年鉴》。

表 7-17　2013—2017 年全国住房保障基本情况

项目 ＼ 年份	2013	2014	2015	2016	2017
累计公共租赁住房套数(万套)	788.6	1004.4	1222.8	1354.8	1436.4
公共租赁住房实物保障户数(万户)	406.9	720.8	989.3	1381.9	1415.9
住房租赁补贴户数(万户)	309.0	340.1	317.1	306.6	242.3
农村危房改造户数(万户)	266.0	260.3	455.3	331.0	176.7

资料来源:2014—2018 年《中国统计年鉴》。

表 7-18　2013—2017 年全国公共文化体育服务基本情况

项目 ＼ 年份	2013	2014	2015	2016	2017
每万人公共文化设施(平方米)	334.2	359.5	374.7	391.6	404.4
人均图书馆流通次数(次)	0.36	0.39	0.43	0.48	0.54
人均接受文化站服务次数(次)	0.32	0.37	0.40	0.42	0.46

续表

项目 \ 年份	2013	2014	2015	2016	2017
人均参观博物馆次数（次）	0.47	0.62	0.57	0.62	0.70
广播节目综合人口覆盖率（%）	97.8	98.0	98.2	98.4	98.7
电视节目综合人口覆盖率（%）	98.4	98.6	98.8	98.9	99.1
有线广播电视用户覆盖率（%）	54.1	54.8	54.6	52.8	48.3
每千人口体育指导员人数（人）	1.0	1.3	1.5	—	—

资料来源：2014—2018年《中国统计年鉴》。

四、基本公共服务均等化程度不断提高

（一）推动城乡均等化

当前我国基本公共服务体系中，部分基本公共服务项目和内容存在城乡之别，有些基本公共服务项目还进一步将城市居民区分为户籍人口、常住人口和流动人口。近年来，我国基本公共服务体系建设将推动城乡均等化放在更加突出的位置。首先，加强制度衔接与整合。随着公共财政实力的不断增强，越来越多的农村基本公共服务制度向城市制度靠拢或转变，城乡之间的制度性差异大量减少乃至消除。例如，城镇居民基本养老保险制度与新型农村社会养老保险制度进行整合，形成城乡居民基本养老保险制度。其次，推动城市公共服务制度向农村延伸。针对一时无法消除城乡差异的基本公共服务制度，在城市生活的农民能够享受与当地居民同等的基本公共服务待遇。例如，城市基本公共卫生服务项目基本上实现常住人口全覆盖。再以教育为例，2010—2017年，九年义务教育的城镇在校生比例从53.1%猛增至76.5%（见表7-19），显著高于同期的城镇化率，这说明大量农村户籍学生在城镇学校就读，这一现象在县城和中心城市体现得尤为突出。

表7-19　2010—2017年全国九年义务教育城镇在校生情况

项目＼年份	2010	2013	2014	2015	2016	2017
城镇在校生数（万人）	8083.3	9769.1	10037.4	10335.7	10683.6	11117.0
城镇在校生比例（%）	53.1	70.8	72.5	73.8	75.0	76.5

资料来源：2011—2018年《中国教育统计年鉴》。

（二）推动区域均等化

受各地经济发展水平和财力的影响，部分基本公共服务待遇和服务水平存在区域差距。近年来，国家层面在着力加强对经济欠发达地区的转移支付力度，以增强其对基本公共服务领域的财力支撑。

教育领域，东部地区优于中部地区、中部地区优于西部地区的格局非常明显。从九年义务教育免费住宿生所占比重和营养改善计划受益学生比重来看，中部地区和西部地区均高于全国平均水平，西部地区比中部地区高很多。进一步来看，区域性差距有缩小迹象。

医疗卫生领域，床位数和人才等医疗卫生资源配置的区域差距有所缩小，均等化程度有所提高。从每千人口医疗卫生机构床位数来看，中部地区和西部地区的增长速度要快于东部地区，2012年全面追上东部地区，2017年中部、西部地区分别比东部地区高出0.40张和0.47张。从每千人口医疗卫生机构执业医师数来看，东部地区与中部、西部地区之间的差距分别从2010年的0.50人和0.57人降至2017年的0.36人和0.39人，中部地区和西部地区之间的差距几乎消除。

五、非基本公共服务需求得到不断满足

2013年下半年以来，国务院印发实施了《关于加快发展养老服务业的若干意见》《关于促进健康服务业发展的若干意见》《关于推进文化创意和设计服务与相关产业融合发展的若干意见》《关于促进旅游业改革发展的若干意见》《关于加快发展体育产业促进体育消费的若干意见》等一系列关于发展社会领域产业的政策文件，各地各部门也高度重视，及时

跟进,进一步细化政策要求,完善配套措施。社会领域产业正成为鼓励和促进居民消费、培育和催生经济社会发展的新动力。2019 年印发的《加大力度推动社会领域公共服务补短板强弱项提质量　促进形成强大国内市场的行动方案》,进一步明确了补强非基本公共服务弱项、着力增强人民群众公共服务供给的着力点,包括增加托育服务有效供给、扩大城乡普惠性学前教育资源、促进社会办医加快发展、全面放开养老服务市场、加强老年人健康服务体系建设等。

六、人民群众的获得感和幸福感明显增强

在以人民为中心发展思想的指导下,基本公共服务领域一大批惠民举措落地实施,政策效果深入人心,人民幸福感和获得感明显增强。教育事业全面发展,城乡义务教育发展逐步均衡,中西部和农村教育明显加强,2015 年劳动年龄人口平均受教育年限达到 10.23 年。就业状况持续改善,城镇登记失业率长期稳定在低水平,2013 年以来城镇新增就业人口每年均在 1300 万人以上。城乡居民收入快速增长,“十二五”以来增速超过经济增速,中等收入群体规模持续扩大。覆盖城乡居民的全覆盖、多层次社会保障体系基本建立,人民健康和医疗卫生水平大幅提高,2015年全国人均预期寿命达到 76.34 岁,比 2010 年提高 1.51 岁。国务院发展研究中心课题组的《中国民生调查 2017》显示,根据电话调查结果,2013—2016 年城乡居民对生活整体满意情况表示“非常满意”“满意”和“一般”的比例均保持在 90% 左右的高位,2016 年对未来“很有信心”“比较有信心”和“一般”的比例达到 90%。

第三节　当前基本公共服务体系的主要问题和原因

一、基本公共服务底线标准总体偏低

与城乡居民日益增长的美好生活需要相比,与我国跨入中高收入水

平国家的发展阶段要求相比,我国现行基本公共服务底线标准总体偏低,对基本民生的综合保障能力仍相当有限。在教育领域,免费教育的覆盖范围较窄,中等职业教育和普通高中教育的助学金的覆盖率和标准偏低,学前教育仍以民办幼儿园和市场化机制为主。2010—2017年,公办幼儿园在园幼儿数占全部在园幼儿数的比重从53.0%逐年降至44.1%,普惠性相对减弱。在就业领域,真实失业率明显高于登记失业率,大中专毕业生的就业稳定性较弱,制造业工人的劳动环境较差且劳动强度较大,农民工欠薪现象仍时有发生。在社会保障领域,仍有相当一部分劳动者没有参加基本养老保险,城镇企业职工基本养老金的替代率相对偏低,城乡居民基本养老金不高,城乡低保的实际保障能力较弱,难以满足低保对象的基本生活需要。2010—2017年,城镇职工基本养老保险的年人均基本养老金的替代率均不到50%,与保障退休职工基本生活水平不降低的65%以上的替代率仍有一定差距(见表7-20、表7-21)。2017年,城乡居民基本养老保险基础养老金最低标准仅为每人每月70元。2010—2017年,城市居民低保标准与城镇居民人均消费支出之比为0.22—0.26,农村居民低保标准与农村居民人均消费支出之比为0.32—0.37,低保资金对于满足低保对象的基本生活需要来说仍显捉襟见肘,保障程度相对偏弱。

表7-20 2010—2017年公办幼儿园在园幼儿数占全部在园幼儿数的比重

(单位:%)

年份	2010	2011	2012	2013	2014	2015	2016	2017
占比	53.0	50.5	49.7	48.9	47.5	46.0	44.8	44.1

资料来源:内部资料《国家基本公共服务统计指标2018》。

表7-21 2010—2017年城镇职工基本养老保险待遇情况

项目＼年份	2010	2011	2012	2013	2014	2015	2016	2017
职工养老保险基金总支出(亿元)	10555	12765	15562	18470	21755	25813	31854	38052

续表

年份 项目	2010	2011	2012	2013	2014	2015	2016	2017
参保离退休人员（万人）	6305	6826	7446	8041	8593	9142	10103	11026
年人均基本养老金①（元）	16741	18701	20900	22970	25317	28236	31529	34511
城镇单位在岗职工平均工资（元）	37147	42452	47593	52388	57346	63241	68993	74318
年人均基本养老金替代率②（％）	45.07	44.05	43.91	43.85	44.15	44.65	45.70	46.44

资料来源：2010—2017年人力资源和社会保障事业发展统计公报，《中国统计年鉴2018》。

二、区域城乡群体差距较大

受经济社会发展不均衡的影响，我国基本公共服务领域的区域差距、城乡差距和群体差距仍然较大，不利于社会公平正义的有效实现。区域性差距方面，主要体现在西部地区与全国平均水平之间存在一定差距。在教育领域，西部地区的小学学龄儿童净入学率和初中升学率普遍低于全国平均水平，城镇在校生比重低于全国平均水平，农村在校生比重高于全国平均水平，这与西部地区的城镇化率较低密切相关。在就业领域，东北地区和西部地区的登记失业率低于全国平均水平，但调查失业率却显著高于全国平均水平，反映出登记失业率对真实失业率的偏离较大。在社会保障领域，西部地区城镇企业职工的各项社会保险参保率普遍低于全国平均水平，反映出西部地区劳动者的整体就业质量偏低。

---

　　①　年人均基本养老金用职工养老保险基金总支出和参保离退休人员人数匡算得出，即年人均基本养老金＝职工养老保险基金总支出/参保离退休人员人数。
　　②　年人均基本养老金替代率用年人均基本养老金和城镇单位在岗职工平均工资匡算得出，即年人均基本养老金替代率＝年人均基本养老金/城镇单位在岗职工平均工资×100%。

表7-22 2017年贫困地区义务教育发展情况 （单位:%）

地区	小学学龄儿童净入学率	初中升学率	城乡在校生比重	
			城镇	农村
广西	99.8	93.6	66.9	33.1
四川	99.8	98.6	76.5	23.5
贵州	99.6	83.7	71.7	28.3
云南	99.8	87.2	54.6	45.4
西藏	99.5	71.7	55.3	44.7
甘肃	99.8	88.3	67.5	32.5
青海	99.8	92.4	70.7	29.3
宁夏	99.9	85.2	74.4	25.6
新疆	99.9	101.7	56.2	43.8
全国	99.9	94.9	76.5	23.5

资料来源:内部资料《国家基本公共服务统计指标2018》。

在城乡差距方面,主要体现在城市公共服务制度优于农村,公共服务资源配置多于农村,公共服务质量水平高于农村。以最低生活保障为例,城市低保的保障标准涵盖内容要比农村低保多一些。2010—2017年,城乡低保标准差距从每人每年1610.4元扩大到2186.5元。虽然城乡低保标准的比值在不断提高,但2017年农村低保标准也仅相当于城市低保标准的66.3%(见表7-23、表7-24)。

表7-23 城乡最低生活保障制度比较

类型	城市低保	农村低保
适用对象	家庭年人均收入低于城市低保标准的城市居民	家庭年人均纯收入低于农村低保标准的农村居民
保障标准	按照当地维持城市居民基本生活所必需的衣、食、住费用,并适当考虑水电燃煤(燃气)费用以及未成年人的义务教育费用确定	按照能够维持当地农村居民全年基本生活所必需的吃饭、穿衣、用水、用电等费用确定
政府主体	县级以上地方人民政府	县级以上地方人民政府

续表

类型	城市低保	农村低保
筹资来源	地方政府纳入财政预算,纳入社会救济专项资金支出项目	以地方为主,列入财政预算;省级政府加大投入,中央财政对困难地区给予适当补助
资金发放	按照家庭人均收入低于当地城市居民最低生活保障标准的差额享受	按照申请人家庭年人均纯收入与保障标准的差额发放,也可分档发放

表 7-24　2010—2017 年城乡低保平均标准比较（单位:元/人/年）

项目 年份	2010	2011	2012	2013	2014	2015	2016	2017
城市居民低保	3014.4	3451.2	3961.2	4479.7	4926.4	5412.6	5935.2	6487.2
农村居民低保	1404.0	1718.4	2067.8	2433.9	2776.6	3177.6	3744.0	4300.7
城乡低保标准差距	1610.4	1732.8	1893.4	2045.8	2149.8	2235.0	2191.2	2186.5
农村/城市(%)	46.6	49.8	52.2	54.3	56.4	58.7	63.1	66.3

资料来源:内部资料《国家基本公共服务统计指标 2015》和《国家基本公共服务统计指标 2018》。

在群体差距方面,主要体现在机关事业单位、企业和城乡居民之间存在一些差距。以基本养老保险为例,在制度类型上,城镇职工养老保险和机关事业单位养老保险属于社会保险型,体现在社会统筹账户上,城乡居民养老保险属于个人保险型。在制度模式上,城镇职工养老保险和机关事业单位养老保险属于统账结合型,城乡居民养老保险属于个人账户制。在筹资来源上,城镇职工养老保险由企业和个人共同缴费,机关事业单位养老保险由单位和个人共同缴费,城乡居民养老保险为个人缴费、政府补贴,政府补贴有定量标准。在待遇模式上,三者均为缴费确定型,均与个人账户实行严格挂钩,但在挂钩机制上有一定区别。在政府责任上,城镇职工养老保险和机关事业单位养老保险为一定范围内的税收优惠,城乡居民养老保险为既定水平的财政补贴(见表 7-25)。

表 7-25　基本养老保险制度比较

类型	城镇职工养老保险	机关事业单位养老保险	城乡居民养老保险
适用群体	城镇各类企业及其职工、个体工商户、灵活就业人员	事业单位正式编制人员	城镇未就业人口和农村居民
制度类型	社会保险型	社会保险型	个人保险型
制度模式	统账结合型	统账结合型	个人账户制
筹资来源	企业和个人共同缴费	单位和个人共同缴费	个人缴费、政府补贴
待遇模式	缴费确定型	缴费确定型	缴费确定型
政府责任	提供税收优惠	提供税收优惠	提供财政补贴
家庭参保	否	否	是
风险共担	有	有	无

三、基本公共服务待遇地域固化

虽然社会主义市场经济体制改革已经深入推进,但沿袭着计划经济时代的户籍管理思路,基本公共服务领域的很多制度待遇仍表现出强烈的地域固化特征,影响到基本公共服务权益的流动与便携。

首先,基本公共服务待遇保障以户籍属地为主。在教育和医疗卫生这两大基本公共服务领域,基本公共服务供给主要以户籍地政府为主,常住地或流入地政府参与提供的积极性不高。虽然各类规划和政策都提出,要做到基本公共服务的常住人口全覆盖,但大多数城市尤其是大中城市,都很难完全兑现。特别是基本公共服务的区域性待遇差距,使得高水平地区无法承接大量流入人口的基本公共服务供给。2018 年,全国有 2.41 亿流动人口,农民工总量达到 28836 万人,其中外出农民工 17266 万人,这一群体对民生待遇地域固化的感知最为真切。

其次,基本公共服务资源的城乡地域分割非常明显。以社会保障为例,劳动者在流入地参加社会保险,其所缴纳养老保险费和医疗保险费的社会统筹部分难以完全跟随个人工作变动而在不同城市间进行迁转,虽然政策规定了社会保险权益可以自由流转,但在迁转比例、时间衔接、待遇核定等方面仍存在诸多不合理的约束。再如异地就医,虽然政策规定异地就医仍然可以享受医保报销待遇,但在具体操作上仍面临对口联系医疗机构、报销比例降低、报销流程烦琐等问题。

四、基本公共服务制度碎片化严重

基本公共服务涉及教育、医疗卫生、劳动就业、社会保障、养老服务、文化体育等多个领域,囊括个人一生的生老病死和衣食住行,需要多项制度和多种服务与之相对应,因此相对比较复杂。从提升人的生活质量角度来看,各项基本公共服务制度之间需要相互衔接与配合,加强统筹协调和整体谋划。

当前,中国特色社会主义进入新时代,我国社会主要矛盾已经转化为人民日益增长的美好生活需要和不平衡不充分的发展之间的矛盾,与积极应对这一主要矛盾相比,我国基本公共服务制度的碎片化现象比较严重,具体表现在三个方面。一是基本公共服务制度之间缺乏合理衔接。基本公共服务制度必须以人民为中心,那就要求围绕人的需要来整合设计,而非人为加以分割和对立。比如,养老金和住房公积金具有相同的缴费基数和缴费期限,均具有个人资产属性并实行账户制管理,但二者的领取条件和使用时期却有较大不同,容易造成年轻工作时需要购房或租房但住房公积金不够、年老退休后需要养老金但住房公积金作用不大等问题,加上当前养老金投资收益率不高的客观事实,目前两种制度并行没有实现效益最大化。二是家庭纽带理念没有得到有效体现。家庭是一种特殊的社会关系载体,对促进社会共融共生有着不可替代的作用,因此,基本公共服务制度设计必须融入家庭纽带理念。现行基本公共服务制度基本上以个体为单元,家庭纽带理念的嵌入远远不够,甚至出现与家庭理念相悖的现象。三是基本公共服务制度缺乏层次性。目前对基本公共服务的强调和关注比较多,对非基本、多层次的公共服务缺乏足够认识和重视,与我国迈入中高收入国家的现实需要不匹配。

五、基本公共服务人才支撑不足

近年来,伴随着国家基本公共服务体系的建立和健全,基本公共服务人才队伍得到迅速增强,但是与日益增长的基本公共服务需求和基本公共服务均等化目标需要相比,基本公共服务人才在总量规模、结构比例、综合素质、体制机制等方面仍存在诸多不足。一是人才规模总体不足,与我国成为世界第二大经济体、迈入中高收入国家行列的大格局不相适应,与世界上其他同等收入水平国家的基本公共服务人才拥有量仍有较大差距。二是人才结构相对失衡,城镇基本公共服务人才的配置密度远远超过农村,也超过同期的城镇化水平,从事行政管理工作的人员占比较高,提供专业技术服务的人员相对被压缩,热门专业的人员占比较高,相对冷门专业的人员占比较低。三是与知识技能不断更新和信息技术广泛应用等新形势相比,基本公共服务人才的综合素质仍然偏低,主要体现在学历合格达标率和专业技能水平等方面。四是基层人才严重匮乏,长期面临着招不到、留不住、水平低等问题和挑战,西部地区、农村地区和贫困地区体现得尤为突出。

第四节　基本公共服务体系改革发展与展望

健全基本公共服务体系要做到:构建理念更加明晰,制度框架更加健全,权利义务更加理顺,运行机制更加成熟,从扩大供给、完善结构、提高水平等角度综合施策施力,推动基本公共服务的均等化、标准化和法制化。

一、推动公共服务领域供给侧结构性改革

聚焦教育、医疗、养老、住房等领域的突出性问题,统筹谋划、精准施策,推进公共服务领域供给侧结构性改革。在教育领域,学前教育要就近满足城乡居民需求,义务教育要更加优质均衡发展,高中阶段教育要更加普及,全面保障义务教育阶段的就学问题,优先保障学前教育和普通高中

阶段教育的就学问题,增强基础教育和学前教育的普惠性与便捷化,通过教育发展来有效隔断贫困现象的代际传递。在医疗卫生领域,考虑在基本医疗保险的基础上建立健全商业保险和大病保险,重点关注慢性病的治疗与管理,通过互联网医疗、医联体建设和专业技术人才下沉帮扶等方式解决基层医疗卫生技术力量薄弱的问题。在养老方面,充分研判老龄化、城镇化、农村空心化等发展趋势,以满足老年人实际需要为出发点,着力健全多元化多层次养老服务体系,为城乡老年人提供方便有效、价格适中、舒适到位的养老服务。

二、推进基本公共服务法制化建设

当前我国尚未制定针对基本公共服务的专项立法,有关基本公共服务的部分内容散见于《中华人民共和国义务教育法》《中华人民共和国社会保险法》等法律,以及条例和政策性文件,从而使基本公共服务缺乏应有的规范性和严肃性。无论是从基本公共服务法律的功能意义来说,还是从提高基本公共服务体系的权威性来说,抑或是考虑到部门规章带有一定的部门利益特征,研究制定并出台国家基本公共服务体系的专项立法将具有较强的必要性。而且经过多年来的不断调整和完善,我国基本公共服务制度在构建理念和制度框架等方面都已经基本成形,加快推进法制建设应成为健全国家基本公共服务体系的重要着力点。

健全国家基本公共服务体系要求切实做到有法可依和有法必依。考虑到国家基本公共服务体系的综合性,建议将基本公共服务领域的现有立法进行梳理与总结,将其中关于基本公共服务的内容项目、覆盖对象、基本标准、重点任务和保障工程提炼出来,在此基础上研究制定基本公共服务体系的专项立法。立法规定既不能太粗放,也不能过于具体,已考虑到国家基本公共服务体系在具体操作层面还需要进一步调整。同时需要注意的是,加强国家基本公共服务制度的普及宣传也非常重要,这需要政府、社会和个人的共同努力。政府需要将与基本公共服务有关的各项法律法规整理出来,并随时为公众提供咨询服务,制度调整和新政策的出台要及时告知公众,并对调整作出合理性解释,以最大程度地满足公众对基本公共服务制度相关信息的知情权的实现。社会应积极主动配合政府的政策宣传,能够解决公众在具体操作环节上的困惑,并参与做好基本公共服务的提供。个人应积极主动地熟悉基本公共服务制度,特别是其中个人权利和义务相关的规定,从而能够正确理解和把握国家基本公共服务制度。

三、促进城乡基本公共服务均等化

(一)加强城乡基本公共服务规划一体化

加强统筹规划和政策引导,继续编制并实施基本公共服务均等化规划,制定和完善促进基本公共服务均等化的一系列配套政策,强化政策之间的协调整合。贯彻区域覆盖、制度统筹的原则要求,以服务半径、服务人口为基本依据,打破城乡界限,统筹空间布局,制定实施城乡统一的基本公共服务设施配置和建设标准,重点保障义务教育、公共卫生与基本医疗服务、公共文化和基本社会保障。

(二)加强城乡基本公共服务制度衔接与整合

从城乡制度统一入手实现基本公共服务均等化,加快形成惠及全民的基本公共服务体系。加快建立制度统一、覆盖城乡居民的社会保障体系,建立统一规范的人力资源市场,建立覆盖城乡居民的公共卫生体系、医疗服务体系、医疗保障体系和药品供应体系,促进城乡教育、医疗卫生、文化等事业均衡发展。进一步完善农村义务教育经费保障机制,逐步提高新型农村合作医疗保障水平和农村最低生活保障标准,健全城市支援农村公共服务建设的长效机制,促进城乡公共服务制度有效衔接和资源公平配置。

(三)加大农村基本公共服务支持力度

进一步加大公共资源向农村倾斜力度,新增预算内固定资产投资要优先投向农村基本公共服务项目。制定并推行各类机构服务项目及其规范标准,提高农村基层公共服务人员专业化水平。鼓励和引导城市优质公共服务资源向农村延伸,包括充分利用信息技术和流动服务等手段,促进农村共享城市优质公共服务资源。

（四）健全以流入地为主的流动人口基本公共服务制度

加快建立农民工等流动人口基本公共服务制度,逐步实现基本公共服务由户籍人口向常住人口扩展。结合户籍管理制度改革和完善农村土地管理制度,逐步将基本公共服务领域各项法律法规和政策与户口性质相脱离,保障符合条件的外来人口与本地居民平等享有基本公共服务。积极探索多种有效方式,对符合条件的农民工及其子女,分阶段、有重点地纳入居住地基本公共服务保障范围。

2019 年 2 月,国家发展改革委等 12 部委联合印发了《关于进一步推动进城农村贫困人口优先享有基本公共服务并有序实现市民化的实施意见》,明确提出,在加快实现基本公共服务全覆盖的同时,针对进城农村贫困人口需求最迫切的职业技能培训、子女教育、医疗健康等领域,在具体事项办理和服务提供过程中适当给予优先和倾斜支持,尊重进城农村贫困人口的落户意愿,有序推动市民化工作。

四、促进区域基本公共服务均等化

（一）加大困难地区基本公共服务支持力度

加大对贫困地区、革命老区、民族地区、边疆地区和集中连片特殊困难地区的基本公共服务财政投入和公共资源配置力度,政府基本公共服务投资项目优先向这些地区倾斜。鼓励发达地区采用定向援助、对口支援和对口帮扶等多种形式,支持这些地区发展基本公共服务,并形成长效机制。

（二）建立健全区域基本公共服务均等化协调机制

加强各级政府和各部门之间的磋商协调,保持区域间基本公共服务范围和标准基本一致,推动相关制度和规则衔接,做好投资、财税、产业、土地和人口等政策的配套协调。健全以地方政府为主、统一与分级相结合的公共服务管理体制,着力加强省级政府推进省域内基本公共服务均等化的统筹职能。适应区域一体化发展要求,完善现有各类区域协调机制,强化其促进区域内基本公共服务协作、资源共享、制度对接作用。

五、加强基本公共服务均等化的财力保障

(一)明确各级政府之间基本公共服务财权事权

综合考虑法律规定、受益范围、成本效率、基层优先等因素,合理界定中央政府与地方政府的基本公共服务事权和支出责任,建立由中央和地方各级政府分类别、按比例合理负担基本公共服务的机制。中央政府主要负责制定国家基本公共服务标准和政策法规,提供涉及中央事权的基本公共服务,协调跨省(自治区、直辖市)的基本公共服务问题,以及对各省级政府提供的基本公共服务进行监督、考核与问责。按照国家统一制度框架,省级政府主要负责制定本地区基本公共服务标准和地方政策法规,提供涉及地方事权的基本公共服务,以及对市级和县级政府提供的基本公共服务进行监督、考核与问责。市级和县级政府具体负责本地区基本公共服务的提供以及对基本公共服务机构的监管。逐步将适合更高一级政府承担的事权和支出责任上移,增加中央和省级政府在基本公共服务领域的事权和支出责任。强化省级政府在教育、就业、社会保险、社会服务、医疗卫生等领域基本公共服务的支出责任。

(二)健全财力保障机制

完善公共财政预算,优化财政支出结构。各级政府要优先安排预算用于基本公共服务,并确保增长幅度与财力的增长相匹配、同基本公共服务需求相适应,推进实施按照地区常住人口安排基本公共服务支出。加快构建以政府为主导、充分体现社会公平的再分配调节机制。拓宽基本公共服务资金来源。继续安排中央资金,支持贫困地区和薄弱环节提高基本公共服务能力,地方各级政府特别是省级政府要安排相应资金。充分利用国际金融组织贷款等有效融资形式,拓宽政府筹资渠道,增加基本公共服务基础设施投入。加大国有资本经营预算用于基本公共服务的支出比重。扩大全国社会保障基金规模。提高县级财政保障基本公共服务能力。中央财政制定县级基本公共服务财力保障范围和保障标准,并根据相关政策和因素变化情况动态调整。省、市级财政要按照本行政区划内基本公共服务均等化的要求,逐步提高县级财政在省以下财力分配中

的比重,帮助困难县(市、区)弥补基本财力缺口。县级政府要强化自我约束,科学统筹财力,规范预算管理。中央财政要完善县级财政保障基本公共服务的激励约束机制,根据基层工作实绩实施奖励。

六、完善基本公共服务发展的宏观调控体系

政府要综合运用经济、法律和行政等手段实现公共服务宏观调控目标,更多地采用财税政策、金融政策和投资政策等措施,提高公共服务发展的宏观调控能力,搞好经济社会发展综合平衡。国家基本公共服务体系规划是公共服务发展的战略蓝图,可以有效避免公共服务发展的无序,从而提高公共服务资源的利用效率。积极推进基本公共服务领域重大规划的制定与实施,发挥规划的引导和龙头带动作用,促进人才、文化、卫生、体育等重大资源规划布局和协调发展。同时为了提高基本公共服务体系规划的实施效果,政府应建立基本公共服务体系规划实施监督和评估制度。

七、建立健全基本公共服务均等化标准体系

(一)构建基本公共服务标准体系框架

基本公共服务标准体系作为一个系统,是由一整套相互依存、相互制约、相互协调和相互补充的基本公共服务标准按照一定规则组合而成的。根据我国现阶段基本公共服务标准化需求,厘清标准化对象,在全面梳理现有国家标准、行业标准和地方标准的基础上,突出标准体系的系统性、层次性、协调性特点,构建先进适用的基本公共服务标准总体系。根据统分结合的管理体制,在基本公共服务标准总体系的基础上,通过梳理基本公共教育、劳动就业创业、基本社会保险、基本社会服务、基本医疗卫生、基本住房保障、公共文化体育、残疾人服务等领域的服务环节和事项,构建覆盖基本公共服务各领域的分体系。

(二)健全基本公共服务标准体系

根据国家经济社会发展水平和供给能力,明确国家基本公共服务的内容、种类、数量和水平,以及应具备的公共服务基本条件和各级政府的

保障责任,确立国家基本公共服务指导标准,明确政府保障底线,做到保障基本、统一规范。各地要根据国家指导标准,制定与当地经济社会发展水平相适应、具有地域特色的地方实施标准,逐步形成既有基本共性又有特色个性、上下衔接的标准指标体系。各行业主管部门分别制定实施基本公共服务各领域资源配置、供给模式、支持保障、绩效评价等具体标准,推动城乡、区域之间标准衔接。

八、构建基本公共服务提供主体多元化格局

社会办机构和公办机构是基本公共服务领域的两大提供主体。长期以来,公办机构占据绝对主导地位,社会办机构只能处于从属地位。随着经济社会发展水平的提高,社会办机构的功能和地位都将发生大幅度变化。理想的关系模式应该是,基本公共服务领域以社会办机构为主,公办机构发挥保障性的托底功能,二者相互配合与协调。同时社会办机构呈现多层次发展,满足社会公众的多样化需求。

公办机构从政府的附庸角色中彻底摆脱出来,成为完全独立的法人,实行现代社会组织治理结构或现代企业治理结构,参与政府购买服务的竞争,接受政府的绩效评估和行政监管。行业主管部门不再直接插手公办机构的具体事务,转变为代表政府行使评估和监管职能。除资产属性存在不同外,公办机构将与社会办机构逐渐趋同。

民间资本和社会组织是社会力量的两大构成主体。当前在社会力量参与基本公共服务提供总体不足的情况下,社会组织的参与更显滞后,民间资本的参与相对活跃一些。从基本公共服务的本质属性来说,社会组织应该比民间资本更适合一些,社会组织的非营利性与基本公共服务的公益性更为契合,而民间资本的逐利性使其参与范围相对缩小。要逐渐提高参与基本公共服务提供的社会力量中社会组织的比重,使社会组织和民间资本在民办社会事业中合理分工、错位发展,民间资本从一些领域逐步退出来,社会组织相应填补进去。其中关键是要推动社会组织的有序快速发展,形成有利于社会组织承担社会事务的政策氛围。

九、优化基本公共服务领域的资源配置

虽然公共服务发展相对滞后,但公共服务发展存在较为严重的资源配置不合理、条块分割、分布不均等问题,这不利于基本公共服务均等化的有效实现。各级政府要合理配置基本公共服务财政性资源,统筹协调,盘活存量,优化增量,有效整合公共服务资源。尤其是要统筹城乡基本公共服务资源配置,推进城乡基本公共服务一体化规划、建设和运营管理,促进城乡基本公共服务共建共享,努力避免城乡差距因基本公共服务非均等化而出现的代际转移。在基本公共服务资源合理配置的同时,政府要协调处理好基本公共服务的软硬件建设,特别要加强软件建设,实现基础设施建设与完善运行机制同步推进。

十、深化社会事业管理体制改革

基本公共服务涉及教育、医疗卫生、人力资源和社会保障、公共文化体育、广播电视等相关行政部门,容易出现政府职能交叉、越位与缺位并存的局面。健全国家基本公共服务体系要求,健全以政府为主、统一与分级管理相结合的多层次基本公共服务管理体制,明确各行政部门在公共服务发展中的职责和事权划分,加强各部门之间的沟通与协调。深化社会事业单位改革,探索建立新型的社会事业单位法人治理结构和产权制度,提高运行效率。合理界定政府基本公共服务投资职能,强化投资决策的科学化、民主化和法制化,加强项目管理和投资监管,提高政府对基本公共服务的投资管理水平和投资效益。各级政府、各部门要清理和修改不利于社会力量参与基本公共服务提供的法规政策规定,切实保护社会力量的合法权益,培育和维护平等竞争的投资环境。在制定涉及社会力量的法律、法规和政策时,听取社会力量和行业协会的意见与建议。尽快启动《民办非企业单位登记管理暂行条例》的修订工作,修改完善《中华人民共和国民办教育促进法实施条例》等。

十一、创新政府购买服务机制

鼓励和引导社会力量以兼并、收购、参股、合作、租赁、承包等多种形

式参与基本公共服务的提供,积极探索基本公共服务、管理合同外包、特许经营等公私合作方式,拓宽社会力量进入渠道。逐步实现公共服务由政府直接提供转变为通过购买服务来间接提供,探索将一部分建设资金转变为购买服务资金,并完善购买服务资金的使用管理。通过市场机制能够有效购买的社会公共服务,原则上政府不再安排对公办机构的新增建设投入。对于社会力量参与提供的社会公共服务,政府优先购买。进一步完善政府购买社会力量提供社会公共服务的定价机制、招投标机制、购买流程和购买服务评估机制。

十二、健全基本公共服务人才支撑

一是加强人才资源规划。突出人才资源规划在基本公共服务体系建设中的重要性,将其列入基本公共服务领域各级行业部门的工作安排。尊重人才资源开发的一般规律和行业特点,各领域制定人才资源规划时要充分体现出相应的灵活性。二是优化人才配置结构。突出解决人才结构失衡问题的紧迫性,从城乡、岗位和技术等角度来加以优化。在城乡结构方面,以城乡常住人口为基数,结合行政区划、服务半径、辐射能力等因素,对基本公共服务人才的分布结构进行优化调整,要与城镇化发展趋势相适应。农村地区人口规模相对分散,人才配置时要适当倾斜。在岗位结构方面,适度压缩纯粹从事行政管理工作的人员比重,提高提供专业技术服务等实际业务工作的人员比重,考虑增加双肩挑人才的比例。在技术结构方面,通过定向培养、提高待遇等多种方式,鼓励更多学生选择相对冷门的专业,鼓励更多的毕业生选择目前就业意愿较低的岗位,鼓励这些专业和岗位的人才热衷于本职工作。三是提升人才综合素质。提升人才综合素质既要提高学历水平,也要提高专业技能。四是夯实基层人才队伍。基本公共服务均等化的重点之一是基层服务,基层人才是关键。要培养一批有志于扎根基层的人才队伍,在工作环境、待遇报酬、教育培训等方面要加大保障支持力度。长期来看,要使基层人才队伍能够安心服务,并且稳得住。短期来看,对代课教师、赤脚医生等人员要尽快健全保障管理制度,妥善处理好新老人员的更替。

　　坚持以人民为中心的发展思想，更好地保障和改善民生，要立足于"发展为了人民"，更要充分体现"发展成果由人民共享"，关键落在如何分享，基本公共服务制度设计至关重要。基本公共服务制度设计中，要以现有各项制度为基础，着力推进调整与优化，同时要加强制度创新，推进制度整合与衔接，以更好体现民建民享民决的总体要求。综合来看，基本公共服务制度设计要形成明晰合理的制度构建理念、明确可行的重点目标方向和具有前瞻性的综合制度安排，兼顾当前政策实践需求和长远政策统筹谋划，以基本公共服务清单和基本公共服务标准为基础，着力解决重点问题，综合协调代际之间、个人代内和家庭之间的基本公共服务权益，从扩大供给、完善结构、提高水平等角度综合施策施力，健全更加公平可及的基本公共服务制度，推动基本公共服务的均等化、标准化和法治化，将增强人民群众的获得感和幸福感、促进人的全面发展落到实处。

参考文献

1.《马克思恩格斯全集》第 23 卷,人民出版社 1972 年版。

2.[美]阿瑟·刘易斯:《二元经济论》,施炜等译,北京经济学院出版社 1989 年版。

3.马晓强等:《中国教育现代化发展的总体趋势和挑战》,《教育研究》2017 年第 11 期。

4.白南生、李靖:《农民工就业流动性研究》,《管理世界》2008 年第 7 期。

5.本报特约评论员:《实践是检验真理的唯一标准》,《光明日报》1978 年 5 月 11 日。

6.边燕杰主编:《市场转型与社会分层——美国社会学者分析中国》,生活·读书·新知三联书店 2002 年版。

7.蔡昉:《城乡收入差距与制度变革的临界点》,《中国社会科学》2003 年第 5 期。

8.蔡昉:《破解农村剩余劳动力之谜》,《中国人口科学》2007 年第 2 期。

9.蔡昉:《中国就业制度改革的回顾与思考》,《理论前沿》2008 年第 11 期。

10.蔡克勇:《21 世纪中国教育的走向》,广东高等教育出版社 2004 年版。

11.常凯主编:《劳动关系·劳动者·劳权——当代中国的劳动问题》,中国劳动出版社 1995 年版。

12.常凯:《劳动关系的集体化转型与政府劳工政策的完善》,《中国社会科学》2013 年第 6 期。

13.常凯主编:《中国劳动关系报告——当代中国劳动关系的特点和趋向》,中国劳动社会保障出版社 2009 年版。

14.常修泽:《中国现阶段基本公共服务均等化研究》,《中共天津市委党校学报》2007 年第 2 期。

15.陈宝生:《优先发展儿童教育　阻断贫困代际传递》,《光明日报》2018 年 11 月 30 日。

16.陈吉元、胡必亮:《中国的三元经济结构与农业剩余劳动力转移》,《经济研究》1994 年第 4 期。

17.陈映芳:《"农民工":制度安排与身份认同》,《社会学研究》2005 年第 3 期。

18.陈子季:《发展更加公平更有质量的教育》,《中国教育报》2019 年 3 月 21 日。

19.谌利民、宋廷春、王皓田:《以平等为核心推进要素市场改革》,《中国经贸导刊(理论版)》2017 年第 14 期。

20.《邓小平文选》第二卷,人民出版社 1994 年版。

21.《邓小平文选》第三卷,人民出版社 1993 年版。

22.董克用:《构建我国三支柱养老金体系》,《中国劳动保障报》2016 年 6 月 17 日。

23.董克用:《基本公共服务均等化的思考》,《机构与行政》2016 年第 7 期。

24.董克用主编:《中国经济改革 30 年(社会保障卷)》,重庆大学出版社 2008 年版。

25.董理:《我国农村非农产业群体的社会保障制度探析》,《武汉理工大学学报(社会科学版)》2001 年第 5 期。

26.董鲁皖龙:《教育部发布 2018 年全国教育事业发展基本情况——教育改革发展取得新的突破性进展》,《中国教育报》2019 年 2 月 27 日。

27.杜玮、高毅哲:《迈向教育公平的不懈追求》,《中国教育报》2018

年 12 月 12 日。

28.樊畅、王强:《描绘依法治教的时代画卷》,《中国教育报》2018 年 11 月 7 日。

29.方鹏骞主编:《中国医疗卫生事业发展报告 2015——中国公立医院改革与发展专题》,人民出版社 2016 年版。

30.方铨喜、匡贤明:《以基本公共服务均等化为重点调整和改革中央地方关系的建议》,《经济研究参考》2007 年第 11 期。

31.方晓东主编:《中华人民共和国教育 60 年》,湖北教育出版社 2009 年版。

32.风笑天等:《私营企业劳资关系研究》,华中理工大学出版社 2000 年版。

33.冯虹、杨桂宏:《户籍制度与农民工就业歧视辨析》,《人口与经济》2013 年第 2 期。

34.冯同庆、许晓军主编:《中国职工状况——内部结构及相互关系》,中国社会科学出版社 1993 年版。

35.改革开放 30 年中国教育改革与发展课题组:《教育大国的崛起1978—2008》,教育科学出版社 2008 年版。

36.高靓、郑亚博:《提升高等教育质量的国家行动》,《中国教育报》2018 年 12 月 5 日。

37.辜胜阻、武兢:《扶持农民工以创业带动就业的对策研究》,《中国人口科学》2009 年第 3 期。

38.顾明远、刘复兴主编:《从新民主主义教育到社会主义教育(1921—2012)》,教育科学出版社 2015 年版。

39.顾明远、石中英主编:《〈国家中长期教育改革和发展规划纲要(2010—2020 年)〉解读》,北京师范大学出版社 2010 年版。

40.顾明远主编:《世界教育大事典》,江苏教育出版社 2000 年版。

41.顾明远总主编:《中国教育大系·马克思主义与中国教育》(下),湖北教育出版社 1994 年版。

42.顾明远:《中国教育路在何方——教育漫谈》,《课程·教材·教法》2015 年第 3 期。

43.郭继红:《城市化进程中新生代农民工的教育问题研究》,《中国成人教育》2010 年第 16 期。

44.郭正模、李晓梅:《工资收入差距与政府宏观调控》,《社会科学研究》2006 年第 3 期。

45.国家发展改革委宏观经济研究院课题组:《促进我国的基本公共服务均等化》,《宏观经济研究》2008 年第 5 期。

46.国家发展和改革委员会就业和收入分配司、北京师范大学中国收入分配研究院编著:《中国居民收入分配年度报告(2017)》,社会科学文献出版社 2018 年版。

47.《国家中长期教育改革和发展规划纲要(2010—2020 年)》,中国法制出版社 2010 年版。

48.韩俊、何宇鹏:《新型城镇化与农民工市民化》,中国工人出版社 2014 年版。

49.韩俊:《跨世纪的难题——中国农业劳动力转移》,山西经济出版社 1994 年版。

50.韩长赋:《中国农民工的发展与终结》,中国人民大学出版社 2007 年版。

51.何东昌:《中华人民共和国重要教育文献(1998—2002)》,海南出版社 2003 年版。

52.何东昌:《中华人民共和国重要教育文献(1949—1997)》,海南出版社 1998 年版。

53.胡鞍钢等:《扩大就业与挑战失业——中国就业政策评估(1949—2001 年)》,中国劳动社会保障出版社 2002 年版。

54.黄金芳、孙杰:《合理制定我国最低工资标准——再析中国当前"民工荒"现象》,《辽宁工学院学报(社会科学版)》2007 年第 1 期。

55.黄金鲁克:《追寻教育对外开放的历史印迹》,《中国教育报》2018 年 10 月 16 日。

56.黄尧:《回顾与展望:中国职业教育 30 年》,《中国教育报》2008 年

12 月 12 日。

57.纪雯雯、赖德胜:《从创业到就业:新业态对劳动关系的重塑与挑战——以网络预约出租车为例》,《中国劳动关系学院学报》2016 年第 2 期。

58.纪雯雯、赖德胜:《网络平台就业对劳动关系的影响机制与实践分析》,《中国劳动关系学院学报》2016 年第 4 期。

59.《江泽民同志在全国科学技术大会上的讲话》,《人民日报》1995 年 6 月 5 日。

60.蒋月等:《中国农民工劳动权利保护研究》,法律出版社 2006 年版。

61.蒋长流、韩春虹:《利益非一致性与农民工社会保障市民化的政策支持研究》,《经济体制改革》2015 年第 1 期。

62.焦以璇:《我国义务教育将从基本均衡走向优质均衡——教育部发布〈县域义务教育优质均衡发展督导评估办法〉》,《中国教育报》2017 年 5 月 24 日。

63.金人庆:《完善公共财政制度　逐步实现基本公共服务均等化》,《农村财政与财务》2006 年第 12 期。

64.赖德胜、李长安:《经济新常态背景下的和谐劳动关系构建》,《中国特色社会主义研究》2016 年第 1 期。

65.赖德胜:《新经济:就业结构转型升级的新动能》,《中国劳动保障报》2018 年 1 月 17 日。

66.赖德胜、孟大虎、王琦:《我国劳动者工作时间特征与政策选择》,《中国劳动》2015 年第 2 期。

67.赖德胜等主编:《中国就业 60 年(1949 —2009)》,中国劳动社会保障出版社 2010 年版。

68.郎友兴:《从社会排斥到社会融合:外来民工本地化与构建中国城市和谐社区》,《当代中国政治研究报告》2007 年第 00 期。

69.李爱芹:《户籍制度改革与农民工市民化》,《山东农业大学学报(社会科学版)》2014 年第 4 期。

70.李培林主编:《农民工:中国进城农民工的经济社会分析》,社会科学文献出版社 2003 年版。

71.李萍、齐林泉:《传承尊师重教的大美风尚》,《中国教育报》2018年 10 月 24 日。

72.李强、胡宝荣:《户籍制度改革与农民工市民化的路径》,《社会学评论》2013 年第 1 期。

73.李实、邓曲恒:《中国城镇失业率的重新估计》,《经济学动态》2004 年第 4 期。

74.李实、万海远:《对当前中国劳动力成本的基本判断》,《中国经济学人(英文版)》2017 年第 1 期。

75.李实、万海远:《中国收入分配演变 40 年》,格致出版社 2018年版。

76.李实:《中国中等收入群体的规模及其变化趋势》,《社会治理》2017 年第 6 期。

77.李树苗、任义科、靳小怡、费尔德曼:《中国农民工的社会融合及其影响因素研究——基于社会支持网络的分析》,《人口与经济》2008 年第2 期。

78.李滔主编:《中国卫生发展绿皮书 2015 年——医改专题研究》,人民卫生出版社 2015 年版。

79.梁杰、王友文:《令世界瞩目的伟大成就——中国推进全民教育综述》,《中国教育报》2005 年 11 月 28 日。

80.刘成斌:《生存理性及其更替——两代农民工进城心态的转变》,《福建论坛(人文社会科学版)》2007 年第 7 期。

81.刘传江、程建林:《第二代农民工市民化:现状分析与进程测度》,《人口研究》2008 年第 5 期。

82.刘传江:《迁徙条件、生存状态与农民工市民化的现实进路》,《改革》2013 年第 4 期。

83.刘军民:《中国医改相关政策研究》,经济科学出版社 2012 年版。

84.柳斌:《基础教育 40 年》,《中国教育学刊》2018 年第 12 期。

85.陆有铨:《躁动的百年——20世纪的教育历程》,北京大学出版社2012年版。

86.罗霞、王春光:《新生代农村流动人口的外出动因与行动选择》,《浙江社会科学》2003年第1期。

87.吕炜、王伟同:《我国基本公共服务提供均等化问题研究——基于公共需求与政府能力视角的分析》,《财政研究》2008年第5期。

88.《毛泽东同志论教育工作》,人民教育出版社1992年版。

89.闵维方:《改革是我国教育发展的根本动力——40年来我国教育事业发展的基本经验》,《人民政协报》2018年12月26日。

90.倪秀、杜蕾、何文鑫:《中小学融合教育难题怎么破》,《中国教育报》2018年9月18日。

91.欧媚、易鑫:《突破教育管理体制的瓶颈》,《中国教育报》2018年11月14日。

92.曲铁华、于萍:《改革开放40年教师教育改革与未来展望》,《教育研究》2018年第9期。

93.饶克勤、刘新明主编:《国际医疗卫生体制改革与中国》,中国协和医科大学出版社2007年版。

94.任远、邬民乐:《城市流动人口的社会融合:文献述评》,《人口研究》2006年第3期。

95.任远:《"逐步沉淀"与"居留决定居留"——上海市外来人口居留模式分析》,《中国人口科学》2006年第3期。

96.宋晓梧主编:《"十三五"时期我国社会保障制度重大问题研究》,中国劳动社会保障出版社2016年版。

97.宋晓梧:《把保障和改善民生作为出发点和落脚点》,《经济日报》2016年5月3日。

98.宋晓梧:《把增加就业作为宏观调控目标》,《人民日报》2015年4月8日。

99.宋晓梧主编:《构建共享型社会——中国社会体制改革40年》,广东经济出版社2017年版。

100.宋晓梧:《农民工市民化应是"十三五"时期工作重点》,《人民政协报》2016 年 1 月 7 日。

101.宋晓梧主编:《社会发展转型战略》,学习出版社、海南出版社2012 年版。

102.宋晓梧:《新常态下完善社会保障体系的六大问题》,《中国社会科学报》2016 年 8 月 25 日。

103.宋晓梧:《以更平衡的发展满足人民需求》,《中国经贸导刊》2018 年第 1 期。

104.宋晓梧主笔:《中国社会保障体制改革与发展报告》,中国人民大学出版社 2001 年版。

105.宋晓梧、张中俊、郑定铨:《中国社会保障制度建设 20 年》,中州古籍出版社 1998 年版。

106.宋晓梧主编:《中国社会体制改革 30 年回顾与展望》,人民出版社 2008 年版。

107.苏海南:《我国收入分配改革回顾与当前形势及展望》,内部资料,2018 年。

108.田凯:《关于农民工城市适应性的调查与思考》,《人口学刊》1996 年第 4 期。

109.万海远:《收入不平等与公共政策》,社会科学文献出版社 2017年版。

110.万玉凤、董鲁皖龙:《中国教育的发展动力——庆祝改革开放 40年系列述评·深化改革篇》,《中国教育报》2018 年 12 月 10 日。

111.王春超:《收入差异、流动性与地区就业集聚——基于农村劳动力转移的实证研究》,《中国农村观察》2005 年第 1 期。

112.王春光:《农村流动人口的"半城市化"问题研究》,《社会学研究》2006 年第 5 期。

113.王佃利、刘保军、楼苏萍:《新生代农民工的城市融入——框架建构与调研分析》,《中国行政管理》2011 年第 2 期。

114.王定华:《新时代我国教育改革发展的新方向新要求——学习

习近平总书记在全国教育大会上的重要讲话》,《教育研究》2018年第10期。

115.王桂新、胡健:《城市农民工社会保障与市民化意愿》,《人口学刊》2015年第6期。

116.王皓田、谌利民:《社会保障改革不应偏离共济性》,《中国经济网》2017年5月18日。

117.王虎峰:《中国新医改:现实与出路》,人民出版社2012年版。

118.王家源、柴葳:《奏响教育优先发展的时代先声》,《中国教育报》2018年10月31日。

119.王琼、胡静:《农民工市民化与户籍制度改革:进程与思考》,《生产力研究》2013年第9期。

120.吴晶、胡浩:《习近平在全国教育大会上强调 坚持中国特色社会主义教育发展道路 培养德智体美劳全面发展的社会主义建设者和接班人》,《光明日报》2018年9月11日。

121.吴敬琏等主编:《中国经济50人看三十年——回顾与分析》,中国经济出版社2008年版。

122.《习近平主持召开学校思想政治理论课教师座谈会强调 用新时代中国特色社会主义思想铸魂育人 贯彻党的教育方针落实立德树人根本任务》,《人民日报》2019年3月19日。

123.邢伟:《以标准化促公共服务均等化》,《经济日报》2019年2月20日。

124.杨河:《1956:探索中国特色社会主义道路的开篇之年》,《红旗文稿》2016年第6期。

125.杨伟民:《全面深化改革的行动纲领——解读〈中共中央关于全面深化改革若干重大问题的决定〉》,《新世纪周刊》2014年第1期。

126.余闯:《国务院印发〈关于统筹推进县域内城乡义务教育一体化改革发展的若干意见〉——2020年实现城乡基本公共教育服务均等化》,《中国教育报》2016年7月12日。

127.余晖主编:《一个独立智库笔下的新医改》,中国财富出版社

2014 年版。

128.袁振国:《双优先:教育现代化的中国模式——为改革开放四十周年而作》,《华东师范大学学报(教育科学版)》2018 年第 4 期。

129.翟博、刘华蓉、李曜明、张滢:《人类教育史上的奇迹——来自中国普及九年义务教育和扫除青壮年文盲的报告》,《中国教育报》2012 年 9 月 9 日。

130.张小建主编:《中国就业改革发展 40 年》,中国劳动社会保障出版社 2019 年版。

131.张左己主编:《领导干部社会保障知识读本》,中国劳动社会保障出版社 2002 年版。

132.赵婀娜:《努力让十三亿人民享有更好更公平的教育——党的十八大以来中国教育改革发展取得显著成就》,《人民日报》2017 年 10 月 17 日。

133.赵彩侠、汪瑞林:《探寻素质教育的真谛》,《中国教育报》2018 年 11 月 21 日。

134.赵延东、王奋宇:《城乡流动人口的经济地位获得及决定因素》,《中国人口科学》2002 年第 4 期。

135.中共教育部党组:《发展具有中国特色世界水平的现代教育——党的十八大以来教育改革发展的成就和经验》,《求是》2017 年第 16 期。

136.中国(海南)改革发展研究院编:《基本公共服务与中国人类发展》,中国经济出版社 2008 年版。

137.中国发展研究基金会:《中国医药卫生体制改革研究》,中国发展出版社 2016 年版。

138.中华人民共和国教育部、中共中央文献研究室编:《毛泽东邓小平 江泽民论教育》,中央文献出版社、人民教育出版社、北京师范大学出版社 2002 年版。

139.中华人民共和国教育部计划财务司编:《中国教育成就统计资料:1949—1983》,人民教育出版社 1984 年版。

140.《周恩来选集》下卷,人民出版社1984年版。

141.周天勇:《托达罗模型的缺陷及其相反的政策含义——中国剩余劳动力转移和就业容量扩张的思路》,《经济研究》2001年第3期。

142.朱红:《新常态下的劳动关系与工会工作》,《中国劳动关系学院学报》2016年第4期。

143.朱永新:《中国教育改革40年的成就与经验》,《教育家》2018年第32期。

144.G.William Dick,"Authoritarian versus Nonauthoritarian Approaches to Economic Development",*Journal of Political Economy*,1974,82(4):817−827.

145.Wan Haiyuan,Li Shi,"Income Distribution and China's Economic 'New Normal'",*World Scientific Press*,July 2019.

后　记

在新中国成立 70 周年之际，人民出版社约稿《新中国社会保障和民生发展 70 年》，意义非常重大，同时也感到责任非常重大。70 年来，我国从封闭落后逐步迈向开放进步，从温饱不足逐步迈向全面小康，从积贫积弱逐步迈向繁荣富强，创造了一个又一个人类发展史上的伟大奇迹，中华民族经历了从站起来、富起来到强起来的伟大飞跃。70 年来，我国社会保障和民生领域取得了巨大成就，制度体系日臻完善，覆盖范围逐步扩大，标准水平不断提高，居民收入快速增长，减贫事业成效突出，人民群众的获得感、幸福感和安全感明显增强。能够取得如此巨大的成就，根本原因就是，党和政府始终将社会保障和民生作为一切工作的出发点和落脚点，把增进民生福祉作为发展的根本目的，将共享改革发展成果落到实处。

回顾 70 年来社会保障和民生领域取得的进展与成就，更加坚定了我们在中国特色社会主义道路上继续前行的信念和决心。党的十九大报告指出："增进民生福祉是发展的根本目的。必须多谋民生之利、多解民生之忧，在发展中补齐民生短板、促进社会公平正义，在幼有所育、学有所教、劳有所得、病有所医、老有所养、住有所居、弱有所扶上不断取得新进展，深入开展脱贫攻坚，保证全体人民在共建共享发展中有更多获得感，不断促进人的全面发展、全体人民共同富裕。"习近平总书记在新一届中央政治局常委同中外记者见面会上提出，人民群众期盼有更好的教育、更稳定的工作、更满意的收入、更可靠的社会保障、更高水平的医疗卫生服务、更舒适的居住条件、更优美的环境，人民对美好生活的向往，就是我们的奋斗目标。

当前中国特色社会主义进入新时代,我国社会主要矛盾已经转化为人民日益增长的美好生活需要和不平衡不充分的发展之间的矛盾。在肯定发展成绩的同时,我们也应看到,社会保障和民生领域发展不平衡不充分的问题仍比较突出,发展理念相对滞后,财政投入相对短缺,需要导向相对薄弱,资源配置相对失衡,社会参与相对不足,总量问题得到部分解决,但结构性矛盾依然突出,整体性、系统性制度设计有待推进。当前和今后一个时期,我们要坚持以人民为中心的发展思想,在发展中保障和改善民生,推动民生领域供给侧结构性改革,加强均等化财力保障,健全均等化协调机制,创新服务提供方式,保证全体人民在共建共享发展中有更多获得感、幸福感和安全感。

为充分展现70年来的社会发展成就,写作组广泛搜集文献、数据等相关资料,力图通过发展阶段划分、发展成效总结和问题分析以及改革发展政策建议,大致反映70年来我国社会保障和民生领域的改革发展情况。在写作过程中,我们深切感到社会保障和民生发展的不容易,理论基础和实践探索中仍存在一些争论,有些方面尚未达成广泛共识。

参与本书写作的作者共有八位,按照章节顺序排列分别为:序言:宋晓梧;第一章:彭仁贤;第二章:王皓田;第三章:万海远;第四章:宋晓梧、翁仁木;第五章:关博;第六章:黄睿;第七章:邢伟。邢伟负责全书的统稿,宋晓梧负责全书的修改与定稿。

非常感谢人民出版社的郑海燕编审,她为本书的写作、修改和出版提供了宽松条件并给予了具体指导。

本书不成熟之处在所难免,我们恳请读者提出宝贵意见,集思广益、共同探讨,为深入开展社会保障和民生问题研究贡献一份力量。

编　者

2019 年 7 月 25 日

统　　筹:李春生

策划编辑:郑海燕

责任编辑:郑海燕　李甜甜

封面设计:吴燕妮

责任校对:刘　青

图书在版编目(CIP)数据

新中国社会保障和民生发展 70 年/宋晓梧 主编. —北京:人民出版社,2019.10
　(2020.4 重印)
(新中国经济发展 70 年丛书)
ISBN 978－7－01－021394－1

Ⅰ.①新…　Ⅱ.①宋…　Ⅲ.①社会保障-成就-中国　Ⅳ.①D632.1

中国版本图书馆 CIP 数据核字(2019)第 214737 号

新中国社会保障和民生发展70年

XINZHONGGUO SHEHUI BAOZHANG HE MINSHENG FAZHAN 70 NIAN

宋晓梧　主编　邢　伟　副主编

人民出版社 出版发行

(100706　北京市东城区隆福寺街99号)

北京中科印刷有限公司印刷　新华书店经销

2019 年 10 月第 1 版　2020 年 4 月北京第 2 次印刷
开本:710 毫米×1000 毫米 1/16　印张:18
字数:260 千字

ISBN 978－7－01－021394－1　定价:76.00 元

邮购地址 100706　北京市东城区隆福寺街 99 号
人民东方图书销售中心　电话 (010)65250042　65289539

新 中 国 经 济 发 展 70 年 丛 书

楼继伟 刘尚希 著

杨伟民 等 著

江小涓 著

韩俊 主编 宋洪远 副主编

宋晓梧 主编 邢伟 副主编

蔡昉 都阳 杨开忠 等 著

中共中央党校（国家行政学院）
经济学教研部 著